公共关系入门

——理论与案例

孙延敏　编著

上海交通大学出版社

内 容 提 要

本书是一本公共关系入门书,讲解了公共关系的基本理论和概念,公共关系的目标、技巧和程序。全书通过鲜活的案例使读者了解公共关系历史发展的脉络以及现实生活中丰富多样的呈现状态,以便对公共关系有一个更感性的认识。

本书可作为公共关系课程教材,也可作为大众读物,供一般读者参考阅读。

图书在版编目(CIP)数据

公共关系入门:理论与案例/孙延敏编著.—上海:上海交通大学出版社,2013(2018重印)
ISBN 978-7-313-10020-7

Ⅰ.①公…　Ⅱ.①孙…　Ⅲ.①公共关系学 – 高等学校 – 教材　Ⅳ.①C912.3

中国版本图书馆 CIP 数据核字(2013)第 132898 号

公共关系入门——理论与案例

孙延敏　编著

上海交通大学 出版社出版发行
(上海市番禺路951号　邮政编码200030)
电话:64071208　出版人:谈　毅
上海天地海设计印刷有限公司　印刷　全国新华书店经销
开本:787mm×960mm 1/16　印张:16.75　字数:314千字
2013年6月第1版　2018年1月第4次印刷
ISBN 978-7-313-10020-7/C　定价:42.00 元

教 学 建 议

本课程是一门管理类专业的基础课程,也是包括经管类、语言类或应用工科类专业均可修读的一门日益重要的公共选修课程。该课程是一门专门研究社会组织面向特定公众如何塑造自身形象和促使公众产生积极行为的课程,也适用于个人职业形象或综合形象建设上的借鉴。该门课程是适应对外开放、体制改革、市场经济发展和现代信息社会需要而产生的一门课程,对学生在工作岗位上提高自己的社会技巧和待人处事的能力也会有很大帮助。学习本课程可以系统地了解公共关系的基本理论和基本概念,进一步掌握公共关系的目标、技巧和程序;同时通过鲜活的案例使同学了解公共关系的历史发展的脉络和现实生活中丰富多样的呈现状态,对公共关系有一个更感性的了解。

一、课程性质和特点

公共关系学是一门综合性的应用科学,学科以建立组织与公众之间良好的沟通关系,在社会上树立组织的良好形象为宗旨。在社会主义市场经济不断发展完善的今天,没有公关意识的企业不是一个好企业,不掌握一定公关知识和技巧的人不是一个好的企业经营者。在现代社会中,没有公共关系意识的机构、社团、事业单位不可能成为优秀的组织,政府也不能很好地完成为人民服务的职能。

公共关系学这门课程的主要特点是:①学科新、发展快。公共关系学产生于20世纪20年代的美国,80年代初才传入我国。公共关系学的理论与实践,在世界各国都有不同程度的发展。应该说这是一门比较新的学科,而且还处在不断发展和完善的过程中。②理论与实践紧密结合。公共关系学有自己独立的学科体系,有自己现实的操作价值。公共关系理论用于指导公共关系实践,并在实践中得到检验、丰富和发展;公共关系实践是在公共关系理论指导下开展的各项公共关系活动,体现了公共关系学的实用性和可操作。③综合性、多功能融为一体。公共关系学是在众多相关学科的基础之上丰富、发展起来的一门科学。同时它所应用的操作方法广泛多样。公共关系学作为综合性的应用科学,发挥着多种社会功能。

二、教学要求

公共关系学系统地教授现代公关的理论、方法及技巧,对实践中的案例进行分析,为今后可能从事相关的管理工作打下理论基础。学习与研究本课程必须坚持理论与实践相结合的原则,注重案例教学,提倡学习者动手、动身、动脑,使学习者的综合素质和实践能力通过模拟与训练得到提高。要树立公共关系为市场经济服务、为社会发展服务的观念,以掌握公共关系为社会实践服务的本领。

鉴于学科本身存在的课程特点,相应的在教学方面就需要体现出一定的特殊性,建议如下:

(1)以案例作为承载知识点的载体,通过对案例的深入讲解,使学生对于各知识点既有理性认识又有感性认识,更扎实的领会内容,课程知识点讲解结束后再通过对各知识点的系统讲解,使得学生的知识体系更加完整。

(2)创新教学手段和方法。在继承传统教学的基础上,拓展和应用案例教学法、网络模拟教学、项目教学法等方法,贯彻课程的实践性和应用性特点;同时优化教学过程,多采用形式多样、内容丰富的多媒体手段进行教学,促使学生从知识型学习向应用型学习转换。

(3)采用过程化教学考核方式。上课的过程就是考核的过程,不以最终考试为最终判断,更多的成绩向课堂表现倾斜,通过教师评分和学生评分相结合、平时表现和最终成绩相结合的方式进行教学考核。

三、教学内容及学时安排

上课周次	课程进行的形式和内容					
	讲课		课外作业、实验实习			
	内容	上课时数	内容	课外时数	注明章节页数	每周自学时数
1	公共关系概述	4			第1~2章	1
2	公共关系学的演变	4				1
3	公共关系的目标	4			第3~4章	1
4	公共关系的原则和职能	4				1
5	公共关系主体:组织	4	课外作业	1	第5~6章	1
6	公共关系客体:公众	4				1
7	公共关系客体:公众	4				1
8	公共关系过程之传播方式	4			第7~8章	1
9	公共关系过程之传播方式	4				1
10	公共关系过程之传播策略	4				1
11	公共关系过程之传播策略	4				1

（续表）

上课周次	课程进行的形式和内容					
	讲课		课外作业、实验实习			
	内容	上课时数	内容	课外时数	注明章节页数	每周自学时数
12	公共关系的类型	4	课外作业	1	第9～12章	1
13	公共关系的执行程序:RACE模型	4				1
14	公共关系实务——危机管理	4				1
15	例说实务——公共关系专题活动	4				1

目　　录

第一章 公共关系概述

学习目的

1. 公共关系的定义
2. 公共关系的三要素
3. 公共关系的核心理念
4. 公共关系与人际关系、庸俗关系的联系与区别
5. 公共关系与广告、营销的联系与区别

引导案例

打造"世界上最好的工作"

2009 年 1 月 10 日,全世界各大媒体几乎在同一时间报道了一条消息:澳大利亚昆士兰旅游局将在全球范围内招募一名大堡礁看护员,工作时间自 2009 年 7 月 1 日开始,为期半年,薪水 15 万澳元(约合人民币 70 万元)。申请人只要制作一个长度不超过 60 秒钟的应聘视频,并于 2 月 22 日之前上传旅游局网站就可以了。评选小组将结合网络投票的结果,挑选 16 名候选人前往澳大利亚参加面试,最终决出一名优胜者。

一边玩一边挣大钱,听上去很美是吧? 昆士兰旅游局干脆把这个职位称作"世界上最好的工作"。在金融危机席卷全球的时代,这个称谓吸引了很多人的关注,应聘网站在开通后的第三天就因为登录者太多而瘫痪了,共有来自全球 200 多个国家和地区的大约 3.4 万名应聘者竞争这一工作。

2009 年初的数万名应聘者当年 3 月份缩减至"50 强",到 4 月剩下 16 人参加最后一轮角逐。这 16 人来自 15 个国家和地区,职业包括记者、电视出品人、摄影师、服务员、电台音乐节目主持人和演员等。16 名候选人飞赴哈密尔顿岛接受 4 名招聘官考察,考察内容一半为面试,一半为电视真人秀。

在来自全世界的 10 余架摄像机面前,候选人展示自己的游泳和潜水技巧,享用美食和水疗。招聘官全程观察候选人表现。现年 34 岁的绍索尔当天在 16 名决选入围者中脱颖而出,他来自英国南部汉普郡,曾在非洲当导游,竞聘"最佳工作"

前在英国担任慈善项目经理。

很明显这次活动是昆士兰旅游局精心策划的一次炒作,为的是振兴由于全球经济衰退而衰退的昆士兰旅游业。但由于"护岛人"这份工作本身极具吸引力,除了优厚的待遇,大堡礁也是个风景极优美的地方(CNN曾经把大堡礁列为世界七大自然景观奇迹之一,BBC也曾经把大堡礁列为一生必去的50个地方中的第二名),招聘广告在1月份推出后,Youtube视频网站和"脸谱"社交网站对此极为关注,应聘人的视频短片、竞选活动进程等信息在这些网站上广为流传,大大提高了"护岛人"招聘活动的影响力和关注度。

昆士兰旅游局首席执行官海斯说,"世界上最好工作"引发的眼球效应不会因为公布获胜者结束,"媒体将花费数月时间追踪获胜者在哪里开博客,进入大堡礁宣传大使角色等。'世界最佳工作'将成为年度事件"。

(资料来源:http://news.sina.com.cn/w/2009-05-07/080515584337s.shtml)

第一节　公共关系的科学涵义

由于公共关系学科的历史较短,而研究者的着眼点各有不同,人们对公共关系理论的研究存在着很大分歧,就其定义而言,有人统计过可以用文字解释"什么是公共关系"的表述至少已有472种;公共关系的涵义,目前还没有世界公认的看法,对其涵义的理解和定义的表达是多层次的,公共关系的定义是随着社会实践的拓展而不断发展着的。

一、公共关系的定义

"公共关系"一词是舶来品,其英文为public relations,缩写为PR,简称公关。它随着公共关系实践的发展其内涵也在不断更新,人们对它的认识也在不断地深入。

尽管公共关系作为一种职业活动已有百年历史,作为一门科学也有近80年的历史,但时至今日,还没有一个能够为所有人认同的科学定义。在不同的学者对公共关系进行的不同界定中,我们不难发现其中的一些趋同之处。这些趋同之处主要表现在以下方面:

(1)公共关系的目的是塑造自身形象和促使公众产生积极行为。组织只有对形象进行有效管理,才能保证为组织的生存与发展创造一个良好的舆论环境;同时组织要及时关注和掌控公众的变化,维系长期关系,推动特定公众的良性行为,才能在和谐的内部和外部环境中不断发展壮大。

（2）公共关系的施与者是组织，受与者是公众，它们的关系是双向互动的。组织为了达到塑造形象和维系关系的目的，不能简单地将自身信息传达给公众了事，而是应当有计划、有步骤地将信息准确地传递给公众，并根据公众对信息的反馈及时调整，以保证公共关系的最佳效果。

（3）公共关系的手段是传播与沟通。与其他社会活动不同的是，公共关系主要通过人际、组织和大众传播手段与公众保持联系和沟通，在日常工作和突发事件发生时，通过及时地信息传递，达到取得信任、消除误解和获得知名度、美誉度和认可度等效果。

（4）公共关系是组织的一种管理职能。公共关系是组织为了实现自身的生存和发展，在外部环境不断恶化，竞争日益激烈的前提下做出的不得已的改变和调整。从管理学和公共关系学的发展史中我们可以看到，早期的工业时代，对内部公众的态度是对立的，沟通方式是单向的；而对消费者也没有系统的沟通技巧，出现问题的时候就能瞒则瞒，把广大消费者看作是可以愚弄的对象；随着工业革命的不断发展，沟通方式的多样化和公开化，公众理性开始抬头，公共关系才逐渐被组织所接受和使用。直至今日，大到国际组织、国家，小到企业和个人，公共关系的作用已经延伸到了社会的各个层面。但是从根本而言，公共关系对于组织而言，只是其在组织运行和发展时非常重要的一种职能，是其他职能无法取代的，同时也是不能夸大到代替其他职能的。

根据以上分析，公共关系可以定义为：**公共关系是社会组织面向特定公众为塑造自身良好形象和促使公众产生积极行为而进行的传播管理工作。**

二、公共关系的核心理念

如同其他行业一样，公共关系行业也有着一系列基本的核心思想与规则，这些基本核心理念是公共关系概念在实践中的延伸，是从事公共关系的公关人员应时刻铭记在心并把自己所有工作都牢固的奠基在这些重要的核心理念之上的。下面我们概要地介绍一下基本的核心理念。

（一）效果层面

1. 形象塑造理念

公共关系的根本目标是为自己的组织塑造一个理想的社会形象。社会形象最为中心的组成要素就是形象的知名度、美誉度等。这正是一个社会组织中的公关部门与人员存在的重要理由——运用专业性的公关知识与技能，来从事别的部门与人员不擅长、不专属的本组织社会形象塑造与维护工作。所以建立组织的社会形象，发展和维护组织形象中的知名度、美誉度等内涵，强化并保持社会组织在公众中的良好形象就成为公关人员必须时刻遵循的首要公关基本思想。

2. 行为改变理念

公关工作的实质是在社会组织与其不同的社会对象公众之间进行的及时有效的双向信息沟通并通过整合传播资源促使公众在建立正面的社会形象的基础上产生对组织的积极行为,即提高认可度的工作。因此,在工作过程中注意与各方,特别是与组织发展相关性较大的特定公众进行持续有效的双向联系和沟通是非常必要的。注重并擅长各种情境中组织与公众间双向沟通交流;在开放的生存与发展状态中有能力不断倾听、捕捉组织内、外部公众的主要需求,以便及时有效地校正组织的公关发展目标,改进组织与公众的内外公关行为;有能力在不同层次、不同对象的个体、群体和大众中成功地进行信息交流和关系的建立、改善和修复,并在沟通的过程中成功地完成对特定工种的行为调整和改变,就成为公关人员必须时刻遵循的第二个公关基本思想。

(二) 方法层面

1. 互利共赢理念

一个社会组织的公关工作从专业角度看是塑造、维护、推广、改善本组织的社会形象和与特定公众的关系维系,但其存在的根本原因则同其他部门一样,是通过对社会公众的真诚服务达成本组织的发展和壮大,其最终的目的是为了形成本组织与对象公众和社会等各方的"共赢"结果。所以在公关工作中时刻以公众和社会利益为本,尽量找到公众利益、组织利益和社会利益之间的共同点——三者"共赢"的结合点,协调三者之间有时可能存在的矛盾,谋求三者之间的共同利益和长远目标,乃是公关人员要遵守的又一个重要公关基本思想。

2. "三全"公关理念

公共关系的目标是完善形象和维系关系,而目标的实现有赖于组织内部的全员公关、全程公关和全方位公关。所以注重培养组织中全体员工的公关意识,形成形象意识、品牌意识、服务意识,力求每一个组织的成员都能够真诚地在组织与公众"接触"的所有节点上通过自己的言行主动施加公关影响,自始至终贯彻与组织理念一致的公共关系形象,把公共关系形象理念和品牌服务意识一以贯之地渗透到所有的公共关系实务过程中去,是保证一个组织真正成为"好声誉拥有者",赢得公众喜爱的重要途径。

三、公共关系的组成要素

根据公共关系的定义,我们可以了解到公共关系的要素主要有三个,简称为公共关系的三要素,即主体——社会组织;客体——特定公众;手段——传播。

(一) 公共关系的主体是社会组织

公共关系活动的开展是组织的自主行为,不论其是主动的还是被迫的,组织的工作质量都影响到公共关系活动的效果。即组织的生存环境如何,不是别人造成的,而是组织自身形成的。因此,社会组织在公共关系活动中具有决定性作用。社会组织是公共关系活动的主体,是公共关系形象的塑造者,它策划实施组织的公共关系活动,传递组织的理念和价值观,引导和改变公众行为。

(二) 公共关系的客体是特定公众

公众作为公共关系的对象,不是信息的被动接受者。在双向沟通的条件下,公众会进行积极的反馈,特别是在网络传播手段普及的当下,公众会对社会组织发出的信息表明自身的态度,并能引发社会舆论的变化,进而改变组织的决策进程。在市场经济的条件下,公众成为了实际的主宰者,他们在公共关系活动中具有很强的导向作用。也就是说,社会组织不仅要努力引导公众追随组织,而且更多情况下,组织必须取信、迎合于公众,公众是市场环境的方向标。社会组织在沟通活动中必须认真对待公众,努力寻求公众的认同,通过自身真诚的努力,赢得公众的信任和合作,否则组织的生存与发展就面临危机。

(三) 公共关系的手段是传播

在社会组织开展公共关系活动时,将组织与公共关系目标公众联系起来的是传播。社会组织针对公众进行传播活动,公众也会以传播的方式将自身的反应反馈给组织,其互动模型如图 1—1 所示。通过这样的方式使社会组织与目标公众建立起联系,实现双方的沟通,建立自身的形象(由知名度、美誉度和认可度衡量)。

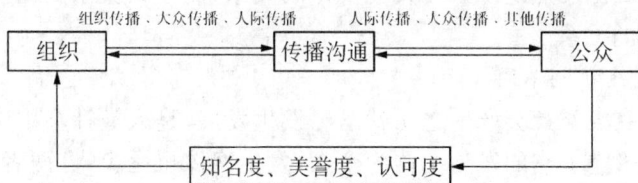

图 1—1 公共关系传播的互动模型

虽然社会组织与目标公众均是通过传播方式来实现沟通的,但双方在运用具体传播手段时却有差异。社会组织往往首先选用组织传播媒介(如户外广告、组织网页/博客、海报传单等方式)来与公众进行交流,同时运用大众传播媒介向公众传播信息;最后组织会采用人际传播方式与公众进行直接的交流。而公众对社会组织的反馈性信息传播,往往首选人际传播,比如当面沟通、电话、书信、电子邮件等反映情况;其次,会向大众传播媒介特别是通过网络渠道反映自己的观点和看法;因两者在传播方面有很大的不同,其传播方式的差异如图 1—1 所示。

从图 1—1 中还可以看出,社会组织、传播与公众这三要素是一个不断循环往复的过程,在一个拥有良好公共关系的组织中,这三个要素的良性互动关系会令组织具有快速发展的正能量。

第二节　与"公共关系"易混淆
概念的联系与区别

一、公共关系与人际关系、庸俗关系

(一) 公共关系与人际关系

人际关系是指人们在相互联系、相互影响和相互作用的过程中建立和维系的人与人之间的关系,包括血缘关系、地缘关系、业缘关系等。它相对的是群体关系。公共关系主要研究社会组织与公众之间的关系,由于组织与公众都可以是群体,所以公共关系从本质上是群体关系,但人际关系与公共关系仍然有许多相似之处,因而极易被人们混淆,两者在应用时有交叉和重叠。在实际工作中,处理公共关系工作比处理人际关系要复杂得多。

公共关系与人际关系的区别只要表现在:

1. 两者性质和出发点不同

人际关系的应用范围是微观和个人层面,而公共关系的应用范围是中观和宏观层面,是组织和公众之间的关系。两者存在着本质的差异。

人际关系的出发点是个人和其他个体的关系,而公共关系的出发点是组织和特定公众之间的关系。

2. 两者发生机制不同

人际关系在人类社会产生之初就已经发生发展,是人类社会中十分古老的较低层次的关系形态。它的发生主体为个人,发生客体也是个人,两者以血缘、地缘或业缘等为纽带产生单向或双向的沟通联系。公共关系是伴随着资本主义的生产关系的产生而产生,是商品经济的产物,主要是以业缘关系为纽带的双向或多向沟通联系。因此人际关系的主要研究对象是个人,侧重于对人际互动关系的研究;公共关系的主要研究对象是组织和公众,侧重于人群体性的研究。

3. 两者使用的目的和手段不同

人际关系的主要目的是个人之间的沟通,主要是服务于个人利益,主要手段是直接的、单一的和小范围的人际传播;公共关系的主要目的是组织形象的塑造和促进公众产生积极行为,主要服务于组织的利益,主要手段是运用群体传播和大众传播媒介的力量,在社会组织和特定公众之间进行公开的、多向的和大范围的传播,同时也会使用人际传播的手段。公共关系由于使用大众传播媒介,因此传播具有非直接的特点,需要大众传播媒介(如报纸、杂志、电视、广播和网络等)作为中介进行沟通。

同时两者的联系也是显而易见的,表现在以下几个方面:

1. 人际沟通是公关活动的基础

作为公共关系的主体的组织和作为客体的公众其实现者都是人,因此公共关系的各项活动的展开都离不开人际沟通,从活动的前期调研、分析、沟通到后期评估,都是以人的主观努力为前提,同时也以人的主观感受为结论。人际关系的好坏在很大程度上影响和决定着公共关系的优劣。

2. 人际传播的手段,同样适用公共关系

作为社会关系的表现形式,两者存在同样的基础,因此在进行具体的实务操作时两者也存在部分共同的处理原则。一个社会组织的所有成员,尤其是专职公共关系工作人员,在社会交往中能否处理好人际关系,对于本组织在社会公众中的形象影响极大,因此作为公共关系人员,在日常的工作和生活中,首先要广交朋友,广结人缘,争取更多的公众了解组织,支持组织。

3. 人际交往是公关活动必不可少的手段

公关活动需要吸收人际交往的技巧,并使之与其他技术手段有机结合,充实公关活动内容,丰富公关活动的形式,提高公关活动的成功率。由于人际交往针对性强,感情色彩浓,信息真实,反馈迅速,因而它对增进双方理解、加深友谊、消除误解具有得天独厚的优点。

(二) 公共关系与庸俗关系

庸俗关系是指日常生活或经济交往中利用金钱或权力来"拉关系"、"走后门",为个人谋取好处等不正当的人际交往活动。它以损公肥私、侵占他人利益及危害社会利益为特征,是一种赤裸裸的私利关系。由于公共关系引进我国的时间还不长,人们对公共关系的含义理解得不够准确,一些人认为公共关系就是"拉关系"、"走后门"的学问,这就是把公共关系误解成了庸俗关系。其实庸俗关系和公共关系有着本质区别,表现在以下几个方面:

1. 两者产生的社会基础不同

公共关系是商品经济发达,政治民主产生并在管理和技术手段成熟条件下的产物。在激烈的市场竞争条件下,企业从商品竞争转向组织形象的竞争。公共关系成为企业在竞争中制胜的重要方法;而庸俗关系则是封闭的经济条件、市场经济发育不完善和生产力不发达的表现。人们的活动范围局限于狭小、固定的地域,从而使社会关系具有浓厚的血缘、地缘关系的性质,人们对外人产生排外性,局外人想从这个关系网中分享一份利益,就必须于其中的某个人建立关系,"拉关系、走后门"的根源就在于此。

2. 两者的立足点不同

公共关系将组织利益和公众利益有机地结合在一起。公共关系所追求的是组织在公众心目中的良好形象,强调通过组织的政策、行动来赢得公众的理解和支持。任何一个组织,只有在组织利益和公众利益相互协调、互惠互利的前提下才能得到发展,因此组织利益和公众利益是一致的。而庸俗关系背离广大公众的利益,所追求的是小团体特别是个人的私利,甚至为了一时的既得利益,不惜损人利己、损公肥私,危害社会和公众的利益。

3. 两者的手段不同

公共关系活动以事实为基础,利用大众传播媒介,通过双向信息交流,协调组织与公众的关系,以取得公众对组织的了解和支持,因此公共关系人员光明正大的采取公开的、合法的、符合社会道德准则的手段来塑造组织的良好形象,实现组织与公众的共同利益。而庸俗关系为逃避公众舆论的谴责和法律的制裁,总是采取隐蔽的、不正当的、不合法的手段进行私下交易,通过投机钻营以达到不可告人的目的,如行贿受贿、营私舞弊等,因此被形象地称为"走后门"。

4. 两者的效果不同

公共关系以建立良好的组织形象和与特定公众的双向沟通为目标,恪守实事求是、平等互惠的原则,使组织和公众都能获得合理利益,并达到较好的社会效益和经济效益;庸俗关系是为了达到不可告人的个人目的,采取各种不能公诸于众的手段,而往往这种个人利益的获得是以他人的利益损失为前提的。

二、公共关系与广告、营销

(一) 公共关系与广告

广告是指由特定的广告主有偿使用一定媒体,将企业以及产品和服务的信息,有效传递给目标顾客的行为。广告分为商业广告和公关广告,商业广告是一种以促进产品销售为目的的广告;公关广告是一种以增进公众对组织的了解,提高组织的知名度、美誉度和认可度,使组织活动得到公众信任与合作为目的的广告。

公关广告与商业广告都是进行公共关系宣传、树立组织形象的方式,都需要支付一定的费用,通过购买媒介的使用权来传播信息,但两者有以下明显区别。

1. 宣传目的不同

商业广告的直接目的是推销产品,通过介绍产品各方面的情况,促进消费者购买。公关广告的直接目的是引起社会公众对组织的重视,产生对组织的好感,从而建立良好的组织形象,刺激用户的潜在需求。

2. 宣传内容不同

商业广告以介绍商品为主,其主要内容是购买信息,如产品名称、商标、质量、功能、价格、购买方法、地点等内容。公关广告以介绍组织为主,向社会和公众提供的是组织发展目标、经营方针、员工素质、获得各种荣誉等组织形象方面的信息,间接介绍组织的产品。

3. 宣传效果不同

商业广告可以增加产品的销售额、服务收入、利润额等,直接提高企业的经济效益。公关广告通过提高组织的知名度、美誉度和认可度,间接提高经济效益。

(二) 公共关系与营销

营销是指企业在市场上的经营活动的总称。它包括市场调查、新产品开发、制定价格、选择销售渠道、选择促销手段以及开展售后服务等一系列活动。公共关系和市场营销的关系很紧密,但它们的区别也很明显。

1. **公共关系与营销的联系**

公共关系工作在企业中,几乎与市场营销融合在一起。换言之,企业的公共关系工作几乎完全为营销活动服务。正如英国公关专家弗兰克·杰夫金斯所说:"销售中的每一个因素都需要公关人员来加强、完善"。因此,公共关系可以涉及营销的各个角落。它们的联系主要在以下方面:

(1) 共同的产生条件——商品生产的高度发展。营销的产生,是由于资本主义高度发展使企业外部环境发生了很大变化。一方面,买方市场形成,消费者对产品的需求变化很大,条件也越来越苛刻;另一方面,同行竞争也日益剧烈,企业不得不重视"市场",重视"营销",重视企业外部公众等。公共关系的产生,是由于在商品经济高度发展情况下,企业争取消费者,不仅要在产品质量、品种、技术、价格等方面的竞争,更重要的企业整体形象的竞争。为赢得良好的社会舆论,就必须与各方面建立良好关系,即开展公共关系活动。

(2) 相似的传播媒介——大众传播媒介。在公共关系与市场营销的业务活动中,要与对象公众进行沟通,都必须借助大众传播媒介。现代大众传播媒介,可以使社会交往摆脱时空的限制,使市场脱离国家、地区的限制。因此,一个组织无论是扩大影响还是扩大产品销路,都离不开大众的传播媒介。

(3) 营销把公共关系作为组成部分。市场营销在运用非价格竞争的促销策略时,把公共关系作为促销手法之一,并吸收、运用公共关系的各种手段来达到销售目的。当代美国最有影响的市场营销专家菲利普·科特勒提出的"大市场营销观",保留了原有的产品、价格、分销渠道和促销手段四个策略,还增加了公共关系和政治两个策略,这样公共关系与市场营销的联系更紧密了。

2. **公共关系与营销的区别**

(1) 范围不同:市场营销仅限于企业生产流通领域,最多不过是经济领域内,但公共关系所涉及的是任何一种组织与公众的关系,除企业外还可以是政府、学校、医院、各类非盈利组织等各种组织,远远超出了经济领域。公共关系比市场营销有更广泛的社会性,学科应用范围更广阔。

（2）目的不同：市场营销的直接目的是为了销售产品，从而进一步扩大影响力，产生企业效益；公共关系的目的是为了树立组织形象，产生良好的公众信誉，从而为组织创造良好的内外部环境。

（3）手段不同：市场营销所采用的手段是价格、推销、广告、包装、商标、产品设计、分销等，这些手段都紧紧地围绕着产品销售的目的。公共关系所采用的手段是发放宣传资料、举办各种专题活动，如记者招待会、社会赞助、典礼仪式、危机处理等活动。当然，市场营销有时也可把公共关系的一些手段作为自身的手段，但严格来讲，两者之间在手段上的侧重点各有不同。

案例分享

地震与公共关系

2008 年发生了很多事，北京奥运是喜事，要邀请各国选手共赴体育盛会，通过奥运，让世界更加了解中国，中国开放也会获得更多的机遇；2008 年的地震是灾难，处理不好，会有各种危机。这次大家看到，温家宝总理第一时间来到震灾现场，安抚灾区民众。随后，5 月 19 日至 21 日连续三天的全国哀悼日，也让所有人感到了人文精神。可见，中国政府对地震的危机公共关系工作非常出色。

面对地震的发生，无论是捐款还是救灾，很多企业表现不尽相同，也在"地震公关"中取得了不同的效果，下面五个案例仅供参考。

王石 & 万科

万科第一时间捐了 220 万元，但王石在博客上回复网友时，认为"200 万是个适当的数额"，"普通员工的捐款以 10 元为限"，这番带有赌气的话，在网民中"一石激起千层浪"，有网友甚至认为"王石应该引咎辞职"。最近，王石道歉了，而且还表示"再捐出 1 个亿投入灾区重建"。虽然说，"亡羊补牢，未为晚矣"。不过想想，当初 1 000 万再加上几句真心的慰问，就能过得去，可现在即使再投 1 个亿，也弥补不了对万科品牌的伤害。

1 000 万的公关，做成了 1 个亿，效果还大打折扣，几乎是负面的。坦白地说，这是一次失败和被动的公共关系。

辽宁女 & 久游网

久游网是家很本分的公司。他们的高管没有像王石那样大放厥词，也在哀悼日按照要求关闭了游戏服务器，可是他们还是遭遇到了公共关系危机。

国难哀悼日期间一个 85 后的辽宁女生，用极其恶毒的话诅咒灾区人们，她的话激怒了所有网民。通过人肉搜索，人们认为这是一个玩劲舞团的女孩，因为网吧里玩不了游戏,才录制了这段恶毒的视频。在随后的几天,人们纷纷将矛头指向久游网,网民甚至将劲舞团陈年的旧账也翻出来,劲舞团这个曾经被文化部门指定的绿色网游,成了"很黄很情色"的游戏。"人民网"上有专人连续撰写久游网的负面文章,大喇叭涉嫌敛财等质疑也冒出来,劲舞团在百度的贴吧几乎爆吧。

而释疑的声音,直到6月10日以后才出现。久游网副总吴军的文章6月10日才见诸网络,距离辽宁女事件已经20天,距离大批量负面文章发布过去了两周。此时久游网总裁王子杰,也在新浪的财经做了一次专访,这是新浪财经频道一年来第一次为游戏公司做品牌访谈。一个游戏公司不在游戏频道做访谈,而选在了财经频道品牌栏目,久游网的意图非常明显,就是为了弥补久游网品牌上的损失。

可此时,久游网的流量已经大幅下跌,而品牌方面的损失更无法估量。王子杰在访谈时,称久游网现在不缺钱,每个季度有上亿元的现金流。笔者保守估计,由于久游网没及时化解辽宁女危机,短期的损失在千万级,而长久的品牌损失在亿元以上。

马云 & 阿里巴巴

阿里巴巴也是地震公共关系的受害者。尽管阿里巴巴在第一时间捐款200万元,随后又发动网民和企业、站长捐款,善款累计超过两千万。但对阿里巴巴的质疑仍不绝于耳。其中包括两方面:一是捐款数额200万;另外一个就是早年马云参与的1元捐款。这两件都不是什么大事。马云从来不控股阿里巴巴,他的股份并不多,捐款数量并不由他个人控制,企业站长和网民长期受益于阿里巴巴,能够在阿里巴巴平台上捐款,也说明阿里系企业在赈灾中的价值;1元捐款是一种理念,李连杰壹基金的"每天、每人捐一元",数额不大,但真正做到的人不多。另外,一元捐款是一种理念,而非针对突发灾害。更何况马云绝不可能在汶川地震中只捐1元。

对于这次地震公共关系危机的处理,阿里巴巴是非常迅速。一方面是快速辟谣,阿里巴巴网站上就专门制作了关于谴责地震谣言的专题,一些熟悉阿里巴巴的记者也快速在网络上发表自己的观点,声援阿里巴巴;另一方面,马云受邀和柳传志一起,成为6月3日"赢在中国第三季"的总裁判。在比赛现场,马云对选手精彩点评,之后6月10日的创业演讲,也让人们对阿里企业顿生敬意。阿里巴巴虽然是地震公共关系中的受害者,却快速化解了这次危机。声援阿里巴巴的声音几乎和谣言同时发出,谣言很快就遭受到质疑,这些是从点和线上,做出的快速反应;而在央视上露面,就是大面积化解危机。

马刚 & 瑞星

瑞星是软件行业中捐款最早的企业之一。100万元不算多,与软件业大鳄相比似乎不值一提。但随后瑞星公司组织了的救灾队和包机行动,是很多大企业无法相比的。

马刚是瑞星的市场总监,也是瑞星公司组织救灾队的领队。他介绍,地震后的半个月,瑞星市场部,乃至整个瑞星公司(除研发部门以外)都变成了物流公司,一个运送救灾物资的物流公司。马刚和瑞星的员工以及网络同行(techweb 等)包下几辆大货车,将互联网同行的救灾物资源源不断地送到灾区人民手里。在震区,他们随时面临着余震的威胁,他们所能做的是简单的 1‰。瑞星为灾区提供了数千顶帐篷,马刚称他们提供的帐篷数量约占全国帐篷总数中的 1‰ 左右。有时,在废墟里用双手救出几个奄奄一息的人,也会让救援队的人们感到欣慰。除了救援队,瑞星公司还组织了专门的包机,把互联网行业的救灾物资源源不断地运往灾区。瑞星公司的捐款也许微不足道,但瑞星公司派出的救援队和包机,却是很多企业望尘莫及的。他们捐出了 100 万,但他们的实际行动带来的价值也许超过了千万。

吴海军 & 神舟

和王石形成鲜明的对比,神舟电脑董事长吴海军的"滚蛋令"至今让人们记忆犹新。震灾不久,吴海军一句"不向灾区捐款,就从我公司滚蛋"一时成为网络流行语,吴董也成为热议人物。在网上可以轻易查到,神舟电脑和吴海军的捐款累计超过了 200 万元,和万科打算投入的 1 个亿相比,不在一个数量级。但神舟和吴海军的 200 万,在网民对"滚蛋令"的讨论中,慢慢发酵、膨胀,效果是万科的几十倍。或许有一天人们忘记神舟捐了 200 万,但人们一定不会忘记吴海军和神舟,不会忘记"滚蛋令"。

总结

列举了五个企业,五个不同类型的捐助,五个不同类型的地震公共关系处理:万科是失败的炒作,久游是失败的处理,阿里巴巴是成功的化解,瑞星是务实的捐助,神舟是成功的炒作。在汶川大地震中,我们看到了形形色色的企业,形形色色的人物。或许,用公共关系的角度去分析地震后企业捐助的动机并不恰当,可在某些人看来,捐助就是一种公共关系。对此,有学者并不认同,这太过功利。

2008 年是中国的奥运年,现在看来也是中国的多灾年,除了地震,还有雪灾、股灾,半年内,上证 A 股已经跌掉一半,股民叫苦不迭;2008 年应该也是中国的公共关系年,无论是刚刚发生的震灾,还是奥运,都在考验国家的公共关系能力。只不过,前者对外;后者更多是对内;前者是红色,后者是黑色。奥运是国家公共关系,抗震是危机公共关系。而这两者都在考验政府的公共关系能力,处理外部和内部的关系能力,正如 2003 年的非典对国家公共关系能力的考验。

(资料来源:上海 SEO)

案例思考

1. 本案例中的公共关系三要素是什么?
2. 本案例体现了哪些公共关系的核心理念?

简答题

1. 什么是公共关系?
2. 公共关系的三要素及其特征是什么?
3. 公共关系的核心理念有哪些?
4. 公共关系与人际关系及庸俗关系的区别有哪些?
5. 公共关系与广告、营销的区别有哪些?

第二章　公共关系学的演变

学习目的

1. 识别公共关系发展的不同时期
2. 了解公共关系产生的条件
3. 明确公共关系发展的现状
4. 掌握公共关系发展的新态势

引导案例

《三国演义》中的公共关系

《三国演义》作为古典文学名著,在中国文学史上占有重要的地位,其恢宏的战争场面描写,读来令人荡气回肠,栩栩如生的人物形象,几百年来家喻户晓,妇孺皆知。然而《三国演义》不仅是一部文学名著,也是一部公关参考书,它积存着丰厚的公关遗产,值得我们今天认真地学习和研究。

一、重民望,得人心,树立良好形象

在《三国演义》中,曹操、刘备都非常重视自己形象的塑造。可以说曹操事业上的成功,与他注重塑造曹氏集团的形象密不可分。

《三国演义》第16回中,刘备被吕布所逼,投往曹操,谋士荀彧、程昱建议杀掉刘备,曹操认为:"方今正用英雄之时,不可杀一人而失天下之心。"第23回中,祢衡赤身大骂曹操,曹操受辱却没有杀他,原因是"此人素有虚名,远近所闻。今日杀之,天下必谓我不能容物。"

组织形象问题是公共关系理论的核心问题。人们从事公共关系的一切实务活动,归根结底,都是为了塑造组织形象。

二、讲真诚,重信义,处好人际关系

在《三国演义》的描写中,人际关系最好的,要数刘备了。按说,论文武之道,临阵决战,刘备不及孙权;论谋略文才,刘备赶不上曹操,但他却能割据称雄一方,究其原因,"桃园精神"是刘氏集团生存和发展的基础。所谓的"桃园精神",也就是以诚为本,讲究信义,同生死,共患难的精诚团结。

第42回中,曹刘交兵至新野,刘备的军队被曹兵杀得七零八落,赵云为救两位嫂夫人和皇侄阿斗,在曹军中杀进杀出,血染战袍,最后保护阿斗回到刘备面前。刘备接过阿斗,掷之于地,"为汝这孺子,几损我一员大将!"感动得赵云忙从地下抱起阿斗,泣拜曰:"云虽肝脑涂地,不能报也!"刘备的真诚于此可见一斑。以诚待人,礼贤下士是刘备的一项特长。刘备的以诚为本,换来了关羽、张飞、诸葛亮等人的精诚团结,患难与共。关羽的讲究信义,树立了自己良好的形象,被以后历代人所称颂。任何一个组织的生存和发展,都应遵守以诚为本,讲究信义的公关原则,为自己创造一个良好的内外部环境。

三、审时势,互惠利,注意横向联合

在《三国演义》中,作者描写了许多成功的公关策划,仅写诸葛亮的就有三分天下的"隆中对",赤壁之战的"孙刘联盟,共破曹军",七擒孟获时的"攻心为上,攻城为下,心战为上,兵战为下"等,这些成功的策划,全是建立在调查研究的基础之上,通过审时度势的分析而得出的。如果说"隆中对"是诸葛亮审时度势的结果,那么"七擒孟获"、"联吴抗曹"则是互惠互利,横向联合的典型事例。孟获是西南少数民族的首领,在当地夷汉人民中颇有威望。第一次交兵,诸葛亮就活捉了孟获,当孟获表示不服时,诸葛亮就放了他。这样六捉六放,当第七次生擒孟获时,孟获便彻底地被感动了,他心悦诚服,垂泪言曰:"七擒七纵,自古未尝有也。""丞相天威,南人不复反矣!"自此南中平定。诸葛亮不灭孟获,使南中的夷汉百姓能够躲避刀兵之灾而平安生活,而且很快成为蜀汉政权巩固的后方基地,双方各得其所。

(资料来源:http://kingsanjiao.blog.163.com/blog/static/11103519020115205228696/)

第一节 公共关系的源起和产生条件

一、公共关系思想的萌芽时期

公共关系的源流可以追溯到古代社会。古代统治者为了控制人民,只是运用过类似于公共关系的技巧;同时在那个历史时期,虽然人们在不自觉地从事着各种具有公关性质的活动,但这些类似于公关的活动一般都局限于很小的范围内。而且他们所采纳的方法是单向宣传,不求相互沟通,而双向性才是现代公共关系概念的特征。

古代的埃及、巴比伦和波斯的统治者在处理与民众关系时就已经开始利用舆论手段进行宣传。这些古代的国家、政府、帝王都曾运用大量的金钱和人力去营造雕像、寺院、金字塔以及赞美诗等,用精湛的艺术描绘他们的英雄勋绩,树立声誉,宣扬自己伟大神圣的身份。当年君王们制造舆论、控制舆论的意图通过语言传播方式进行操作,显示了公共关系思想的萌动。

公元前4世纪,古希腊的民主导致公众代表会议和陪审团制度的形成,它为公众提供了对话的讲坛。劝说和演讲引起了人们的重视。一批从事法律、道德、宗教、哲学研究与宣传的教师和演说家在社会上十分活跃,代表人物有苏格拉底、柏拉图和亚里士多德。其中亚里士多德的《修辞学》,强调语言修辞在人际交往和宣讲中的重要性,被一些西方公共关系学者视为人类历史上最古老的公共关系经典之作。

古罗马时代,人们对民意有更深的认识,并提出"公众的声音就是上帝的声音"。古罗马人注重发展各种影响人的传播技术改进诗歌形式,使它更加精炼,并巧妙地把宣传渗透进艺术表现之中。在凯撒时代,由于手抄小册的流行,促使凯撒发行了世界上最早的日报《每日记闻》来作为自己与臣民沟通的工具。而由凯撒写作的《高卢战记》,记载了他的业绩和功德,成为一部纪实性的经典之作而广为流传。公共关系研究者称这部书是出色的公共关系实务宣传佳作。

中国古代公共关系的萌芽早于古希腊和古罗马。在春秋战国时期,中国的思想和言论是较为自由活跃的,那时便出现了百家争鸣、百花齐放的文化盛世。

尽管现代以前没有大众传播技术,但围绕民本、得人心的思想展开的人际传播或群体传播活动丰富多彩。比如古代的出使活动就是一种公关意义的实践。游说也是常见的传播活动。春秋战国时期,当时的士阶层,在社会上举足轻重,深受各诸侯君王们的器重和信赖,形成策士游说成风、舌战宣讲艺术发达的历史局面。更多的是各种形式的信息分布、宣传方式。"安民告示"历史悠久,连明末李自成领导的农民起义军也张贴政治性的标语,如"迎闯王,不纳粮"之类,来换取人民的理解和支持,并取得了良好的效果。

在20世纪80年代中国引入现代意义的公共关系以前,就存在各种形式的类公关理论和实践,当然其水平参差不齐。相形之下,中国的公共关系实践鲜有总结和理论提升,而西方的公共关系更关心实务操作的总结。

公共关系是20世纪的产物,但又难以摆脱其悠久的历史渊源。由于美国具有较为特殊的社会条件,现代公关首先产生于美国,并且在那里形成了一个包含孕育、兴起、发展和完善四个完整的历史过程。

二、现代公共关系学产生的条件

从某种意义上说,公共关系的产生是历史的必然,这种必然性隐藏在社会本身的发展之中。现代公共关系是现代社会的产物,即现代的社会组织、现代的公众、现代的公众关系和现代的社会目标造就了现代公共关系。但其最深刻的最直接的原因是公众的变化——公众变得成熟和其重要性的提高,即当独立的、自主的和理性的公众的社会地位和重要性的大大提高,足以影响组织的生存和发展时,现代公共关系应运而生。它的直接催化剂是劳资对立。可以这么说,如果不是被迫,资本家是无论如何也不愿意用传播去协调公众关系的,现代公共关系也就不会形成。简而言之,公共关系产生于重视公众的历史背景,而这种条件是社会诸方面相互影响的产物。具体包括以下几方面:

(一) 政治条件——民主政治取代专制政治

政治生活的民主化,极大地提高了公众的地位、作用和自主意识,为强调公众关系的公共关系的产生提出了需要,也提供了实践的舞台和条件。

社会政治生活并不仅仅关乎某些政治风云人物,它几乎涉及所有的民众,它的影响因而广泛而深刻。民主政治是我们时代的主题,它强调人人平等,较之君主政体的森严等级,民众的社会地位大大提高。“臣民”变成了“公民”,一字之差,关系截然相反,“群氓”成了主权之人。专制下的君主与臣民只有统治和服从关系。若关系紧张,只需下旨一道即可强制压服,根本无需传播沟通来协调关系。因为皇权天赋,“君要臣死,臣不得不死”。但民主制下的总统与其公民基本上是平等的关系,全民选举产生总统,公民若要弹劾总统,则总统不得不下台。政府的公众关系即与公民间的关系决定了其自身的生死存亡。而面对具有一定自主意识的独立的公民,挥舞大棒或其他强制力无能为力,唯有喋喋不休地说服才是上策。由此提出了研究和运用有效说服公众的传播技术的要求,也促使研究传播管理公众关系的公共关系有了产生的需要。

政治同时也提供了公共关系的重要的实践条件。在各种形式的民主政治活动中,比如在总统竞选活动中,在政府的政策制定和告知公众的过程中,人们都在一定程度上实践着对公众的传播说服技术。于是,把有效的说服公众的需求付诸于传播实践,从实践中总结出一般的理论,公共关系在政治舞台上获得了形成的必要的条件,又在一定程度上展示了自己的力量。更重要的是,在公众的民主政治参与过程中,普通民众的社会地位和社会作用都大大提高,公众的自主意识和能力也得到加强,它反过来又会促进政治民主化的发展。总体而言,现代的政治具有从君主制走向民主制的发展趋势。政治生活的民主化通过影响社会的人与人之间的地位和相互关系,进而迫使相互关系的目标和协调手段发生变化,成为以有效传播作为主要手段、追求公众理解为目标的公共关系的形成的直接的社会条件。并且民众的社会地位及作用的提高,也影响到他们在非政治领域的自主权力行使,使公共关系施展身手的舞台更为广阔。

(二) 经济条件——市场经济取代小农经济

比较发达的商品经济及较为完备的市场体制,导致了公众自身的完善和公众主导时代的来临,组织对于公众的依赖性大大增强,迫使组织致力于运用传播管理达到良好的公共关系,即建立与公众的相互了解和理解的关系。

与社会政治民主化进程同时进行的是社会生产方式的变化和经济水平的提高。现代的工业化大生产不同于自然经济,它在经济结构和经济体制上发生了根本的变化。这反映在人与人之间的关系上,如费孝通先生所言:"现代城市的特点之一就是不熟识的人要在一起生活。"即人和人之间的关系不再是传统的血缘或地缘的等级关系,而是平等交换的关系。在这种关系中,组织和公众相互对立又彼此依赖。伴随着生产力的提高,商品经济的发展和市场体制的完善的过程,同步进行着组织对于公众的依赖愈益增强,这迫使组织关注并致力于良好的公众关系。现代公共关系就因此在经济领域也有了产生的需要和条件。

经济领域的深刻变化,从两个角度影响了公众关系。其一是造就了公众自身的完善。在现代的经济方式之下,公众眼界开阔,受教育程度普遍提高,因而他们的独立自主意识和整体的知识、能力水平较以往时代有了极大的提高。这就使组织在缓解与公众的紧张关系时,必须选择公众能接受的非强制性的即公关的手段。所以,公共关系是某种意义上的被迫。其二是公众对于组织而言的重要性不断加强和公众人数众多、分散。商品经济的发展,使资本走向集中,垄断的经济组织体现较强的整体性。同时,经济的发展改变了商品的短缺现象,从而使卖方市场转而变成了买方市场。处于买方的社会公众对于整体的组织所形成的信誉形象的了解、理解和支持,直接决定了该组织的生死存亡。这意味着公众对于组织而言的重要性不断加强,公众主导时代的到来。以往资本的极端利己主义无法继续生存,20世纪30年代的世界经济危机就是最好的清醒剂。公众利益将放在首位。同时,资本的世界领域的扩展,组织面临的公众人数众多、布局分散,使公众关系的调整表现出一定的困难。迫切需要有专门的人员用专门的技术完成这一任务。如果从经济全球化的趋势来看,则这种需求更为迫切。所以,重视公共关系,协调公众关系专职的切实需求和实际活动使公共关系最终得以形成和发展。

如果说政治民主仅仅造就政府和民众的公共关系的话,经济发展所形成的公共关系就涉及更多的公众。经济组织不仅要考虑内部员工和消费者、顾客的需要,还要考虑与媒介、社区、政府,包括同行公众的关系。来自任何一方的批评都不能置若罔闻,谁忽视公众,公众必将抛弃它。

(三) 文化条件——人性管理代替理性管理

美国文化体系中有三个突出的特性,即个人主义、英雄主义和理性主义。个人主义使美国人富于自由浪漫的色彩;英雄主义使美国人崇拜巨头伟人,富于竞争的精神;理性主义使美国人注重严密的法规,崇尚教条、数据和实效。科学管理的鼻祖泰罗的思想及其制度便是理性主义的典型代表。泰罗制的核心是通过"时间和动作分析",强调对一切作业活动的计量定额,强调严格的操作程序,甚至连手足动作幅度、次数等都要计算限定,"人是机器"是这一时期最典型的代表性口号。这种制度将人视为机器的一部分,颠倒了人和机器的关系,使手段异化为目的。这种机械唯理主义的管理,虽然短期内取得了显赫的高效率,但同时也促使阶级矛盾与劳资矛盾的日趋尖锐激化,孕育着社会危机与动荡不安,也孕育着社会文化意识的嬗变。在严峻的现实面前,人们逐渐意识到纯理性文化的局限,人文主义重新抬头,在管理中注重人性、注重个人的文化观念迅速获得人们的认同。

20 世纪 20 年代,哈佛大学教授梅耶在著名的"霍桑实验"中提出的"人群关系理论",便是人性文化逐渐抬头的有力体现。此外,大众传播的发展和社会化大生产的发展,也对尊重个人隐私但又互不相关的这种过于狭隘的美国传统文化形成冲击,使社会生活、社会交往更趋开明化、开放化。这种尊重人性的、人文的、开放的文化,正是公共关系得以萌生及成长的土壤。

(四) 技术条件——大众传播超越个体传播

科技的发展是双刃剑,它既提供完善公众关系的先进的理论和传播手段准备,又在某种意义上影响限制了人们的交往,从而加强了沟通的需要,是公共关系产生和发展的必备条件。

从公关的物质手段而言,科技提供了先进的传播手段,尤其是大众传播手段。科技从而成了公共关系的直接条件和推动力。现代科技理论的物化,产生了从电话、电报到印刷、广播、电视,以至计算机、因特网等传播手段,这些工具的广泛使用,为公共关系超越个体传播的狭隘范围奠定了坚实的基础。没有这些有力的群体和大众传播媒介的支撑,要设想对庞大的公众进行沟通几乎是不可能的。

总之,现代社会的政治、经济、文化和科学技术等造就了现代的组织、公众和新型的公众关系,从而要求公共关系作为一种独立的社会活动或职业而形成。因而政治、经济、文化和科技的发展是公共关系产生和发展的四个必要的历史条件。根本上,公共关系是公众为本的时代的必然,而非某些人的主观随意。

第二节　公共关系学的发展阶段

一、巴纳姆时期——现代公共关系的发端

这时期是现代公共关系产生的孕育阶段,但远非真正公关的确立。它仅指从 19 世纪中叶到 19 世纪末,盛行美国的报刊(新闻)代理活动。这一活动中公认的宣传大师 P. T. 巴纳姆(1810~1891)因而成为这一时期的主要代表人物,他奉行的"凡宣传皆好事"也成为时代的宣传理念。由于这种理念要求人们竭尽宣传、诱导

之能事,而没有职业道德规范的约束,所以又蕴含着"公众受愚弄"或"公众该死"的信念,这种宣传活动就有着无法否定的消极意义。但报刊代理模式仍有一定的积极贡献,这就是它显示了有计划的报刊宣传活动在影响、引导公众意识和行为中的显著力量。整个社会因此关注利用大众媒介改变公众态度,并促使公众关系的变化,为最终确立强调传播手段来协调公众关系的现代公共关系起了直接的推动作用。

19世纪初美国新闻界就开展了"免费宣传"活动,到了19世纪中叶已发展成有一定规模的"报刊宣传活动",也叫"报刊代理"(Press Agent),它特指当时"出现的各种组织为了宣传自己在便士报上炮制各种神话和煽情性新闻的活动。"而它依赖的便士报就是类似《纽约太阳报》这样的价格低廉(一便士)、内容通俗有趣、发行量很大的报纸。为了吸引大众的注意,不断扩大销量,这些报纸往往不惜刊登甚至是编造的奇闻轶事。这给了急欲宣传自己的组织提供了可乘之机,他们纷纷雇佣报刊代理人炮制有利于组织自身的新闻,达到既宣传自己,花费又少于广告的目的,所以报刊代理蓬勃展开。它主要涉及娱乐业和政界。

巴纳姆据称是最具宣传能力,最善于创新和最受人称赞的游艺节目演出的报刊代理,他本着"凡宣传皆好事"的信念,研究了公众的心理,在报纸上进行耸人听闻的宣传,还制造了荒诞无稽的"神话",取得了令人瞩目的宣传效果和经济收入。有成功就有模仿,临近19世纪末,报刊代理扩大到了其他行业,美国企业界开展了有组织的沟通活动,有的获取了自身的成功和良好的社会效益。当然在宣传活动中也有的是蒙骗了公众,损害了社会利益,遭到人们愈益严重的怀疑和敌意。善意和敌意一起,促使人们去努力完善宣传活动,克服报刊代理的弊端,辅以一定的时代条件,则现代公共关系的正式确立就不远了。

二、艾维·李时期——现代公共关系职业化的开始

公共关系兴起于1900～1922年,以首家公共关系事务所的成立为标志,以艾维·李的"说真话"、"公众必须被告知"作为理念,以单向的公共信息模式开始了现代公共关系实务的航程。这一时期确立了公共关系的独立的职业地位,也揭示了公关的第一原则就是真实,更突出了公关活动的经验性、艺术性的特点。"公众必须被告知真相"简言之就是"说真话",它成为了公关活动的基本原则。提出原则的艾维·李也被尊称为"公关之父"。

资本主义是在"公众该死"的信念下,依赖公众而发展起来的。这种矛盾一度在棍棒、刀枪加报纸、刊物的作用下得以维持,但无限制地镇压和欺骗终会激化矛盾,公众一旦觉醒,反抗就是不可避免的。19世纪末形成了深刻的公众关系的危机。公众除了动用罢工、起义等各种形式的对抗外,还在新闻界发起了影响巨大的

"揭丑运动",专门揭露企业集团的各种丑闻及阴暗面,为大众与企业的对立推波助澜。几乎所有的大企业都在"揭丑运动"中身败名裂,有的还获得了诸如"杀人公司"、"强盗大王"的雅号。其实这些"美称"是他们受之无愧的,当他们设法隐瞒事故真相时,当他们公然下令向罢工者开枪射击时,他们应该想到会有这种结果。"揭丑运动"本身是美国社会的公众关系矛盾激化的必然结果,但同时也让企业家们充分认识到自身形象、公众及舆论的重要性。沉默、收买、压制、打击等反击手段都无济于事,"长时间习惯于隐藏在神秘面纱后面的商业领导者,感到有强烈的欲望需要在自卫中堂堂正正地发表见解,但是他们不知道如何去做",是公共关系教会他们该做什么,所以,如果不是被迫,资本家是无论如何也不想去协调与公众的关系,去耐心地告知公众,求得他们的理解的。

适应解决矛盾的需要,1900 年在波士顿创立了第一家公共关系公司——新闻宣传办事处,这是公共关系作为一种职业在美国兴起的标志,也意味着现代公共关系的诞生。以后在华盛顿、纽约、旧金山等地都相继出现了公关公司,其中最著名的当推"帕克和李公司"。其主办人之一:艾维·李,在受雇解决无烟煤工人罢工问题时,提出了他的"原则宣言",即"公众必须被告知真相",他反对向公众封锁消息或者欺骗、愚弄公众,主张把真实情况告诉公众,以此来争取公众的理解和同情,赢得组织的良好声誉。若是披露真相对组织自身不利的话,那就应该及时地调整或改变组织的作为,而不是去掩盖事实真相。艾维·李取得了很大的成就,同时,也引发了公共关系在其他领域的重要发展:从大学、学院到企业、公司,从教会到慈善事业。尤其在第一次世界大战中,政府创立了公共信息委员会,其任务是动员全国舆论支持战争和总统的和平目标,以克服对于参战的意见分歧。公共关系实践由此一改被动的防御策略而变成主动的进攻活动。

三、爱德华·伯内斯时期——现代公共关系学科化的发展

发展阶段从 1923～1945 年,以爱德华·伯内斯为代表人物。他于 1923 年出版了第一部公共关系著作《舆论的结晶》,并在书中第一次提出了"公共关系顾问"一词;同年他在纽约大学首开公共关系课程。他的"投公众所好"的理念,推导了一种双向的但是不平衡的传播模式,意味着公共关系发展到了新的阶段——主动的、科学的公共关系。

伯内斯的公关思想很大程度上得益于他的公关实践。他曾任福特汽车公司的公关工作,又在一战期间担任"公共信息委员会"的委员,专门向相关的新闻机构提供有关美国的参战情况及其背景和解释性材料。他发现,源源不断的信息提供在促使大众理解、支持政府的行为过程中有极大的作用。一战结束后,他和夫人在纽约开办了一家公关公司,并著书立说,开设公关课程。此后,社会上出现了几十种

公关的书籍,它们不仅适应了公关工作兴起的需求,而且从教育和理论方面推动了这一职业的发展,最终使公关体现出科学性。

伯内斯运用社会科学的成果,从理论上阐述了公众和舆论对于一个组织而言的重要作用,并提出组织对待他们的态度应该是"投公众所好",即遵从公众的要求。它要求组织应根据公众的心理需要来进行有目的有计划的宣传工作,只有这样才能取得公众及舆论的真正理解和支持。这就是公关传播规律的科学总结,也是公关实务的操作依据。他提出的"公关咨询"正是反映了这种主动的、有计划的、投公众所好的思想。所以,公关咨询可以看作是沟通工商业组织和公众利益的桥梁,可以使组织的决策更有利于公众利益,也可以把组织的合理政策及行为向公众解释,以期获得相互的好感和信任。

伴随公关理论的发展,公关实践在这一时期也颇有成就。造就实践成果的是时代的巨变:一是 1929 年起的经济危机的恐慌,形成人们对信息的渴望。二是世界大战迫使政府利用公关手段。这使该时期的公关实践突出表现在这两方面的实务中:

第一,20 世纪 30 年代在富兰克林·罗斯福总统推行名为"新政"的社会改革活动中,其工作班子实践了良好的公共关系。第二,在美国卷入第二次世界大战中,政府相关部门通过有计划的活动,传播爱国主义来引导舆论,达到鼓舞士气、促进生产、征招新兵、募集捐款、发行战争债券和增加民众的支持等目的。

除了新政和战争,公关还同时在其他领域展开。不少公关事务所纷纷成立,耶鲁、哈佛、哥伦比亚等大学也成立公关专门学院,开设公关课程,培养出大量的公关专业人才,他们都在"模仿罗斯福的微笑"中试图协调公众关系。但公关并没有完全"征服"美国公众,公关的成熟、完善和繁荣时期是在二次大战结束之后的事了。

四、卡特里普时期——现代公共关系理论化的成熟

这时期指 1945 年以后至今。以卡特里普、森特和布鲁姆三人为主要的代表人物,以他们编写的《有效公共关系》一书的出版作为理论成熟的标志,以该书中提出的"双向平衡"的系统传播模式为理论基础,强调组织与公众相互调整的理念。同时,公共关系实践也蓬勃展开。公共关系理论的系统化和实践的走向成熟为这一时期的特点。

卡特里普等人在 20 世纪中叶出版了多部公关专著,其中尤以《有效公共关系》最为权威,此书曾被美国学生称为公关领域的"圣经"。在书中,卡特里普运用了信息论、系统论等新兴科学知识,形成系统的公众关系理论。他们认为,公关不仅不能"愚弄公众",也不能一味"投公众所好",而应该强调组织与公众之间通过双向传播来相互影响、相互调整,唯有如此才能达到真正意义的有效公共关系。相应地,

公关实务操作也应有一个完整的系统程序,这就是包括界定问题、制定计划、采取行动和评估结果四个步骤的活动系统,所谓"公关四步法"。这种系统理论影响了和规范了在这之后的几乎所有的公关实践。卡特里普等人因而也无愧于是世界公认的公关专家。

"相互调整"理念的提出,除了得益于系统论等新兴科学成果之外,还是对战后时代的公关实践活动的总结。战争中公共关系很好地展示了它在增加平民对政府的支持中的有效作用,还有种种新的传播方式和技巧。战后美国的经济和社会又面临新的问题和挑战,还由于"凡能渡过那场经济危机的组织,皆因其公共关系的良好"的说法,增加了对公共关系的要求,加上电视这一有威力的传播媒介的出现,公共关系蓬勃发展,走向成熟。它表现在:

第一,公关机构稳定发展,公关主体的多样化。机构类型包括了组织内的公关部门、独立的公关公司和地方或全国性的公关协会;同时不仅是类似产业界的营利性组织成为公关的主体,但凡与公众有着密切联系者,都在这期间加入了公关主体的行列。它们包括政府、学校、医院、教会、慈善机构、军事组织和各种社会团体等,甚至还涉及某些组织的个人代表。这表明对公共关系的意识,已从传统的帮助获取经济利益转为更广泛的协调公众关系。

第二,公关教育和理论研究迅速扩展,公关实践逐步规范。涉及公关内容的学院、学院课程和学生的数量不断增长;公关的著作、文章和杂志繁多;研究公关实践的理论的广度和深度都在扩展。公关理论的系统化促使公关活动也走向职业规范化,这时对公关活动的范围、对象、原则、程序及职业道德都作出了具体的规范要求。

第三,公关实践的全球化进展。当代公关实践全球化的直接推动力是全球化信息时代的到来,人类的全球性的密切联系和全球性的多媒体传播工具使公关全球化有了需要,也提供了可能。但达到公关全球化却是一个艰难的过程,其间,公众关系将变得更加重要和更为复杂。这些现象表明,公共关系到此境界确实可以说是成熟了。

五、格鲁尼格时期——现代公共关系卓越传播时期

20世纪80年代中期,著名的公共关系学者、美国马里兰大学新闻传播学院教授詹姆士·格鲁尼格承担一个国际组织的研究任务,历时数年结出硕果,提出了"卓越公共关系"的新见解。这一思想的提出将公共关系学提升到了一个新的高度,也使格鲁尼格教授成为美国公共关系界的领军人物。

格鲁尼格在理论研究方面的成果主要包括以下几个方面:

(1)战略性。组织的公共关系人员应参加组织的战略管理,帮助组织了解影

响组织目的与任务的环境。公共关系工作应成为组织战略计划的一部分。

（2）直接性。公共关系人员在组织的决策层中有发言权或向组织最高管理者报告的权利。高级公共关系人员应属于拥有实权的决策层或可以随时接近这个群体。

（3）整合性。公共关系部门具有将组织营销整合的协调职能，使该组织的运转更具效率。

（4）独立性。如果公共关系部门从属于其他管理部门之下，公共关系工作就不能发挥其战略管理的作用。因为公共关系具有不同于其他管理功能的独立性，只有明确其独立性，才能发挥其支持其他部门工作的作用。

（5）专门性。公共关系工作须由专门的管理人员来承担，而不是由技术人员来担当。公共关系工作的首要任务是战略性地策划组织的传播沟通计划，其次是完成制定传播沟通材料的技术工作。

（6）平衡性。这是卓越公共关系最突出的特点。公共关系工作应建立在调查的基础上，社会组织要与公众平等沟通，不断增进彼此了解，**它不仅要改变公众的行为，而且也要改变组织的行为**，这使卓越公共关系最终超越了公共关系历史上新闻代理、公共信息、双向非平衡三种模式，形成了双向平衡的第四种模式，而且是最好的一种模式。

（7）内部民主性。在组织内部构建平衡沟通氛围，使内部员工参与决策，提高组织的高效管理质量。

总之，从现代公关在美国的完整历史过程可以看出，公关的产生依赖于传播的巨大力量的展示，本身又是公众与组织之间的矛盾尖锐到不可调和状态的产物。换而言之，如果不是被迫，资本家是无论如何也不愿意通过传播来协调公众关系的。并且一旦情况有所改善，这些人又会依然故我，置公众利益于不顾。唯有经历刻骨铭心的危机（1929年），他们才最终确立了公共关系，公关才有了成熟的姿态。但成熟并不意味着完美。公关从其前身，从其产生和发展的过程中就带有误解、消极的影响，这注定了公关必须在发展的同时不断完善。公共关系的真正目标不仅是面对今天，更是指向未来。历史明鉴，美国的公关历程在某种意义上预示了世界公关的过程，我们何不从中汲取经验、教训，以跳过那痛苦的阶段，直接奔向美好的公共关系？

第三节　公共关系学的发展现状及新态势

二战以后，美国人在进行国际公关实践的同时，也把公共关系作为一种职业、一门学科带给相关的世界各国。但由于世界各国的社会背景不同，每个国家都拥有自己的政治、经济条件和特殊的公众关系,又依傍着本国的文化传统,因而现代公共关系在各国的引入、展开状况是不平衡的。每一个国家的公共关系都体现出独特性,具有独特的公关内容、方式和服务范围。我们可以肯定的是:作为一种外来的观念和实践,公共关系在各国的展开都打上了本国国情的烙印;公共关系的内涵也因为与本国文化的相互融合而具有了民族或国家特色。由于缺乏比较详尽的资料,难以具体描述各国公共关系的情况。我们只能一概而论,作如下的叙述:

第一,在与美国的社会文化背景比较接近的国家中,其公共关系的状态和发展趋势也与美国的情况比较相似,也存在一定的差异。这主要是指一些发达国家。由于与美国联系较为密切,公共关系很快传入一些发达国家。1940年,公关被引进加拿大;1946年,依靠埃索标准石油公司和壳牌石油公司,法国出现了公共关系;同年,荷兰成立了首批公关事务所;然后是在英国(1948年)等欧洲国家相继成立了正式的公关协会。但不同国家,以至不同地区的公关仍然具有自身的特色。比如法国人就把著名的"玻璃屋"作为公关的象征,理解公共关系就是促进最成功的交流,以得到尽可能完美的信息。而在德国、意大利等国家的公关,主要是以对外界开放工厂、企业的形式推广开来,并充分利用公关广告的作用。

第二,在与美国社会文化背景差异比较大的国家内,公共关系的状况及发展趋势呈现明显的国情特色。极端情况下,其含义甚至与美国的完全不同。这主要是一些发展中国家,公共关系传入的时间就比较晚,因社会背景的差异而导致对公关问题的看法的相悖性也比较大。比如在中国,从对于公共关系的含义理解,到公关方式、手段的把握都存在和西方国家的不同看法。在中国传统文化背景下,说服手段运用很多,功利目的明显,其中也不乏坑蒙拐骗,因而传播说服手段的声誉并不很好。公关有时甚至是贬义的。并且,公关实践的运用地区和行业也和发达国家有着一系列的不同。

第三,在少数政治、经济和文化比较落后的,或者是自身比较封闭的国家和地区,尚未引入公共关系。这种情况的出现,表明缺乏特定历史条件的土壤,公关之树是无法生长的。

所以,整体而言的公共关系在世界各国的传播和展开是不平衡的过程。这正是应了公共关系的产生和运用需要一定的历史条件的说法。一味强调公共关系,脱离时代和国情条件是不合适的。

一、公共关系在中国的发展

公共关系是20世纪80年代初,伴随着我国的对外开放而步入中国大陆的。但早在20世纪60年代,我国台湾和香港地区经济迅速发展时期,现代公共关系便已经传入台湾和香港并得到较快的发展。特别是在香港地区,一些跨国公司在其分公司内部设立公共关系机构,聘用受过专业训练的人员从事公共关系工作,他们开展的公共关系活动一般具有比较高的水平。此后,各个企业、酒店和宾馆纷纷设立了自己的公共关系部门,社会上涌现出一批公共关系专业公司,公共关系从业人员迅速增加,公共关系以其独特的社会作用在香港产生了良好的影响。

公共关系在港台地区的健康发展,为其传入中国大陆创造了良好条件。公共关系传入大陆后,呈现出由南向北、由东向西、由沿海向内地、由城市向村镇、由企业组织向事业单位、由服务行业向工业企业、由外资企业向国有企业、由企事业组织向政府各部门逐步发展的格局。公共关系在中国大陆的发展,大致经历了以下三个发展阶段:

(一) 引进萌芽时期

公共关系在中国大陆的引进萌芽时期是20世纪80年初期至中期。1980年,深圳、珠海、汕头、厦门被定为经济特区。公共关系作为一种经营管理技术,首先在这些开放城市的合资企业中出现。深圳、广州、佛山、北京等地的一批中外合资企业和外商独资企业按照海外母公司的管理模式,设立公共关系部。这些企业的公共关系部经理多数由在海外受过公共关系专业训练的人员担任。广东电视台以当时的公共关系活动为背景拍摄了电视连续剧《公关小姐》。该剧在全国的上映,对于普及公共关系知识,扩大公共关系影响起到了重要作用。1984年9月,广州白云山制药厂率先设立公共关系部,在开展公共关系实务方面进行了大胆而有益的尝试。1984年10月,跨国公共关系公司希尔·诺顿公司在北京设立了办事处。新闻媒介的报道对于人们正确地认识、了解和接受公共关系以及公共关系在中国的传播也起到了积极的作用。

(二) 迅速兴起时期

公共关系在中国的迅速兴起是20世纪80年代的中后期。当时,随着我国改革开放的逐渐深入和社会主义市场经济的迅速发展,公共关系在我国呈现出蓬勃兴起的局面。

公共关系在中国的迅速兴起主要体现在公共关系公司、公共关系协会的成立,公共关系教育培训的起步,公共关系理论研究的开始以及公共关系实践活动的广泛开展等几个方面。

1985年,世界上影响最大的两家公共关系公司——伟达公司和博雅公司先后进入我国。同年8月,博雅公司与中国新华社所属的中国新闻发展公司签订协议,共同为在我国从事贸易的外国机构提供公共关系服务。中国新闻发展公司为此成立了中国环球公共关系公司,这是我国第一家公共关系公司。1986年1月,中山大学在广州成立了我国第一个公共关系研究会;同年11月,我国第一个省级公共关系协会——上海市公共关系协会成立;1987年5月,全国权威性的公共关系社团组织——中国公共关系协会在北京正式成立。此后,全国各省、直辖市、自治区以及若干大中城市相继成立地方性的公共关系群众社团和学术组织,这些学术团体积极开展公共关系的研究活动。

1985 年 1 月,深圳市总工会率先创办了公共关系培训班,开我国公共关系教育之先河。同年 6 月,北京大学研究生院举办公共关系讲座。全国各地的大专院校、企业和社会团体,也相继在不同的地区和范围内开办了各种形式的公共关系培训班。1985 年 9 月深圳大学首先增设了公共关系专业。此后,中山大学、国际关系学院等近百所大学相继开设公共关系课程,从而使公共关系这种全新的思想观念和理论知识在高等学校得到迅速传播和普及。

80 年代后期,一批有识之士开始结合中国政治、经济、文化的特点探索中国公共关系的理论问题。1986 年 11 月,中国社会科学院新闻研究所公共关系课题组编著的《公共关系学概论》率先问世;英国著名公共关系专家弗兰克•杰夫金斯的著作《公共关系学》被译成中文出版。1988 年 1 月,中国第一家公共关系专业报纸——《公共关系报》在杭州创刊;1989 年 1 月,中国第一份公共关系杂志——《公共关系》在西安创刊,向国内外公开发行,在我国理论界掀起了一股研究公共关系的热潮。据不完全统计,从 1986 年底到 1989 年底,在这短短 3 年的时间里,我国正式出版发行的各种公共关系教材、专著、译著达到 100 多种。

在公共关系的迅速兴起时期,由于具有中国特色、适合中国国情的公共关系理论尚未建立起来,而引进的国外的公共关系理论又不能有针对性地指导中国的公共关系实践,这种由理论落后于实践而导致的偏差与误解,使得公共关系领域出现了机械模仿、良莠不齐、鱼龙混杂等现象。这些问题不同程度地影响了公共关系事业在我国的正常发展。但同时也应该看到,这一时期在理论研究方面取得的成绩和进展,在实践领域的经验利教训,都将成为公共关系在我国稳步发展的基础和前提。

(三) 稳步发展时期

从 90 年代初开始,公共关系在我国进入了稳步发展时期,主要表现在公关学术活动正常有序开展、公关专业教育逐渐走向成熟、公关理论研究贴近中国现实、公关实践活动取得明显成效。公关专门职业正式得到承认等几个方面。

1. 公关学术活动正常有序开展

1990 年 7 月,中国公共关系协会学术委员会在河北省新城县召开了第一届全国公共关系理论研讨会,会议以"公共关系与社会发展"为主题。1997 年 8 月下旬,中国公关协会学会委员会在苏州召开了学术委员会四届一次(扩大)会议,会议以研讨中国公共关系基本理论问题为主题。以上会议都分别出版了论文集,记录了相关研究成果。

1991年4月,中国国际公共关系协会在北京成立。中国国际公共关系协会成立后,联络国际性、地区性、全国性的公关组织以及学术团体,通过学术交流增进彼此间的相互沟通、了解与合作,为推进中国公关事业的发展作出了重要贡献。

2. 公关专业教育逐渐走向成熟

公共关系专业教育的成熟主要体现在以下四个方面:

(1)专业建设基本形成多层格局。已经有多所高校开设专科、本科专业,部分高校和科研院所招收了硕士和博士研究生,成人高等教育公共关系专业的自学考试已经由部分省市开设扩展到全国统一开考。

(2)教材建设初步呈现创新和升华。公共关系专业的教材建设已经由起步阶段的翻译、照抄、拼凑过渡到创新、开拓、升华,由肤浅、交叉、零散发展到深刻、系统、正规。

(3)师资队伍已经形成专业梯队。公共关系教育兴起时期的任课教师多数属于半路改行,知识背景形形色色;而目前的师资队伍在年龄、职称、专长、学历等几个方面,基本上形成了老中青结合、高中初成比例、整体素质较高、知识结构合理、理论联系实际、教学经验丰富的专业化梯队。

(4)课程设置大体符合培养目标。公共关系专业教育起步阶段开设的课程大多数是根据开设专业的原来学科和教师的知识背景而确定的,因此,不同学校相同专业所开设的公关专业课程相差甚远,同一学校不同专业所开设的课程却相差无几。目前,这种课程设置不合理的问题基本上已经得到解决,公共关系专业所开设的课程大体上能够体现专业的培养目标。

3. 公关理论研究贴近中国现实

公共关系学是引进的交叉性学科。引进和构建初期的介绍、移植、搬套都是学科发展的客观需要,但并不能形成适合我国现实情况、体现我国文化特色、具有独特研究对象的公共关系理论体系。经过了一段时间的消化吸收、分化整合、总结概括,目前已经基本克服了那种不切实际的崇洋、盲从、浮躁、媚俗、近视、吹捧等弊端,呈现出以下趋势:

(1)学科细化和学科延伸。学科细化的研究成果基本上是公共关系原理在各个不同领域中的应用。属于学科延伸的研究成果基本上是公共关系原理与其他相关学科知识的结合,趋向于形成交叉学科。

(2)注重历史与逻辑相结合、理论与实践相结合、借鉴与创新相结合。

(3)重视突出特色、洋为中用、开拓领域,初步形成了结构合理、核心突出、贴近现实、富有新意的理论体系。

4. 公关实践活动取得明显成效

公共关系实践活动最早出现在宾馆、商场、饭店等服务性组织,接着扩展到生产性的企业,现在已经延伸到政府机关、事业团体、军事单位、宗教部门、慈善机构等各类社会组织,我国的公共关系实践活动已经遍及国际上公认的三大应用领域(政界、经济实业界、非营利性组织)。

开展公共关系活动的方式已从片面强调"轰动效应"、"出奇制胜"等表面形式过渡到按科学程序办事,考虑近期影响,更注重长期效果。

公共关系活动取得的成效集中表现为:能够体现中国特色的、具有科学理论指导的、经得起实践检验的和取自不同领域的公共关系活动的成功案例在不断涌现,逐渐增多。

5. 公关事业发展受到广泛重视

我国的公共关系事业虽然起步较晚,但其发展却突飞猛进。

公共关系的职业化在我国也取得了突破性的进展。1999 年 1 月,国家劳动和社会保障部正式批准成立了国家职业资格工作委员会公关专业委员会。1999 年 5 月国家劳动和社会保障部出版了《国家职业分类大典》,公共关系正式列人其中。国家职业资格工作委员会公关专业委员会成立后制定了公关职业标准,编写了《公关员职业培训与鉴定教材》,建立了公关员职业鉴定试题库。在国家人事部职称司制定的《高级经济师电脑测评系统》中,包括公关人员、决策人员、管理人员、营销人员四个系统。首届公关员考试已于 2000 年年末进行,这标志着国家已正式承认公共关系行业,公关员由此成为正式职业。

在我国,公共关系专业人才的培养有普通教育和成人教育两种方式;有专科、本科、研究生三个层次。就普通教育来看,1994 年经国家教委批准,以中山大学公共关系专业为本科试点,授予公共关系学士学位。该专业的毕业生颇受社会欢迎,经过几年试办后,现已得到承认,由试办转为正式招生。从成人教育的自学考试来看,1999 年,国家教委将自学考试开考的 400 多个专业压缩到 224 个专业,并将其中适应性强、覆盖面广的 66 个专业列为全国统一计划、统一命题的专业。公共关系专业不但被保留下来,而且列为全国统考专业,从 2002 年开始完全执行新的考试计划。这些事实说明,我国政府已经开始重视高层专业公关人才的培养,这将有利于我国公关事业的正常发展。

二、公共关系实践的新态势

(一) 国际化公共关系的增强

从 1995 年国际公共关系协会在伦敦成立,公共关系国际化的步伐一直没有停止过,但真正实现快速增长,还是在经济全球化形成以后。经济全球化使得各国在经济等各方面的联系十分密切,由于各国历史不同、文化价值观不同、社会制度不同,国与国发生交往时,更容易发生冲突。为了更好地协调国际贸易中各贸易组织之间及与政府之间的关系,需要加强公共关系工作,也需要更多的公关咨询公司及从业人员。

目前,世界各国无论是发展中国家还是发达国家,都十分重视公共关系。跨国公关咨询公司纷纷成立,公共关系在国际政治、经济、艺术、文化交往中发挥着越来越重要的作用。另外,随着中国改革开放的步伐不断加快及加入 WTO,中国经济快速增长,在整个世界经济普遍不景气的情况下,中国已成为世界经济增长的亮点,国际公关咨询公司也都看好中国,纷纷在中国设立业务机构。据统计,全球排名前 20 位的公关公司已有一半以上进入中国。

(二) 危机公关越来越重要

在经济全球化的今天,企业的发展在得到更多机会的同时,也越来越受外部环境的影响和制约,各种内部矛盾也日益突出,企业处于复杂多变的环境之中;同时,消费者日益成熟,买方市场业已形成,消费者对产品和服务质量的要求也日渐提高,加之现代传播技术的发展,企业面临的危机已经带有普遍性和突发性。另外,随着跨国公司的增多,随着连锁组织的扩展,每一个分公司或连锁分部出现问题后,会马上波及影响到整个组织。在这种情况下,组织如出现某种问题将会马上"臭名远扬",这会直接导致组织的知名度和美誉度的下降,严重时可危及组织的生存。

所以,在危机出现之前如何防患于未然,危机出现后怎样妥善处理危机,进行积极的危机管理,使企业减少或避免危机造成的损失,已成为公共关系工作中越来越重要的课题。

(三) 政府公关越来越成为亮点

随着经济全球化的发展,各国各地的联系更加密切,而一个政府的形象直接影响着当地经济的发展,以经济实力为主的经济安全理论已成为各个国家的行为准则。纵观当今世界各国,越来越多的政府正在改变其角色和职能,从原来的统治者、控制者转向协调者、服务者。各国政府首脑及主要官员都在开展积极的外交活动,一方面树立本国的良好形象,一方面扩大对外贸易,为本国企业寻求合作伙伴、签订经贸合同等。据有关统计,美国政府公共关系的支出,每年达几十亿美元。而日本,单是为了在华盛顿寻找盟友,每年的公共关系投入就为数亿美元。如果一个政府具有良好的形象,则会吸引更多的人才,会吸引更多的投资资金。

在中国的市场经济发展的过程,通过公共关系来提升政府形象也正成为领导者关注的问题,很多城市政府已开始利用公关理论和技能塑造城市形象,提高城市的知名度和美誉度。可以预见,公共关系在未来的政府工作中,将发挥越来越重要的作用。

（四）环境公关越来越引起重视

自古以来，人类生活的环境一直在不断地发生着变化。特别是工业革命以来，工业迅速发展，人口急剧增长，环境破坏和污染日益严重起来，导致环境质量越来越差：因二氧化碳增加而出现温室效应；土壤过分流失与土地沙漠化扩展；臭氧层日益损耗威胁人类健康；废水、废气、废弃物的排放直接危害人类的安全；日益恶化的环境已成为人类面临的共同危机；社会公众对环境越来越关注。

作为一个企业，如果在生产过程中不注意废弃物的处理，不注意是否对环境造成危害，将会直接影响它在公众中的形象，影响其产品的销售和企业的生存发展。所以，每个企业都应该把环境问题看成一个大问题，积极采取各种措施保护生态环境，并利用各种公关手段宣传企业在环境保护方面的工作情况，树立企业的美誉度。

案例分享

观念领先的宝洁公司

20世纪的肥皂，通体是黑黝黝的颜色，除了实用外，可以说一无是处，既不美观，也没有香味，好在大家都用习惯了，倒也没觉得有什么不妥。而普洛斯特和盖姆布却从中找到了契机，决定合伙成立"普洛斯特和盖姆布公司"（简称宝洁公司（P&G）），研制新肥皂。新公司成立后，普洛斯特成了专职推销员，全权负责新肥皂的市场推广工作。他想象中的肥皂是纯白色的，而且形状一定要美观。研制人员接受了他的建议，经过一年多的研究和实验，终于使新肥皂面世了。

普洛斯特又做出了三项重大决定：第一，为产品起一个名字，来增强消费者的印象；第二，美化肥皂的形状；第三，设计动人的广告作为宣传的工具。今天看来，这些决定算不得什么新奇，可是在一个世纪前，要把这三个要点恰当地表现在一项新产品上，却没有几个人能做到。普洛斯特不仅做到了，而且做得非常精彩。为此，他花费了不少心血。他的理想就是能强调肥皂的洁白、纯净，让消费者一听到名字，就会联想到肥皂。人们绞尽脑汁，提出了许多名字，但没有一个能使普洛斯特有"深得我意"的感觉。

一个星期天的上午，普洛斯特到教堂做礼拜，神父朗诵圣诗"来自象牙宫的，你所有的衣服都沾满了沁人心脾的香气"。普洛斯特眼睛一亮：用象牙来象征肥皂不是很合适的吗？于是，"象牙肥皂"这块响遍世界的品牌诞生了！

普洛斯特以自己多年的推销经验，再加上一位音乐家朋友的眼光，设计出一种肥皂式样，并申请到专利。这种肥皂式样是长方形的，每个角部都呈圆形。最大的特点是:两块肥皂连在一起,中间有一条线,使用时可以从中间切开,一分为二。这一新式样,除了美观外,还对销售有很大帮助,因为它是两块连在一起的,顾客一买就要买两块,并且使用方便,两块切开握在手里大小正合适。

他设计的包装也与众不同:把包装纸设计成黑白两种颜色,表示里面有两块肥皂,以引起消费者注意。今天的商人利用广告促销已是司空习惯,但在20世纪,普洛斯特则是排除无数的阻力来创造广告的机会。

在大家都没有重视广告的时候,普洛斯特竟敢投入大笔资金来做广告,宣传他的肥皂。他首先在杂志上刊登肥皂广告,这是个创新。当时只有几种获得专利的医药品在杂志上登广告,一般生活用品还没有人这样做。他借了一笔钱,跟两家最畅销的杂志签订了广告合约。

接着,普洛斯特又使出绝招,他请化学专家化验象牙肥皂的成分,公开宣布,让消费者安心使用。他请的专家都是著名大学如耶鲁、密西根、普林斯顿大学的教授。普洛斯特接到化验报告后,又运用他灵活的头脑设计出一幅广告,把化验报告中的数字放了进去。这是用专家意见作促销的开始。在此之前,从未有人想到这一号召力特别强的宣传术。

直到今天,仍有许多企业步普洛斯特后尘,运用专家来促销。普洛斯特的宣传花样特别多,不胜枚举,如象牙婴儿、能飘浮的象牙肥皂,他还开有奖销售之先河。象牙肥皂在一连串的宣传攻势下,在市场上形成了一枝独秀的局面,在同行业中遥遥领先,很快就打开了美国中西部市场。

案例思考

1. 在本案例中宝洁公司的制胜之道是什么?

2. 请结合你对宝洁公司的认识和本次课程所学内容提出你认为还有哪些可以适用于目前的市场的策划?

简答题

1. 公共关系发展经历的阶段有哪几个?

2. 为什么说现代公共关系首先产生于美国是历史的选择?

3. 公共关系发展有哪些新的趋势和特点?

第三章 公共关系的目标

学习目的

1. 熟悉组织形象的含义和特征
2. 了解社会组织形象的功能
3. 熟悉组织形象的定位三要素
4. 明白组织整体形象的原则和方法
5. 掌握公共关系造成的公众行为改变的类型
6. 了解行为公关模式
7. 熟悉衡量公共关系目标的指标体系及其关系

引导案例

电影《非诚勿扰》里的杭州城市品牌形象

作为历史文化名城、风景旅游胜地、中国六大古都之一的杭州,意识到运用电影是进行城市营销的最佳模式之一,争取电影《非诚勿扰》把其作为主要外景城市之一,然而电影也确实带动了杭城整体的旅游及餐饮等消费,在海内外加深了"生活品质之城"的美好品牌形象。

《非诚勿扰》是一部爱情喜剧片,在圣诞新年档期上映,与杭州风景优美、休闲浪漫,富有文化品位的城市气质非常吻合。跟随片中男女主人公的踪迹,观众们在不知不觉中领略了西溪湿地、西湖的美景,玉玲珑餐厅和心源茶楼的美食,掩映于西湖山水间的幽静会所,以及著名的杭州武林路时尚女装街的繁华……尤其是对于"西溪湿地"的外景植入,更是起到了良好的效果。长久以来,杭州景点在传统观念中,以"西湖十景"久负盛名。但史书云:钱塘之胜,名于"三西"(西湖、西溪、西泠)。千年前,宋高宗赵构看到了小桥流水、芦花似雪的西溪美景,留下了"西溪且留下"的感叹。而在电影《非诚勿扰》中,"西溪,且留下"亦成为一句经典台词,成为杭州西溪湿地的响亮广告,有力地进行了这一新景点的全面推介。这个植入式广告的成功,不但让长期掩盖在西湖光环效应下的西溪湿地景点为世人所知,更拓展了杭州新的城市旅游内涵。《非诚勿扰》公映后,湿地的游客比以往增加了四成左右。根据这部电影热映的状况,杭州西溪国家湿地公园还专门启动了一个短线游,与旅行社合作开发"《非诚勿扰》旅游团",让慕名而来的游客集中在一起,穿梭于湿地秋雪庵景点附近的芦苇荡,参观文化创意园"艺术部落"的别墅,流连芦荡悠悠、鸟语林地的水墨湿地美景。据统计,2009年上半年,西溪湿地同比多进账3 000多万元,入园游客已超170万人次,景区总收入5 800万元,与上年同期相比,两者的增长幅度全都超过360%。

《非诚勿扰》从开机到首映,整个拍摄过程中产生的无数话题,即是一次持续时间较长的对城市的大规模宣传。影片并不是仅仅简单植入了景物,还植入了杭州独特的人文氛围和特有的生活品质,以及它所蕴含的更深层次的体验经济效应。这种植入带给观众的感受是立体的、潜移默化的,而这种投资得到的回报也是多元化的,可持续的。比如,影片中售楼小姐对葛优说的那一段台词虽看似平常,实际上不但点明了西溪的资质、独特性和价值,而且通过"销售构图"的方式,寓情于景,更是向观众传达了"一种带有典型杭州悠闲韵味的生活方式"。影片播出后,甚至带动了西溪周边的房产地价,也给西溪美景增添了新的人文内涵。

（摘自《论杭州城市品牌形象的电影植入式营销——以电影〈非诚勿扰〉、〈唐山大地震〉为例》,王艳,《现代城市》,2011年第三期p46）

第一节　公共关系的核心目标:组织的形象塑造

一、公共关系的核心是组织的整体形象

组织的公关目标是指组织的公关活动所要达到的一种具体状态或结果,是公关行为的一种引导方向或激励。组织的公关活动是社会组织整体运行中的一部分,所以它必然服从和服务于组织的总体活动过程。由此,公关的目标也必然从属于组织的总体目标。若不如此,因公关目标与组织的总体目标相背离,它的传播目标将不为公众认同,还会因损害组织利益而遭到组织和公众的抛弃。公关为组织整体服务,公关目标服从并服务于组织总目标。

组织的公共关系目标总体来说就是:双向沟通,塑造公众认可的组织整体形象,促进相互理解。这是由公共关系本身的特点和组织的目标共同规定的。公共关系本身以双向传播为主要手段,以与公众的相互了解和理解为手段,实现公众认可,促使公众产生积极行为为主要目标。站在公众的立场上,他们要求了解的最高境界应当是组织的整体形象,然后对"整体透明"的组织表示一定的理解、认同。从组织的生存和发展的需求来说,组织也需要通过调整自身整理形象以适应和影响

环境,即双向沟通、相互了解和理解的需要。

(一) 组织形象的含义和特征

1. 组织形象的含义

组织形象特指社会公众或消费者按照一定的标准和要求,在心目中对一个组织综合认识后形成的全部认知、看法和综合评价。组织形象一般可用知名度和美誉度两项指标来反映,对组织形象的定义可以从以下几个方面来认识:①组织形象是社会公众对组织的一种综合评价;②社会公众是组织形象的确定者;③塑造组织形象是组织公共关系的核心内容和主要功能。

2. 组织形象的特征

(1) 主观性与客观性。

组织形象具有客观性。组织形象的优劣源于组织的外在表现和内在素质,是组织的表现和特征在公众心目中形成的印象和评价,它不是凭空产生的,也不是社会公众强加给组织的,但从另一方面看,组织形象是公众对组织认识和评价的结果,因而又具有主观性。组织形象的两重性要求组织既要做得好,又要说得好。

(2) 整体性与多维性。

组织总体形象的建立是组织构成的具体要素影响的。以企业为例,其构成组织总体形象的要素包括实力形象、产品形象、服务形象、外观形象、人才形象、营销形象、社会形象、文化形象、品牌形象等。组织形象是一个有机体,它的每一个要素都会对组织形象产生效用。要树立一个良好的组织形象,必须使这个形象系统中的每一个要素都发挥作用。如果忽视了其中一个或几个要素,则有可能使整个组织形象毁于一旦。

(3) 稳定性与可变性。

组织形象一旦形成,就不会轻易地改变或消失,具有相对稳定性。由于公众心理定势的作用,公众对组织的认识不会因为组织现状和行为的某些变化而马上发生变化,因此,组织形象在塑造过程中要重视公众心理上的首因效应。但从长期看,组织形象具有可变性。例如,当较大的失误发生而组织又不能很好地处理时,公众就会改变对组织的评价。

(二) 组织形象的功能

1. 良好的组织形象有助于增加组织无形资产

组织形象是组织的无形资产的重要组成部分。它代表组织在公众心目中的良好形象,组织形象的好坏决定了无形资产价值的高低。组织形象的认知度越高,美誉度越好,认可度越佳,定位越准确,无形资产的价值就越大,增值率就越高。

2. 良好的组织形象有助于强化内部竞争力

组织的竞争归根结底是人才的竞争,因此,组织竞争力的根本源泉在于组织有高素质的员工。在现代社会,吸引人才、留住人才不仅仅靠丰富的物质报酬,更多的是靠组织的精神报酬。一方面,良好的组织形象能在组织内部形成尊重知识、尊重人才的氛围,有利于组织成员积极性和创造性的发挥;另一方面,良好的组织形象可满足成员的成就感,形成"荣辱与共"的归属感,从而使组织形成强大的向心力,同时也为吸引组织外部人才创造了条件。

3. 良好的组织形象有助于优化外部环境

公众对产品和服务的选择,不仅是对产品性能和价格的选择,同时也是对组织品牌、服务水准等的全面选择。良好的组织形象,可以引导公众在纷乱繁杂、眼花缭乱的商品世界中选择组织的产品和服务,使公众对组织的产品和服务产生"信得过"的购买心理,培养公众对组织、对产品的忠诚度,从而达到组织争夺更大的市场份额、获得较高的经济效益的目的。

组织作为社会系统的一部分,不可避免要与环境进行密切的接触,与其他人、其他组织发生多方面的联系。例如,组织要从资金市场和金融机构筹集资金,要从上游组织采购原材料等。形象良好的组织,容易获得社会各界的好感、喜爱和谅解,因而能够优先获得社会各界的支持和帮助。一个值得信赖的企业,由于其信誉好,银行愿意提供优惠的贷款,公众愿意购买其股票和债券,企业就能获得充裕的资金,同样也能获得可靠的原材料、能源及零部件的供应

(三) 组织形象的定位三要素

由此可见,在当今产品、宣传都先进的时代。组织形象要得到公众的认可,首先就必须进行准确的定位。组织形象本身是个复杂的多面体,塑造组织形象比较明智的办法是挑选最具生气的局部形象进行强化和放大,突出个性,以争取公众的指定选择,这就是组织形象定位。认识到这一点,我们就有必要系统研究一下哪些因素会影响组织形象的定位:

1. 组织个性

不同的组织都有些共性,如都要有良好的质量,都需要售前、售中、售后服务优良,都要生产适销对路的产品等。但更值得思考的是个性特点,像目标定位、文化定位、风格定位等。组织个性的确定是组织形象定位中最根本的环节。组织个性是考虑自身行业与组织特色、竞争对手、目标公众的综合平衡。

1) 自身行业与组织特色

组织确定自己的特色,首先要与行业特点基本吻合,例如,根据日本经济新闻社对各个行业的理想形象的调查,食品行业的理想形象包括安定性、依赖感、规模、技术;电气机器行业包括安定性、可信度、技术等。其次才是突出自身的特点,这主要是以组织的实态为依据,即考虑"是什么"、"想做什么"和"能做什么"。

2) 目标公众

组织特色要与目标公众的需求相符,否则,引不起公众的兴趣。例如,日本松

下公司的目标就是在为生产像自来水一样廉价的家电用品而努力。由于组织面对包括顾客在内的多种公众,不同公众对组织有不同的利益要求和关注点,因此,他们都要求组织有某种特殊形象。

3) 竞争对手

突出特色是通过比较竞争对手来确定的。相对于竞争对手的不可替代性,突出特色的组织就占据了强有力的竞争位置,对手不容易把其排挤出竞技场。相反,如果一个组织的形象定位与主要竞争者一样,该组织就没有鲜明独特性,也容易引起激烈的正面竞争。这时,如果组织的形象定位没有特色且比众多竞争者差,那么在形象竞争中就容易被对方击败。例如,美国汽车不断从事车型的改变,而德国汽车定位则为"不作外形的改变而注重内部的改良",因为汽车与生命安全息息相关,德国汽车的这种定位使得消费者更放心。竞争状态作为组织形象定位的一种依据,就是要求形象设计者充分了解主要竞争对手的形象特征和在公众心目中所处的位置,然后采取某种适当的定位策略。组织可以从多方面寻找与竞争者的差别和对比,包括前述的利益差别(如前述的原材料、工艺等)。例如,太阳神口服液针对其竞争对手产品含有性激素,对孩子不利,家长恐惧,强调自己的产品是天然保健品,不含激素。再比如后起的七喜饮料,突出自己的"非可乐"。但在竞争导向下,组织一般会更多地塑造出某种品牌地位形象,或在某些方面寻找组织或品牌的位次,主要是为了塑造出行业领导者地位形象、挑战者地位形象、新兴组织形象、利己地位形象等。

2. 传达方式

传达方式指的是把主体个性信息有效准确地传递到公众方面的渠道和措施。因为信息时代,"酒香最怕巷子深"。信息传达要同时起到两个作用:传递自身位置信息;唤起目标公众的反应。这就需要把复杂的信息通过简明的符号传递出去,直接诉诸公众。组织信息如果不能有效传达,公众就根本无法去了解和把握。一般组织信息不被公众感知主要有两大原因:

一是太陌生,如同密码,公众没有相同的密码来解码,传而不通,秋波枉送。人对事物的理解,总是以自身的经验为基础。公众对组织传播的信息,如果符合公众的经验范围,公众就容易了解掌握,传播就会取得良好的效果。鲁迅曾经调侃说,倘若越难懂的东西就越高雅,那么无人能懂的东西就是最高雅的东西,成功驳斥了"难懂即高雅"的谬论。真正精彩的东西应该是公众能懂、能欣赏的。

二是太烂熟,熟视无睹,根本引不起注意。国内有许多知名的企业,像太阳神、霞飞、孔府家酒等在20世纪90年代末纷纷受到冲击,难以高速发展,其重要原因是在传达方式上没有创新。孔府家酒曾是中国白酒行业中的新贵,其"孔府家酒,让人想家"广告词随着《北京人在纽约》的走红而火爆,使企业连创佳绩,但多年不改的广告词显得毫无生气和冲击力。而可口可乐公司每年利用广告对其内涵的形象宣传就高达几十款,让人倍感新鲜和活力,为其成为一流企业做了巨大贡献。好的传达方式如熟悉的陌生者,熟悉能被人接受,陌生而引人注目。

传达方式主要包括营销方式和广告与公关等宣传方式。有的组织形象不见得在主体个性上有过多的优势,但其在传达方式上很到位。

3. 公众认知

组织个性确定以后,有效的传达方式使用之后,真正达到形象定位完成的标志,应是公众认知。人们注意某件事物,喜欢一件事物,总是受人的兴趣、动机、需要、价值等心理因素影响。俗话说:"渴时一滴胜甘露,醉时添杯聊胜无"。所以说,当每个人因缺乏某种东西而产生需要时,该东西对于他就具有较大的价值。而只有对个人具有价值的东西,人们才会喜欢它。

以烟草公司形象定位为例,从烟草质量的角度来说,烟草质量的差距远没有目前烟草业名牌公司与非名牌公司销售距离巨大,其口味、口感的差距更小,但公众认知差距却相当大。万宝路香烟,最初是一种女士香烟,由于市场销售不畅,公司决定以新的西部牛仔的粗犷形象定位,最终成功获得公众认知。公众在吸万宝路香烟时,油然而生的是一种冒险、创造、粗犷的感受,使公众获得心理上的满足,而这种公众接受、认可的形象,也使企业大获成功。

公众对组织形象的认知是在获得组织提供的物质、服务的同时,也要能获得精神上、感受上的满足,才能使组织形象更易更深地被公众认识、接受。

二、组织整体形象的塑造

(一) 组织形象塑造的原则

组织形象塑造的原则,是组织制定、实施组织形象战略必须遵循和贯彻的指导思想,是塑造组织形象的行为准则。它包括以下 4 个方面。

1. 真实可靠,质量为先

产品形象的塑造是树立良好组织形象的关键。塑造产品形象,产品形象的基础是可靠的产品质量和稳定的服务。经营者永恒的主题就是以质取胜。我国许多老字号,经过几百年的风风雨雨历久不衰,主要靠的是质量过硬;而组织如果不注重产品质量和服务质量,即使是做再多的宣传,也无法树立起令人信赖的组织形象。

2. 实事求是,注重信誉

组织形象的核心指标是信誉,信誉是组织的生命,是无可替代的财富。企业及一切组织的形象塑造,都要坚持"信誉高于一切"的原则。良好的信誉会在消费者心目中树立起牢固的组织形象基础,真正的企业家宁可承受经济上的损失,也不会放弃信誉。

3. 整体性原则

对于一个组织来说,建立良好的组织形象是一项全方位的工作,这是由组织形象整体性的特点决定的。它主要包括 4 个方面:组织形象的目标具有全面性;组织形象涉及组织的各方面;组织形象的塑造需要全体人员共同努力;塑造良好形象应运用多种方法。

正因为良好形象的塑造涉及组织的方方面面,所以要求组织各部门必须有大局观念,切忌各自为政;一定要从全局出发,部门利益服从整体利益。在对外开展公共关系活动时,公关部门应事先争取各有关部门的支持和配合,以求得协调一致,统一口径。

4. 重视传播原则

一个良好的组织形象,首先来源于这个组织的行为,来源于它的实力和努力。但是,仅靠这一点是远远不够的,良好组织形象的塑造还必须靠有效的传播手段。这就是说,必须通过适当的渠道宣传自己,使本组织的形象在尽可能多的公众心目中留下良好的印象。那种不注意传播的组织根本谈不到公共关系。

(二) 运用 CIS 系统塑造组织的整体形象

公共关系要塑造和传播组织的整体形象,理论上的整体形象全面而完美,但它十分抽象而缺乏可操作性。如何保证组织的有形形象和无形形象的整体一致性?能满足塑造整体形象操作要求的是:组织个性识别系统,它是对组织的个性识别系统战略的扩展。企业个性识别系统(CIS, Corporate Identity System),又称"CI",它并非是企业形象(image)系统,而是特指企业在行业结构和社会结构中特定的地位和个性化特征。企业形象识别系统由历年识别系统 MI(Mind Identity)、行为识别系统 BI(Behavior Identity)、视觉识别系统(Visual Identity)三部分组成。

CIS 系统,是指通过一系列的形象设计,将企业的经营理念、行为规则和视觉形象有序的传达给社会公众,以取得社会公众认同的企业形象策略。它着力于组织整体形象的塑造,并通过良好形象的塑造来创造名牌,通过创造名牌来促进产品的销售。CIS 战略是目前塑造企业形象的一种重要而科学的手段,已经为国内外许多成功企业所采用。

将企业识别系统(CIS)面向所有组织应用,目前也已经有了广泛的实践基础。尽管最活跃的部分仍然是企业,但是学校、医院、非营利组织或者其他组织也已经广泛采纳。企业识别系统因其独特的识别性和同一的系统性,对内涉及组织的全面系统的管理,形成有特色的整体;对外公众通过明显的统一的视觉、行为形象而感悟组织的理念,个性识别因而具有显著的传播效果。所以,组织个性识别系统是集组织文化与公共关系的管理于一体,其作用不可低估。

第二节　公共关系的终极目标：公众的积极行为

一、公共关系的结果是公众的行为

公共关系的目标是组织的总体目标和子目标。公共关系目标的完成为组织整体目标的完成服务,当一个组织在公共关系上投入资金、人力和设备,它必定期望能带来与之前不一样的变化,而这种变化应该是其他部门或其他方法所不能实现的。公共关系所能带来的直接变化是组织整体形象改变和与公众沟通状态的调整,而最终产生效果的应该落实在客体公众的行为上。毕竟与公众建立良性沟通,建立组织本身的良好形象对组织用产值和利润量化的目标而言并无实际意义,组织目标的衡量最终是需要落实在公众对组织的行为改变上,归根结底,公共关系本身是组织为改变或协调公众的行为而采取的一种传播管理的工作。可能出现的"改变"类型有以下五类:

(一) 提高消费者公众的购买率,加强与顾客的关系

通过公共关系活动对组织整理形象的传播,使消费者树立对产品的认识、了解、喜爱、认可到购买甚至产生品牌依赖,是营销过程中的理想状态,也是公共关系在处理消费者公众的关系时需要去努力促进的结果。王老吉在汶川地震时的"捐款门"事件声名鹊起,随后,王老吉凉茶伴随着"要捐就捐一个亿,要喝就喝王老吉"这一网络口号席卷中华大地,在 2008 年汶川地震后的两个月内,它的销售额在半年内增加了 200%,增加利润 20 多亿。这无疑显示了成功的公关事件的巨大威力。

(二) 建立与政府公众、行业公众、社区公众和媒体公众的全新关系

在外部环境中对组织的行为起到约束和管理作用的把关机构,如政府、行业、组织所在的社区关系甚至是所在地区的媒体,是公共关系职能部门需要特别关注的公众。如果能与这些公众建立良好的关系,就能在重大事件上做到先行一步,抢占先机。一旦与它们处于僵持和对立状态,在事件应对和处理上往往被动。同时组织的事件处理中与各类公众关系的协调是环环相扣的,只有把外部公众的关系理顺,才不至于让组织的一个问题引起"多米诺骨牌"的扩大效应;相反,假如组织有了一个形象亮点,也可以做到"众人拾柴火焰高",达到更好的宣传效果。

(三) 积极支持意见领袖

意见领袖,是二级传播理论中的一个概念。指对人际传播网络中经常为他人提供信息,同时对他人施加影响的"活跃分子",他们在大众传播效果的形成过程中起着重要的中介或过滤的作用,由他们将信息扩散给受众,形成信息传递的两级传播。在信息传播中,信息输出不是全部直接到达普通受传者,而是有的只能先传达

到其中一部分,而后再由这一部分人把信息传递给他们周围的最普通的受众。有的信息即使直接传达到普遍受众,但要他们在态度和行为上发生预期的改变,还须由意见领袖对信息作出解释、评价和在态势上作出导向或指点。比如肯尼迪总统被刺这个震撼美国的消息,约有 50% 的人是他人传告的。可见,意见领袖的影响力是不可小视的。因此公共关系对意见领袖的识别和引导是对公众态度和行为引导有着事半功倍的效果。

(四) 提高员工的忠诚度或生产效率

在买方市场的环境下,员工是否能积极为组织奉献出积极性和创造性,而不仅仅是基本的努力,决定了这个组织拥有长期存在的核心竞争力,也基本决定了该组织的公共关系状态。因为一线员工的形象很大程度上代表了组织的形象,而他们与公众的沟通状况,也在很大程度上决定了公众对组织的印象和对组织最终的行为。而如何去提高员工的积极性、主动性,与员工的忠诚度有很大关系,只有一心为组织的员工,才会把组织的发展当作自己的事业去用心经营。因此在公共关系工作中,对员工忠诚度和工作效率的提高的坚持无论如何应当是关注并持之以恒的。

(五) 增强股东对公司股票价值的信心

股东是组织的出资者,只有让股东对组织更有信心,才能更好地稳定资本队伍,也才有可能吸引更多的潜在出资者的关注。通过与股东定期的沟通和互动,让股东明确组织的财务状况,并通过各种活动增加股东的归属感,会使股东对他的资本投入更有信念和投入感。

如果说公共关系只是为了保持组织目前的状态,那么它的作用就没有有效地发挥出来。除此以外,如果它改变的只是人们对组织的感受或想法,那么它也没发挥出它的全部潜力。有效的公共关系能引发组织及公众做出双赢的行动。

引发组织及公众做出双赢行动的类型有三种:

(1) 激发新行为。在公共关系活动的作用下,有新的消费者加入,政府出台了有利行业和组织的政策等等。

(2) 加强已有的积极行为。员工更加积极努力的工作,生产效率明显提高;组织扩股成功;媒体对组织的活动积极地响应等等。

(3) 修改负面行为。危机出现后,组织根据事件发生的原因作出改进和调整;公众重新承认组织形象,购买率逐渐回升等等。

二、行为公关模式

行为公关模式最初由帕特里克·杰克逊提出,因为行为才是真正有价值的唯一结果。这就意味着要激励人们做什么或不做什么。杰克逊认为,太多的公关从业者都将自己视为传播者。他们相信公共关系的最终目标是传播消息、事实、数据或感受,用点击率、出席率、"到达率"或其他类似的测试方法来评估而是否成功。其中会有雇主或客户会问,"那又如何？这带来了什么改变？即便不在意我们的公众在想什么,也得问问,他们在做什么？"

行为公关模式基本上将具体目标从一种对最终目标的关注转为一种行为反应,由此聚焦在想法、策略、计划上。公关工作人员应该问"我想引起怎样的行为",而不是"我该传达什么信息"。

行为公关模式的第一步是引发注意(awareness)。人们不会对他没有注意的事物产生反应,因此引发注意自然是引发预期行为的第一步,大众媒体以及其他单向媒体对此较为有效。通过大众媒体进行传播(如广告)是引起注意的好办法。然而,根据行为模式,注意很少能造成行为改变或导致预期行为,能起到的作用只是在人们脑中创建了一个"文件"并把有关主题的信息和感受存储在内。这个过程叫做建立潜在准备。

人们对产生的新的关注,会逐渐形成潜在需求的倾向,这就是模式的第二步。潜在准备可能是积极的或消极的,这取决于信息和影响在时间上的积累。如果利益相关者所尊敬的人(意见领袖)施加正面或负面的信息,这将影响利益相关者的行动方向。核心价值也会影响潜在准备。在人们做出某种与主题相关的行为时,这种注意和潜在准备可能很早前就开始起了作用。这种促使行为发生的原因被杰克逊称之为"引发事件"。

引发事件是激发利益相关者将其潜在准备转为行为的活动。它可能是一些自然界发生的事情,如雷雨天气或季节改变。竞选日是政治家回到办公室的引发事件;节日是每年最大的商业行为的引发事件;由于要吃午餐,中午对许多顾客来说就成了引发事件。当然也有人为的引发事件,组织能通过控制和制造某事件来刺激行为产生。如商店促销、员工解雇、新样板间等。理解引发事件是行为公关的关键,人们有空去做、准备去做都不表示会真正去做。试图呼吁人们直接表现出最终行为往往是徒劳的,大多数人在做出最终行为前都经历了过渡行为这个阶段。因此,公关的焦点应该放在引导人们进入过渡行为且主要诉求也应放在该阶段。直接对最终行诉求通常是效力不佳的。

如果过度行为促使组织与人们直接接触(如在庆祝宴会、会议、社交活动中),此刻正是与利益相关者建立面对面关系的最佳时机。吸引他们参与到过渡行为中来,然后与之建立关系,这两者的结合打开了他们进入最终行为的通道。如医院举办教育研讨会时,可以在活动期间使员工和出席者建立关系,用这种方式可促使出席者选择此医院成为他们的医疗单位。

大部分的公关计划中很少能利用自然的引发事件。对于从业者来说,创造性地不断制造目标群体的引发事件,将引发最终行为的过程分解成若干小步骤并最终在某个点上产生最终行为,就成为了必要的技巧。杰克逊曾说过,"公关是一个组织建立积极关系,并由此引导积极行为的过程。"因此,"PR"除了可以理解为公共关系之外,还可以用"积极关系"(positive relationships)来表示。现代公关实务的对象或焦点都是积极行为,这种积极行为可能是持续性的,可能是从开始就建立的,也可能是消极行为转化的。无论如何,公众的积极行为是公共关系要达到的终极目标。

三、衡量公共关系目标的指标体系

公共关系的两段式目标如何进行衡量,即既体现出组织形象的现状,又能衡量公众积极行为的可能性。下面我们拟用一个指标体系进行衡量。

公共关系目标的衡量指标,通常以知名度、美誉度和认可度来表示。

(一) 知名度、美誉度和认可度的含义

1. 知名度

是指公众对组织及其产品服务、品牌名称、规模状况和组织文化等的识别记忆状况。

一般而言,知名度大于 50% 属于高知名度,小于 50% 则属于低知名度。在公众市场上,对于组织来说,知名度本身就意味着良好的形象指标与市场占有率,这是因为公众倾向于选择自己熟悉的品牌,只要组织的品牌为公众所知晓,就容易成为公众的选购目标。组织要想在较短时间内提高知名度,就要善于策划一些带有新奇色彩、能给公众以鲜明、强烈刺激的产品推介和公共关系活动。

2. 美誉度

又称信誉度,是指公众对组织及其产品服务、品牌名称的褒奖赞誉状况。

经过调查测试,如果美誉度大于 50% 属于高美誉度,低于 50% 则属于低美誉度。组织要想赢得较好的美誉度,就要讲究信誉,提高服务水平。除了在质量、信誉等方面努力提高外,建立消费者档案,对各类公众的及时互动,积极反馈和解决公众问题等积极的沟通互动,都能较好地改善组织的美誉度。

3. 认可度

是指公众把组织的产品、服务项目或者信誉、生产力等纳为自己消费首选对象的程度,经过调查测试后,认可度大于 50% 属于高认可度,低于 50% 则属于低认可度。一个组织的产品或服务项目推上市场后,能够迅速成为公众的首选消费对象,就说明这个组织具有较高的认可度。

一般地说,组织认可度的大小,首先取决于它所生产的产品或提供的服务项目能否满足公众的需求,两者如果存在显著的一致性,公众就会购买组织的产品,享

受组织提供的服务,其次还会受到组织形象或产品形象的影响,认可或偏爱某个品牌时,对该品牌的各类产品的认可度就较高。

知名度和美誉度可以较好的体现组织形象的状态,而认可度可以更好地衡量公众积极行为的可能性。

(二) 组织的公共关系状态,即知名度、美誉度和认可度的关系

通过对公关目标实现状况的衡量,可以检测出组织当前的公共关系状态,下面我们通过对公关目标的三个衡量指标之间的关系的分析,归纳出 5 种组织的公共关系状态,并针对各状态给出不同的策略分析。

1. 知名度、美誉度和认可度都高

一般是成功品牌。处于这种状态下,说明该组织公共关系处于理想状态。它能够产生出巨大的形象效应和市场行销效应。在这种状态下可以采取维持策略,监控市场环境,巩固市场影响。

2. 知名度、美誉度和认可度都低

一般是无名品牌。处于这种状态下,表明组织出于无人知晓、无人信任和无人选择的状态,其公共关系工作甚至需要从零开始。这一类型应该采取的策略首先应该优化自身形象,注重在产品质量和服务等方面提升自身,争取较高的美誉度,而在传播方面暂时保持低姿态;待享有较好的美誉度后,再通过设计策划和加强宣传提高知名度;配合其他营销手段提高认可度。

3. 知名度、美誉度都高,但认可度偏低

一般是错位品牌。处在这种状况下,组织有良好的品牌形象,但形象没有转化成公众的积极行为,说明在对组织或产品进行定位的过程中,没有很好的分析市场和消费者心理,造成了组织或产品对自己的定位与市场和消费者的要求产生错位,只要及时调整,开展积极的公关活动,还是有开拓新市场的可能性的。如万宝路定位于女性香烟时销路欠佳,重新定位于男性香烟后,很快成为世界名牌就是这一类型的典型案例。

这类组织具有良好的公关基础,公关工作的重点应该是在维持知名度和美誉度的基础上,提高认可度。这一类型应该采取的策略是首先找到错位的原因,调整定位,明确定位的前提下策划宣传新定位的专题系列活动,在各类公关活动中让公众建立了心理潜在准备后,配合其他营销手段,调整认可度。

4. 美誉度、认可度都高,但知名度偏低

一般是传统品牌。公关基础较好,但本身的公关意识较弱的组织可能会处于这种状态。我国一些传统品牌就属于这种情形。知晓这些传统品牌的公众,都能给予高度评价,而且能将其作为首选消费对象。但是由于组织不注重宣传,使得社会上知晓这种品牌的公众数量越来越少,尤其是青少年知之者更少,因此其总体市场消费量不大。这类组织应该采取的策略是在保持服务特色和商业信誉的基础上,加强宣传,重点传播该组织的经典事迹、辉煌业绩和新事件、新故事,提高知名度。

5. 知名度高,但美誉度、认可度不高

一般是危机品牌。处于这种状态下,说明该组织的公共关系处于臭名远扬的恶劣境况,知名度在这种状态下起不到任何积极作用,反而是有严重的反市场效用。这类组织有的可能出现严重质量问题;有的可能有无法挽回的信用危机;有的在对待公众问题上没有负责任的态度,使自身的形象在公众心目中一落千丈,因而产生了品牌危机。这类组织应该采取的策略是应该先扭转已经形成的坏名声,从自身寻找问题根源,努力改善自身,在此基础上策划展示组织在问题上的调整和改变,努力消除公众的坏印象,设法逐步挽回信誉;适时推出新形象,逐步提高知名度和美誉度;在组织形象得到改善后再提高认可度,增加市场占有率。

这些评价的程度是通过各种社会调查方法获得的。要对组织的整体形象做出一个比较准确的评估,需要建立在科学的调查统计方法基础上,否则,就不具有其准确性。从公共关系而言,也失去了塑造整体形象的信息支持。如何进行公关调查将在第十章中进行介绍。

案例分享

"王老吉"汶川地震借势双赢

1 亿元! 九位数字的捐款,让广东加多宝集团一夜为国人所知。

2008 年 5 月 18 日晚,由多个部委和央视联合举办的晚会中,来自企业、文艺界及其他社会各界人士纷纷慷慨解囊。来自广东民营企业加多宝集团的 1 亿元捐款,因数额巨大,成了捐款环节精彩的压轴戏,引得台下掌声雷动。

"希望他们能早日离苦得乐。"几乎从未在公开场合露过面的公司老板阳爱星,手持一张硕大的红色亿元支票,在节目将近结束前短暂出现在央视直播画面上。一直隐身于公众媒体的加多宝顿时引起电视机前网友的极大关注。10 分钟后,一名网友在天涯社区上贴帖子:广东加多宝集团官网,由于网友拥挤"瘫了"。

当网友查清楚加多宝集团是罐装王老吉的生产商,更为公司预制今年的新广告语:"要捐就捐一个亿,要喝就喝王老吉!""患难见真情,真爱王老吉"等。有网友还为该笔 1 亿元捐款算了一笔账:"假如一罐王老吉出厂价是 2 元的话,要卖掉5 000万罐王老吉!"

一个名为"'封杀'王老吉"的帖子得到网友热捧,帖子号召大家"买光超市的王老吉,上一罐买一罐"。

电视媒体上的捐款、网络媒体上的追捧。伴随着激昂的爱国主义感情,加多宝集团在最短的时间内知名度和美誉度都达到了空前的程度,并迅速转化为强大的市场动能,推高了王老吉的销售额。

一直远离公众视野的加多宝集团,是一家以香港为基地的大型专业饮料生产及销售企业。1995 年推出第一罐红色罐装王老吉,1999 年以外资形式在中国广东省东莞市长安镇设立生产基地。

虽然加多宝集团企业负责人阳爱星非常低调,但其旗下唯一产品红罐王老吉已经悄然成为全国饮料行业的领导品牌。据国际权威调研机构 AC 尼尔森关于饮料市场的一则最新数据显示,2007 年下半年,王老吉在国内罐装饮料市场的销售额已经超越在中国饮料市场上众多碳酸饮料品牌。而今年 3 月国家统计局、中国行业企业信息发布中心发布的数据更清晰地表明,王老吉"2007 年度全国罐装饮料市场销售额第一名"的称号。这意味着,进入市场仅仅 13 年的红罐王老吉已经超越可口可乐和百事可乐,成为罐装饮料的黑马之王。

早在 2003 年时,加多宝就投入巨额广告,当年红罐王老吉的销售额从原来的 1.8 亿元跃升到 6 亿元。2004 年销量 15 亿元,2005 年销量超过 25 亿元,2006 年销量达到了 35 亿元,2007 年销量 50 亿元。

汶川地震期间,加多宝集团通过事件营销,并借电视、广播、杂志、报纸、网络等多种媒体组合对王老吉进行宣传,借势宣传取得了事半功倍的效果。

利用新闻媒体

加多宝集团捐赠一亿广获好评,美誉度空前提升后,第二天南方地区都市报纸的头版都是介绍王老吉的募捐情况,随后,王老吉凉茶伴随着"要捐就捐一个亿,要喝就喝王老吉"这一网络口号席卷中华大地,王老吉崇高的民族品牌形象迅速在全国饮料消费者心中树立起来。这一种宣传是抢占先机的行为,利用新闻事件扩散式宣传本产品,制造轰动效应,可以以最快的速度提升产品的知名度。

电视宣传

为更好地唤起消费者的需求,选用了消费者认为日常生活中最易上火的五个场景:吃火锅、通宵看球、吃油炸食品薯条、烧烤和夏日阳光浴,画面中人们在开心享受上述活动的同时,纷纷畅饮凉茶王老吉。结合时尚、动感十足的广告歌反复吟唱"不用害怕什么,尽情享受生活,怕上火,喝王老吉"。品牌推广使"怕上火,喝王老吉"迅速成为老少皆知的口头禅。一句"怕上火,喝王老吉"广告语,让全国人民都将"王老吉"与"下火、降火"画上了等号,王老吉摇身一变成为了"下火"的代名词。正是这样一个准确而又鲜明的定位,一针见血地抓住了消费者的潜在需求,从而使以前不温不火的凉茶饮料开始迅速走红。电视广告宣传片可以十分形象地表达出产品的特点,让受众了解产品的功能,进而有力地推动消费者从喜爱向购买转化。

平面广告宣传

商店、公交车上贴着大量广告,路边上大屏幕放的是王老吉的广告。为进一步开拓全国市场,王老吉的广告对大陆市场全面投放。红色王老吉的电视媒体锁定覆盖全国的中央电视台,并结合原有销售区域的强势地方媒体,利用汶川地震这个特殊时期,投入巨资进行宣传,在《读者》等杂志上请陈道明代言其产品,利用明星效应推广其产品。这种投放方式保证了红色王老吉在短期内迅速进入人们的头脑,给人们一个深刻的印象,并迅速红遍了全国大江南北。

广播宣传

王老吉选择在广播收听的黄金时段,在新闻、音乐、访谈中插播广告,营造属于自身去火茶饮料的氛围,增加王老吉的广告语在公众耳边的回响次数,从而提高产品的知名度。广播的传播方式相比报纸、电视、网络的花费要低很多,但是并不影响其传播的范围,在同一城市内交通广播的覆盖面都会涉及。

网络传播

王老吉在汶川地震捐赠后的一段时间,在新浪网、腾讯网的主页插入大幅的广告画面,在优酷、六间房、奇异观看视频时,当暂停某段视频后会出现王老吉的广告宣传图画或者是一段王老吉的广告视频。网络传播能够极大地覆盖受众范围,在短时间内迅速传播产品品牌,能够极大地占据市场份额,带来更高的知名度。

广州花都区从事副食品批发的张先生是个网民,网友对王老吉的高涨热情让他看到了新的商业机会。"以前年轻消费者消费以可乐居多,而王老吉则以家庭消费或餐饮消费为多,但在巨大的民族情感驱动下,又以年轻人的反应最为强烈。年轻消费者有可能成为王老吉今后新增的消费群。"

2008 年汶川地震后的两个月内,王老吉投入广告费 5 亿元,通过媒体组合推广计划使得它的销售额在半年内增加了 200%,增加利润 20 多亿。

(根据 http://mkt. icxo. com/htmlnews/2008/05/22/1281345_1. htm; http://blog. sina. com. cn/s/blog_4c4ff8b1010160kf. html 进行整理)

案例思考

1. 本案例中的加多宝如何实现自己的公关目标?
2. 在本案例前它的公关状态如何,案例后是哪一类公关状态?

简答题

1. 公共关系的核心目标和终极目标分别是什么?

2. 组织形象定位三要素是什么？
3. 衡量公共关系目标的指标体系是什么？
4. 公关目标的衡量指标间的关系有几个类型，分别说明。

第四章 公共关系的原则和职能

学习目的

1. 熟悉公共关系的基本原则
2. 掌握公共关系的主要职能

引导案例

沃尔玛"博客门"事件

已经越来越成为互联网主流应用的博客能够成为企业公共关系工作的一个新的理想平台吗？我们对此保持怀疑。

世界上最大的独立公共关系公司爱德曼在为沃尔玛提供服务时开设了一个叫做"环美沃尔玛购物记"的博客，内容是一对自驾车爱好者的中年夫妇，讲述他们从一个地方的沃尔玛到另一个地方的沃尔玛购物的经历，基本上是说沃尔玛购物体验是如何美好等等。但是很快就有人揭发这对夫妇实际上是爱德曼付费安排的，这一消息马上在网上引起反响，许多人斥责这种混淆视听的"假博客"(flog)，最后爱德曼的 CEO 不得不站出来为公司操作不透明道歉，并声明事件的责任在爱德曼不在沃尔玛。

实际上，爱德曼公共关系公司很早就开始研究 Web2.0 的商业应用问题了，为此公司还特意聘请了资深营销专家、互联网上颇有名气的博客"微说服"的作者 Steve Rubel 出任公司高级副总裁，又与著名博客引擎 Technorati 合作开拓国际市场。有意思的是，假博客事件竟然发生在对 Web2.0 和博客有长期研究的爱德曼身上，让人感受有点不可思议。

（摘自《博客：公关新游戏》，http://news.iresearch.cn，2007-1-15）

第一节 公共关系的基本原则

原则是指人们观察、研究、分析、处理问题以及从事实践活动所依据的法则或标准。俗话说，"没有规矩，无以成方圆"。要想使组织公共关系工作更加科学有效，真正树立起社会组织的整体形象，必须严格遵循一定的原则与规范。那么公共关系的基本原则是什么？

一、尊重公众需求，兼顾各方效益原则

(一) 公共关系必须尊重公众需求原则

注重公众心理，以公众利益为出发点，是公关活动的最基本原则。在市场由"卖方"转向"买方"的情况下，市场比生产显得更为重要；市场竞争已由产品和价格竞争转向信誉和形象的竞争。组织必须以各种途径表明自己的努力与公众利益的一致性，自己服务于公众利益的忠诚心，自己的社会责任感，以争取社会公众的信任与支持。1938年，著名公关专家阿瑟·佩奇就已指出："不论何时，只要公众认为应该改变一个大企业并使之按特定轨道运行，他们就首先指控这个企业没有按要求的方向发展。对于大公司的领导来讲，唯一有效的办法就是这些企业领袖们要小心翼翼地观察公众的思想活动状态，觉察公众的情绪和公众可能要采取的决定，然后自愿地真诚地去接受。我们必须努力地避免被指控为冒犯和背叛公众利益。我们应该一丝不苟地遵循公众利益准则，甚至要在他们没有正式通知或制定之前。"这段论述表明，组织在所有决策和行动上，都应以公众利益为前提，努力谋求组织与公众利益的协调一致。如果不顾及公众利益，组织形象就会受损，组织的生存和发展就会受到威胁。

注重公众利益必须满足公众心理需求。我们知道人是公共关系的工作对象，所以人的需求以及与此相关的人的态度、情感、认识等因素当然应纳入公共关系学的研究范围。美国著名心理学和行为科学家马斯洛在其著作《人类动机论》(1946年)和《动机与人格》(1954年)中，提出了需求的层次理论，他将人的基本需求从低级到高级划分为五个层次；首先是生理需求，其次是安全需求，第三是归属与爱的需求，第四是尊重的需求，最后是自我实现的需求，由低层次向高层次递进，但高层次的需求以低层次的满足为前提。随着环境及其身体条件的变化，人的需求呈现动态变化。与此相适应，公共关系的活动应立足于公众的各种需求，以满足人的需求作为一个基本准则。

1. 满足公众的物质利益需求

所谓公众的物质利益，是指公众通过正常的经济手段，进行公平合理的分配或交易所获得的生产和生活必需品，如衣、食、住、行等。公众的基本物质需求首先应得到满足，因为这是人类赖以生存的基本物质条件。

2. 满足公众的知晓心理需求

所谓知晓心理需求，就是公众了解周围事实真相的需求，这是心理或精神需求

的一种首要表现形式,具体表现为对真实、客观、公正的事物真相的了解欲。从企业关系的角度来看,企业组织满足公众的知晓心理需求是十分必要的。因为组织将有关事物的真相传播给公众,不仅能够增加他们对组织的信任感,而且可促使他们成为组织的长期、稳定的公众。

3. 满足公众的尊重人格需求

正如马斯洛对尊重需求的解释,"社会上所有的人都希望自己有稳定的、牢固的地位,希望得到别人的高度评价,需要自尊、自重或为他人所尊重"。公共关系是专门代表组织与公众打交道的一项工作,随着社会的日益进步,人们在社会交往中普遍希望受到他人尊重,其待人处世往往表现出明显的独立性、自主性和主动性。从组织的形象与效益出发,从职业道德和对公众负责考虑,组织在工作中理应满足人们的独立自主的人格需求,并贯彻到组织与公众发生交往的每一个细小环节中。只有如此,才基本体现出满足人们的独立自主的人格需求。在与公众打交道的过程中,组织对公众的人格需求满足与否,其效果是大不相同的。如果能设身处地为公众着想,接待中注意礼节,对公众一视同仁,不以衣帽取人,而且又能虚心征求与听取公众意见,尊重公众自己的选择,那么,他们必将获得公众的赞赏,组织也会在公众中树立良好的形象。

4. 满足公众的各种精神欲望需求

人们在前一个层次的需求得到基本满足后,便会产生满足下一个层次需求的动机。因而,随着社会文明的不断进步,人们不会仅仅满足于物质层次的需求,而会不断在心理上向更高层次转移或者升华。既然人们在客观上有这种不断增长的精神需求,那么,以对社会负责和对公众负责为工作依据的公共关系必然应该跟上其节拍。精神需求一般比较抽象,难以捉摸,比如精神上的享乐欲、轻松欲、探险欲、好胜欲、表现欲、好奇欲等等,都没有一个具体的定性或定量标准。然而,公关人员首先必须去专门了解它,研究它,否则,其工作就无法顺利开展,效果也不可能很好;其次,还应衡量公众有关精神需求的强与弱,以便区别对待,因人而异;最后,在了解、掌握精神需求的特点之后,应有针对性地采取适当的方式予以满足。

(二)公共关系必须讲求效益原则

效益是活动所消耗的人力、物力、财力、时间等资源同活动效果之间的比率。讲求效益,即用尽可能小的投入,获得尽可能大的收效,这是公共关系所追求的最大目标,也是公共关系应遵循的一个重要原则。因为公共关系活动效益直接反映出公共关系活动水平的高低,是检验公共关系活动成败的标准。因此,公共关系必须高度重视效益问题。

效益是一个多层次、多侧面的关系综合体。公共关系贯彻讲求效益原则,必须处理好社会效益和经济效益的关系。讲求效益原则要求公共关系既要追求良好的经济效益,更要重视整体的社会效益,把两者有机地统一起来。

社会组织为了生存和发展,必须实现两个目的,即确保组织的利润和为社会提供产品和服务。确保利润,这是社会组织尽义务应得的报酬;提供产品和服务,这是组织对社会应尽的义务。所以任何一个社会组织都要注重本身的经济效益,又要考虑社会效益。社会主义的经济组织,更应坚持这一原则。

因此,公共关系要坚持讲求效益原则,必须做到:

1. 牢记组织生产目的

社会组织的生产目的首要的是确保组织的利润,组织公共关系的全部活动都应该围绕这个目的去进行。要达到此目的,组织公共关系必须对内部公众进行经常性的工作,增强员工的责任感、使命感和归属感,要让职工认识到,组织的生产、经营活动与社会生活的各个方面有着密切的联系,会给社会带来有益或无益的后果。生产社会所需要的产品,同时也就为整个社会做出了自己的贡献。

2. 积极承担社会责任

作为一个社会组织,积极承担其应有的社会责任是其必要的义务。组织公共关系部门开展活动代表着本组织利益和社会利益。组织公共关系人员,一方面要及时地、不断地向公众传递组织的相关信息,如技术能力、生产能力、产品质量与性能、组织对社会的贡献、组织的先进人物、厂风,让公众熟悉本组织的情况;另一方面,要及时了解公众对组织的意见和建议,并根据公众的意见和建议来及时调整自己的行为,使组织的行为更好地反映公众的愿望,欢迎社会公众对组织的监督。这样做的结果,能为组织的发展提供良好的外部环境,促进生产经营的不断发展。

3. 妥善处理二者关系

当经济效益与社会效益之间发生矛盾,难以统一时,公共关系应当着眼于社会效益。因为公共关系是以公众为对象的,必须把公众利益放在首位,以公众利益为出发点,时时刻刻维护公众的利益,而社会效益恰恰是公众利益的集中表现。古人云,"投之以桃,报之以李"。把社会效益放在首位的社会组织,必将得到社会的回报,最终获得良好的经济效益。这其实是一个良性的循环,那种只注重经济效益而忽视社会效益的组织行为,是一种为短期利益所趋的行为,也是违背公共关系讲求效益原则的,最终必将受到社会的惩罚。

二、求实守信,勇于创新原则

(一) 公共关系必须遵循求实守信原则

实事求是,诚实可靠,值得信任,这是开展公共关系活动的基础,"求实守信"是公共关系工作的根本原则之一。社会组织开展公关活动必须建立在把握真实事实的基础上,向公众如实地传递有关信息,并根据事实的变化来不断调整公关活动的政策与行为;同时,以事实为基础,建立自身的信誉,塑造自身的形象,与公众建立起互惠互利的良性互动,以建立良好的信誉作为其公共关系工作的首要目标。

1. 求实

以事实为基础就是坚持实事求是的原则和方法。它包括两个方面:

(1) 公共关系工作的开展要以深入细致的调查研究为基础,有的放矢。

调查研究是正确决策的前提和基础。只有通过调查研究,经常、全面、系统地掌握和分析组织所面临的形势,才能及时地弄清事实真相,在它没有成为重要的公关问题之前,便采取正确的行动和有效的沟通,及时地解决问题。同样,在关于组织的不利信息没有扩散之前,通过倾听将其捕捉,并予以及时澄清或予以补救。如果问题确实严重,更要详细了解和分析问题涉及的范围、促成问题的因素以及公众卷入的情况,以便采取措施减轻和消除矛盾。

总之,调查研究、把握事实是一切公关活动的起点。只有通过调查研究,准确把握事实,才能制定正确的公关计划,采取有效的公关行动,解决面临的公关问题。

(2) 传播信息要客观、真实、全面、公正,即所谓据实报告。

据实报告是实现组织利益的需要,是尊重公众利益的表现,是公关实践顺利发展的条件。正是由于公关人员遵守高尚的职业道德,公平、诚实、友善地开展工作,才使公关的社会影响日益深入,使得公关在各个领域广泛应用。正如著名公关专家斯科特·卡特利普和森特在论述公共关系的社会影响时所述,具有高尚职业道德的公共关系行动应该对公关事件加以澄清,而不是去扭曲或模糊。同时据实报告还要敢于面对事实,做到"客观、真实、全面、公正"。公关实务工作中的任何宣传都要以事实为基础,向公众公开一切事实真相,尤其是当组织出现失误或遇到挫折时,如企业产品质量下降而引起公众的不满,出现事故而损害了公众利益时,更要把情况如实告诉公众,绝不能以欺骗手段来掩饰失误,推卸责任。

封闭是公共关系的大敌之一。封锁消息必然引起公众猜疑,猜疑即不信任,缺乏信任自然不会有良好的公共关系。

在某些情况下,保密是必要的。可是,如果不该保密的也保密,就会给人以不良印象,从而破坏公共关系。须知在公众眼里,保密的原因,不是见不得人,便是有缺点或弊端。如果有缺点或弊端,不讳疾忌医,而加以公开,示人以坦诚,示人以改正的决心,自然会赢得公众的好感。

2. 守信

社会组织的公共关系工作不仅要"求实",还要"守信"。良好的信誉是现代组织的追求,组织的信誉决定组织的生存。即使在资本主义制度下,组织之间进行激烈的竞争,免不了出现尔虞我诈的情况,但成功的组织对讲信誉这一条还是强调的。"信誉至上"已经成为普遍的经营理念,组织通过充分履行自己的诺言,取信于公众,在公众中树立良好的信誉和形象,以利于在激烈的竞争中求得生存和发展。

　　良好的公共关系是建立在组织与公众相互信任的基础上的,而信任的前提是双方以诚相待,实事求是。有人认为,公共关系是"耍嘴皮"的职业,只要能说会道,能吹会编就行。恰恰相反,胡编乱吹不但降低自己的信誉,而且损害组织的形象。当然,公共关系的诚信原则体现在组织面对员工、股东、顾客、合作伙伴、竞争对手、政府相关部门和社区公众等许多方面。

　　公共关系要贯彻"诚实无欺"的原则,要求公关人员如实地向公众报告组织的信息。这是检验公关人员是否具有一定的职业水平、是否具有职业道德的一把尺子。

　　公关人员争取公众信任的手段是开诚布公,即提供真实的材料,使公众了解组织的诚意,以及组织为共同利益所作出的努力;同时,引导公众谈出对组织的真实看法,以便据此改进组织行为。

　　(二)公共关系也要遵循勇于创新原则

　　社会组织经营的成功与公共关系的实践工作分不开,在组织能够实事求是和注重信誉的前提下,采用适当的有效的方法是取得良好效果的保障。这就要求公共关系工作人员要勇于突破,勇于创新,求新求异,才能有出奇制胜的效果。

　　社会组织的公共关系工作固然离不开细水长流式的日常活动,但从公共关系本身的性质来看,它所从事和处理的对象是:关系经常在变化,具有极大的灵活性,不以新的方式来处理各种关系,就无法吸引公众的注意力,更无法留给公众深刻的印象。因此,社会组织要创造性地开展工作,通过新颖独特的公共关系实务活动,塑造社会组织的崭新形象。

　　公共关系实务活动要以创新为基础:

　　第一,公共关系活动的创意要具有创新性。如美国一名叫纽曼的家庭妇女为了方便照看孩子,仿效许多美国人,在家中开设商业服务公司,专门替顾客处理文件。渐渐地她发现在电话中与顾客谈业务时,家中孩子的吵闹声、电视机的嘈杂声,影响了客户对她的信心。于是,她想出了一个妙招,灌录一盒60分钟的录音带,其中集合了响个不停的电话铃声,打字员的打字声,开文件柜声等。任何人拨通了电话,都会听到纽曼热情而礼貌的声音"我可以帮你的忙吗?"与此同时,他们还会听到这种忙碌的声音,都会相信那是一间业务繁忙的办公室,产生一种"该公司职员众多,业务十分繁忙"的错觉。其实,那只是纽曼一人在屋里唱独角戏。

　　纽曼办公室录音带就是纽曼为了改变家庭中办公的困境而具有创新性的一个举措,她只是想改变客户对她的办公环境的印象,这在当时很多家庭办公者并没有想到这一点。她取得了成功,而且更令她惊喜的是,办公室录音带的销售竟成为她公司的一个新的利润增长点,她当时仅仅是想改善一下人们对她的工作环境的印象,她的创新为她的经营取得了成功。

第二,公共关系活动的内容要具有创新性。比如,有一年美国芝加哥市一家房地产公司在密执安湖畔建造了几幢质量上乘、设施良好的豪华公寓,命名为"港湾公寓"。港湾公寓虽然景色迷人,服务优良,价格合理,但开业3年来,只售出35%,降价后仍不见起色。这家公司决定通过公共关系活动来推动销售。

那么,是什么原因导致人们冷淡港湾公寓的销售? 经过对附近居民和住户的民意测验,发现在密执安湖畔居住的公众对公寓存在偏见,如住进去是否会太清静、寂寞? 交通不便是否影响购物? 小孩上学怎么办? 尤其是担心缺乏娱乐和夜生活。

在了解了周围居民的意见后,开发商就开始着手改变人们的这种看法,力图提高港湾公寓的知名度和美誉度。首先公司选定公众对象,对现有住户、政府部门、意见领袖和新闻记者等的情况进行了分析,有针对性地开展了公共关系活动。港湾公司的具体的活动方案注意了在满足住户生活需要的基础上有所创新。如开发商首先完善了港湾的生活设施;然后选定感恩节开展各种活动,通过已有住户向其亲友发贺年卡、明信片,并为住户组织了马戏团演出;为加强公寓的对外交通,开发商还资助政府建造了小岛和陆地连接的公路;然后组织政府官员、企业家、体育明星和电影明星等社会名流参观公寓,以加强这些意见领袖对公寓的直观认识。开发商还组织了"芝加哥历史纪念品大拍卖"活动,为建立教育基金捐款;最后利用美国国旗制定200周年之际,在公寓楼前组织升旗仪式。这些活动为公众了解港湾公寓奠定了良好的基础。在这个活动方案中,他们针对当时存在的问题,坚持了目标管理的思想,在具体策划公共关系项目时,创造性地运用了一系列手段,吸引公众的注意,改善公众的印象,最终推动了楼盘的销售。

三、平等互惠,双向沟通原则

(一) 公共关系还必须遵循平等互惠原则

现代公共关系的特征之一就是主体与客体的平等性。在公共关系得发展过程,也是公众意识觉醒的过程。没有具有平等意识和权利意识的公众,就不存在真正意义上的公共关系。所以在组织希望公共关系能够真正发挥作用时,首先应该摆正对公众的态度,对公众有敬畏心态,只有这样才能够做到对公众诚信和互惠互利。

坚持互惠互利原则要求组织的决策、计划,以至所有经营管理行为、所有提供的产品、服务等都要以公众的需求、公众的利益为出发点,都是以社会的整体利益的尺度来衡量。坚持互惠互利原则要求组织在作任何决策时,都要有很强的社会责任感,要考虑到对他人、对社会环境,以及对后代可能造成的影响。坚持互惠互利原则要求组织具有政治家的眼光,看到社会的整体发展、良好的社会环境对组织发展的重要性。对此,一方面要多行善事,尽自己所能关心社会的公共事业,参与社会服务,如积极地为社会创造就业机会,关心市政设施建设,关心公共卫生事业和环境保护,赞助各种社会福利、文化、慈善事业等;另一方面,当局部利益与全局利益、短期利益与长期利益发生冲突时,要敢于从社会整体利益出发,从事有益于社会的公关计划,即使自己一时受损失。

公共关系是为组织利益服务的,但公共关系并非仅考虑组织利益,组织与公众联系的过程,实际上就是双方利益相互满足的过程。社会组织只有找准公众利益的基准点上,保证公众利益的实现,才能获得自身的赢利与发展。平等互惠原则把公众利益作为首要因素来考虑,把能否充分满足公众利益作为衡量公关活动效果的重要尺度,把组织与公众的"双赢"作为目标。

(二) 公共关系必须遵循双向沟通原则

双向信息交流原则,也称双向沟通原则,指的是组织与公众之间的信息交流和反馈是双向的、循环式运动的过程。这一原则是美国公共关系学界提出的,卡特李普等人在《有效的公共关系》著作中提出"双向对称的公共关系模式","双向对称"的基本涵义就是:在公共关系的基本目标上将组织和公众的利益置于同等重要的位置,在方法上坚持组织与公众的双向传播与沟通。通过双向传播与沟通,达到组织与公众之间相互理解和相互信任,从而改善公共关系状态,有效地保证公共关系活动的整体效果,所以说这是公共关系的一个重要原则。

公共关系是一种包括物质、信息、感情在内的全方位的交换关系。既然是"交换关系",就是一种双向、平等的关系。所以社会公众无论职位高低,身份如何,都应该一视同仁,平等相待。双向信息交流这一现代公共关系的基本原则,要求一个组织在开展公共关系活动时,既要求有信息输出,又要有信息输入和反馈;从协调组织与公众的关系角度来看,信息输入和反馈较之于信息输出来说,具有更重要的意义和价值,唯有信息输入和反馈,才能够寻找到评价组织公共关系活动效果的客观依据和尺度。

双向信息交流原则也是开展公共关系的基本条件,这里所说的条件,既是保证组织公共关系得以成功的条件,也是能够真正贯彻"求实守信"等公共关系基本原则的条件。要真正遵循"求实守信"等原则,就必须通过双向的信息交流,了解和把握"事实"真相。现代组织的领导着要有意识地建立自己的信息交流和信息网络,重视信息的搜集、贮存、处理和传递工作,搞好组织内外信息交流。公共关系就是这个网络中的一个重要组成部分。

一方面,组织应通过各种渠道把有关信息告知公众,如借助大众传播、人际传播向社会公众发布信息,使公众了解、理解和支持组织;另一方面,组织也应通过各种渠道广泛收集有关公众的信息,及时把握公众的动态。可以开展社会对话活动、大型公众咨询活动、举办开放日活动以及建立信访和热线电话制度,接待各种咨询、来访和投诉,及时解决公众的有关问题。

贯彻双向沟通原则应注意以下几个方面。

(1) 双向沟通应具有一定的"共识区域",否则,双方就无法沟通。

(2) 沟通双方应互为角色,即一方是传播者,另一方式接受者。反之也一样,使沟通成为一种良性循环活动。

(3) 社会组织应根据反馈信息进行自我调节,不断完善自身形象。

在日常生活和经济活动中,许多组织的活动是单向信息传播,即只将组织本身的意愿、要求传达给目标公众,而很少了解或听取他们的意见、愿望及要求,往往只是根据自己的经验和感觉做事,这样的活动很难产生好的效果。比如,一些企业把公关工作等同于宣传活动,它们只是向公众介绍自己企业的情况,包括装备水平、管理状况、经营方针、产品质量、服务水准等等,希望通过这些能取得公众对企业发展的支持,但实际上往往达不到这样的目的,因为企业的发展方向不一定符合公众的愿望。

因此,要获得良好的公共关系,必须在公关活动中坚持信息沟通的双向性原则。双向沟通也正是公共关系与宣传的根本区别。

第二节 公共关系的主要职能

公共关系的职能,是指公共关系在组织中应发挥的作用和应承担的责任。从根本上讲,公共关系的职能就是调到一切可以调动的力量,运用一切可以运用的手段,塑造良好的组织形象,赢得公众的积极行为,促进组织的生存发展,使组织在激烈的竞争中取胜。公共关系的职能可以概括为:采集信息、咨询建议、沟通协调、宣传推广和参与决策等。

一、收集信息,监测环境

确切地说,公共关系的一个主要职能是信息管理,它包括信息的搜集及信息沟通等多方面的内容。采集信息是指社会组织自觉地利用各种渠道,采集与组织相关的各种信息。在现代信息社会,任何一个组织的生存和发展都离不开信息。谁赢得更多、更有效的信息资源,谁就能在激烈的竞争中占据优势。

信息沟通是公共关系的本质。在市场经济中,信息已成为一项宝贵的资源,是当今科技发展的三大支柱之一,是构成提高竞争力和创造经济成就的关键性因素,这已成为现代社会人们的共识。现代社会信息的概念十分广泛,公共关系的信息是社会性、经济性的信息，而不是自然信息或生物信息。公共关系的本质，就是通过双方沟通，有效实现组织与公众之间的信息交流。

对于信息的搜集应当而且必须通过多种渠道和运用各种传播媒介，以保证信息的全面性；同时对信息的处理要经过去粗取精、去伪存真、由此及彼、由表及里的筛选和分析，以确保信息的质量。

公共关系部门在信息管理中发挥着独特的作用：它搜集、储存和处理同组织密切相关的各种信息，是组织的资料储存中心；它集中观测社会环境的变化，是组织的环境监测中心；它分析和预报同组织有关的发展趋势，是组织的趋势预报中心；它向外发布组织的有关信息，又是组织的信息发布中心。

一般来说公共关系工作中需要的主要信息类型有：组织形象信息（公众对组织领导机构、组织管理水平、组织内部工作人员的评价）；组织产品形象信息；组织运行状态及其发展趋势信息；有关公众信息；其他社会信息等。

（一）信息采集的内容

公共关系部门为监测环境，需要采集对组织发展有用的各类信息，主要包括产品形象信息、组织形象信息、组织环境信息等。

1. *产品形象信息*

产品形象信息主要包括消费公众对产品和服务的质量、价格、性能、款式、包装和用途等各项指标的反映，同时也包括对产品和服务的优点和缺点两个方面的意见和建议。产品是组织与消费公众之间发生关系的最根本原因，产品形象与社会组织的生存和发展直接相关，因此公共关系部门必须优先注意这一方面信息的采集。

2. *组织形象信息*

组织的整体形象，还反映在公众对组织其他要素的评价上。这些要素主要包括以下三个方面。

（1）公众对组织机构的评价。如组织机构的设置是否合理完善，运转是否灵活高效，以及对领导能力、创新意识、组织氛围等要素的评价。

（2）公众对组织管理水平的评价。公众这方面的评价主要有：经营方针是否正确，组织的发展目标是否合理，用人是否得当等。

（3）公众对组织人员素质的评价。对组织各类人员素质的评价主要包括基本素质、工作能力、观念意识、职业道德、服务态度、敬业精神等。

社会公众对组织的认可和评价，对组织的发展至关重要。了解公众心目中的组织形象，可根据公众的要求和建议，及时改进工作思路。因此，公共关系人员应重视采集整理与组织自身有关的信息，及时传播给公众，作为公众全面了解和正确评价组织的依据。

3. 组织环境信息

公共关系部门要特别重视对组织环境的监测。在这个战略制胜的年代,战略研究的关键是对政策、市场和竞争环境的深入调研,判断并识别机遇和挑战、分析自身的优势与劣势,从而制定出科学合理的战略目标。组织环境信息主要包括政策立法信息和市场竞争信息。

第一,政策立法信息。这是指直接关系到社会组织运行发展的方针政策、法律条文。对这些政策和法规必须予以高度重视,并在搜集整理和研究的基础上,贯彻到社会组织运行的各个环节,成为组织制定目标策略的重要依据,从而使组织能够依法生产、守法经营。

第二,市场竞争信息。市场信息包括商品的供求状况、行情变化、竞争对手、各类公众等。及时采集分析这类信息,组织才能有针对性地开发新产品,制定新策略,提供新服务,创造新业绩。

据了解,进入世界 500 强的美国企业 90％都设有情报部门。如 IBM、微软、陶氏科宁、可口可乐等公司的情报系统不仅能检测竞争对手的动向和环境变化,还具有对环境的早期预警功能,使他们能够应对各种变化的环境,及时捕获商机,赢得竞争的主动权。

(二) 采集信息的原则

(1) 广泛性原则。即凡与组织有关系的信息资料,无论直接或间接,都要尽可能采集。

(2) 客观性原则。即所采集的信息必须客观地记载对象、时间、地点、事件等。

(3) 科学性原则。即要求所采集的资料必须采用科学的方法进行加工整理和分析。

(4) 连续性原则。即要求所采集的信息能连续地反映事物发展的全过程及其规律性。

(5) 实效性原则。即要求对组织内外部的有关信息,特别是有关竞争对手的信息要及时、准确地进行采集。

(三) 采集信息的方法

采集信息的方式和方法多种多样的。直接的信息来源,可以通过社会调查。既要运用科学手段和方法,对有关社会现象者进行有目的、有系统的考察,也可以直接听取公众的反映,主要有接待来访者和投诉者、现场面谈、专题采访、追踪调查等形式。间接的信息来源主要是借助传播媒介。既要重视新闻媒介的社会舆论,注意听取有关专家、政府相关部门、上级相关部门及同行的建议和意见,也可以充分利用各种活动、会议,如学术会交流、演讲会、展览会、座谈会、宴会等采集信息。

二、咨询建议,参与决策

公共关系作为一项管理职能,主要体现在其对经营管理决策所发挥的参谋作用。在这个意义上,公共关系部门就是组织的智囊机构,公关人员参与组织决策的全过程。按照现代管理理论与决策理论,组织在决策前,公关部门与公关人员应向领导者、决策者提供详尽的有关公共关系方面的情报信息、评价、预测的咨询和建议,供决策者参考和选择,作为决策的依据。

咨询建议是指公共关系专业人员向组织领导提供有关公众方面的可靠情况说明和意见。按英国公关专家杰夫金斯的说法,咨询建议是"专门性的创造性的服务"。公关人员向决策层提供的咨询一般包括:公众的一般情况咨询、公众的专门情况咨询,以及公众心理变化和趋势的咨询。

(一)组织形象建议

这类建议主要是在公关部门收集到有关组织形象方面的信息后,进行正确的分析评估,找出组织自我期望形象和实际社会形象之间的差距,并提出改善组织形象的建议,以供领导决策参考。特别是在组织出现"形象危机"时,公关部门应在第一时间向决策层提供有关事件的全部信息和建设性意见,并通过公关活动的开展,引导公众行为,转变社会舆论,维护组织的形象。在商品经济高度发展、竞争日益激烈的情况下,组织形象建设是组织发展的根本。及时地把客观准确的信息和切实可行的建议反馈给领导层,这既是公关部门的基本职责,又对组织的发展决策有着极为重要的参考意义。

(二)产品形象建议

产品形象是组织形象的客观基础,只有产品被接受并受欢迎,组织存在的价值才能得到社会的认可。因此,公关部门首先应通过各种渠道了解用户对企业产品的质量、性能、包装、商标等方面的不同意见和需求,进行综合分析反映给企业有关部门,以便不断改善和更新产品。其次,公关部门还要了解市场的需求和公众的消费心理,为有关部门提供产品市场状况和发展趋势咨询。最后,还要了解竞争对手的产品形象,以明确本企业产品的竞争优势、潜力及不足。

(三)组织目标建议

任何一个企业要发展都必须有一个合理的目标,这是组织一切活动的立足点和出发点,而组织目标的制定,必须建立在充分的调查研究和掌握大量信息的基础上。为企业发展目标的制定提供咨询建议是公共关系的重要职能。为此,公关部门要在广泛采集信息的基础上,为组织提供客观的、有价值的咨询和建议,使组织目标既能够反映组织发展的要求和员工的利益,又符合社会公众的需求。

三、协调关系，凝聚人心

公共关系活动的过程，就是组织与公众之间进行信息传播与沟通协调的过程。公共关系学中的沟通协调，是指组织与其公众之间通过信息沟通，对内提高组织的向心力和凝聚力，对外争取公众的好感与支持。所谓协调，就是使组织内外不同部门的活动和谐化、同步化，达到组织与环境相适应，以便实现其共同的目的，取得最终的结果。组织只有不断协调其内外环境，才能发展壮大。

协调是公共关系工作中使用最多、作用最大、地位最重要的方法手段，贯穿于公共关系工作的各个方面的全过程。公共关系协调的涵盖面最宽、包容性最强。要协调就涉及协调的主体（社会组织）和客体（公众）。协调中包含了合作的方法和手段，使社会组织和相关公众相互了解和理解，在舆论、态度上相互影响。协调中还包括了社会组织自身建设即塑造组织形象的问题，只有先把自身建设好，才能有实力赢得公众的信赖和合作。公共关系协调是公共关系赖以建立和发展的深层动力和机制。尤其是对社会组织与公众相关利益的协调，是公共关系理论中最核心的问题。公共关系能否建立和发展，最根本的就是社会组织与相关公众的利益能否得到协调。

协调关系旨在使组织与公众相互理解支持，建立信任关系，处于一种和谐的状态，组织创造一个"人和"的环境。

(一) 协调的类型

公共关系的沟通协调，一般分为内部沟通协调和外部沟通协调。

1. 内部沟通协调

组织内部关系是组织生存和发展的基础。组织内部形成了团结一致的融洽关系，就能激发员工的士气和工作热情。一个内耗严重的组织，既不会有活力，也不会有出色的表现。内部关系的协调包括以下内容。

首先，要协调内部人际关系。这包括领导层之间的关系、员工之间的关系和上下级之间的关系。公关部门要努力协调好组织内的各种关系，保持良好的团体精神和高昂的士气，产生有效的协同作用；要经常向上级反映员工情况、意见和要求，并协助领导制定有关措施；同时积极做好上情下达工作，及时向员工介绍宣传组织的目标、方针和政策，以消除或弥补可能产生的误解或摩擦。

其次，要协调组织内部各管理部门之间的关系。公关部门要通过沟通信息渠道加强部门之间的联系，造成一种互相信任、相互支持、相互谅解和团结合作的气氛，实现各部门的协同发展。

2. 外部沟通协调

外部关系的沟通与协调，是指沟通与协调组织与外部公众和外部环境之间的关系。任何一个组织在发展过程中,都必然与外部组织和公众产生这样或那样的矛盾,进而影响到组织目标的实现。外部关系的协调包括以下内容。

首先,要协调业务往来关系。如顾客与用户关系、原材料与能源供应关系、产品与销售网络关系、物流与运输关系、信贷及投资关系等,以保证组织业务关系的正常开展。

其次,要协调组织与管理部门之间的关系。如工商、税务、审计、商检、海关、环保、市政、公安及司法部门等,要争取这些管理部门的理解和支持。

再次,要协调好媒介、社区关系,以争取有利的社会舆论,树立良好的组织形象。

最后,要协调组织与消费者之间的关系,妥善处理与消费者的纠纷。

(二) 组织发展的不同时期协调的任务

传播与沟通是一项艺术性很强的工作,在组织发展的不同时期、不同情况下,其任务和内容也极为不同。

1. 组织初创时期

这一时期传播与沟通的主要任务,是争取公众对组织有良好的第一印象,为其进一步发展创造条件。其工作重点是设计策划组织形象,开展突出组织特色的公关活动,提高组织知名度。

2. 组织发展时期

这一时期传播与沟通的主要任务,是维护组织在公众心目中的形象和声誉,在巩固现有声誉的基础上进一步扩大影响。社会组织把传播与沟通工作延伸到组织发展时期具有重要意义。组织形象作为公众的主观评价,将随时间的推移而淡化,如不采取相应措施加以巩固,组织形象就会在公众心目中流失。因此这一时期的工作重点是注意维系原有公众的好印象,开拓发展新公众。因此,形象建立如逆水行舟,不进则退,即使风平浪静,也需要不断努力,才能保持其良好的发展势头。

3. 组织危难时期

这一时期传播沟通的主要任务是消除误解,争取信任,扭转形象,重振声威。其工作应注意分析原因,力争消除危机,挽回影响。

四、调节引导,优化环境

调节引导即协调组织主体与公众之间的关系,争取公众对组织的理解和支持,使组织与公众保持一种和谐状态,为组织创造一个"人和"的环境。

众多复杂的社会公众对于组织的目标与发展均具有一定的影响力和约束力,并且这种关系随时还处于不断变化之中,组织与公众会经常因为面临问题的变化而出现不协调现象,为此现代组织必须开展广泛多样的社交活动,及时处理好各类公众关系,增进与公众之间的感情,减少误会的产生,即使产生矛盾冲突,也能因为双方原有的和谐关系,使矛盾得到缓解。协调的目标是减少摩擦、化解冲突、广结人缘、借力发展。正如人际关系中常提到的"多个朋友多条路",公共关系也是如此。只有平时保持一份君子之交,一种正常有序的沟通与联络,才能随时掌握组织环境的最新动态,在突发事件来临时,也能及时通过现有的沟通协调网络,将危机迅速处理在萌芽状态之中。

(一) 调节原则

在调节组织主体内部关系和组织主体与外部公众的关系时都应把握协调的几个基本原则:

1. 互利原则

即应保持组织与公众利益的一致性,尤其在制定组织政策及采取行动时,应以公众利益为出发点,在实现自身利益目标的同时,努力满足公众利益,承担组织一定的社会责任,如保持生态环境和谐,支持科学教育文化事业,对公众关心的社会公益问题积极承担义务等等。

例如,某酒店地处一居民区内,其烟气排放与锅炉的安全性一直是社区居民颇为关注的热点。开业初期,因为考虑欠周,导致居民经常投诉,甚至有部分居民打算通过法律途径为自己讨个说法。了解情况后,该酒店采取了几项举措:首先,改高压锅炉为微压锅炉并在锅炉房外面增设一堵防火墙;其次,将酒店烟道升高,并改烧煤为汽油;最后,通过街道居民委员会组织了几次居民座谈会,汇报酒店对热点问题的改进情况,对居民关注酒店、关心社区环境与安全的心情表示理解与支持,同时积极出资美化社区环境,还利用酒店自身条件,向社区居民提供闭路电视信号。逐渐地,居民不满情绪消失了,与酒店的关系也变得融洽起来。

2. 公开原则

心理学研究表明,在人际关系中,许多的纠纷、隔阂缘于沟通不当引起的误会,一旦双方知晓了事实,就很容易达成共识,所谓"理解万岁"就是此意,公共关系也是如此。在使组织与公众关系紧张的诸因素中,神秘性、封闭性与随意性因素成因最多。这就要求在组织与公众的沟通、协调中,一方面要及时公开事实真相,只要组织目标符合社会总体目标要求,公开真相就能给组织带来更多的朋友,"越理解你,越喜欢你,越支持你"。同时,沟通协调的方式也要公开,用公开的方式与公众进行真诚的沟通,才会求得公众对组织的真正理解,那种拉关系、走后门、偷偷摸摸的行为不是公共关系。

3. 及时主动原则

公共关系人员应具备敏锐的反应能力,通过全面的信息收集与分析,随时发现组织主体在运作过程中与有关公众的沟通障碍,并及时作出反应,采取有效举措

(或向组织决策层提出建议),近早消除误会,平息事态于无形中。

同时,公众群体一旦与组织发生沟通障碍,其反应一定是以公众自身利益为重心,而不可能从组织主体角度尝试某种行为。这就要求公共关系人员应主动与相关公众进行沟通,在平时保持一种良好的沟通氛围和渠道就显得非常必要,这也是公共关系重视公众需求和双向沟通的原则的要求。

(二) 调节方法

1. 当公众关系处于和谐状态时

当公众关系处于和谐状态时,沟通的重点就是通过不断宣传组织主体的良好业绩,及时用承担社会的公益责任来保持和强化公众对组织的良好印象,如著名的宁波雅戈尔集团,就是通过修建雅戈尔大道、出资将宁波体育馆改为雅戈尔体育馆,并积极支持地方政府兴办国际服装节等一系列活动,在当地社区公众心目中形成了一种生机勃勃、兴旺发达的良好形象,成为宁波地方经济发展的一张名片,让地方公众以拥有雅戈尔品牌为荣,反过来又成为雅戈尔的形象宣传传播者,使企业形象日渐卓著。

2. 当公众关系处于不和谐状态时

当公众关系处于不和谐状态时,沟通协调的重点则是解剖、反省自身行为,包括运作行为和传播行为。先确认组织自身的运作有无损害公众利益,有没有违背公众利益至上原则;在传播上,从内容到媒体选择有无不诚实公开之处,是不是做到了及时、全面、主动沟通。一旦确认就应勇于承认错误,并采取行动及时改进,如果出现沟通障碍,则须迅速通过其他传播渠道,将组织真实情况向公众"告知",以及时消除误会,改变组织与公众的不和谐状态。

2008 年 10 月份,海南三亚、重庆等地接连出现了数起较大规模的出租车司机"罢运"事件,凸现出沟通的缺乏和协调渠道不畅,致使公众状态从和谐迅速转向不和谐乃至对立。首先出租车司机面临着因牌照特许经营费和油费上涨导致生计困难而又投诉无门,乃至自发形成团队抗议。其次,事发后,政府又无法与意见领袖进行沟通(找不到谁是组织者),致使态势升级为重大恶性事件,如果政府与出租行业有正常有效的沟通渠道,此类事件就不会发生,虽然事后各地政府积极协调终使事端得以平息,但已经付出了不菲的代价,至少政府的公信力受到了直接影响。

3. 当公众关系处于不明状态时

当公众关系处于不明状态时,协调的原则首先是以真诚的态度表明组织自身的意见,本着诚实、友善、开诚布公的原则与公众进行沟通,消除对方的疑虑及逆反心理,避免误会和偏见,也就是人际关系中通常讲的"以心相交"。其次,把双方关系中含有的双方利益关系交代清楚,使双方对关系状态的实质及趋势有个"预存立场",心中有底,以减少关系发生后的摩擦,也有利于双方关系的良性发展。

五、策划应变,塑造形象

(一) 遇突发事件,积极策划应变

公共关系在处理突发事件中起着举足轻重的作用。当事件发生以后,必须充分听取公众的意见,设法查清事实真相,与公众进行必要的沟通,相互达成谅解,从而妥善解决矛盾,维护组织的信誉和形象。如在 2003 年 12 月发生的"丰田问题广告"事件中,丰田公司及时应变,迅速扭转了局面,平息了危机。

丰田公司在中国《汽车之友》杂志 2003 年第 12 期上刊登了 3 则汽车广告,其中两则受到质疑。两个遭质疑的广告分别位于 8～9 页和 56～57 页。在"霸道"车的广告页面上,两只石狮蹲居路侧,其中一只挺身伸出右手向"霸道"车作行礼状。该广告的"创意"是:"霸道,你不得不尊敬。"另一则广告页面上,在野外崎岖的山路上,一辆丰田"陆地巡洋舰"迎坡而上,后面的铁链上拉着一辆看起来笨重的"东风"大卡车。这两则广告面世后,先在几家互联网站的论坛中引起了争论,后扩大到报刊甚至电视媒体。许多网民指责丰田广告有"辱华"之意。因为石狮有象征中国的意味,丰田"霸道"广告却让它们向一辆日产汽车"敬礼"、"低头";"陆地巡洋舰"拖着的汽车看起来是中国的"东风"牌卡车,有羞辱中国之嫌疑。许多网友将矛头指向丰田公司、广告制作者和刊登广告的杂志,要求他们赔礼道歉。12 月 3 日,国内最具影响力的媒体——新华社也对"问题广告"进行了报道。12 月 4 日,丰田方面立即做出了反应。当日晚,丰田公司迅速召开由公司多位高层参加的媒体座谈会,并发布道歉书,从而使关注此次事件的读者和媒体在最短时间内了解到了丰田公司的态度,制止了事态的发展。其实这次广告的制作单位是北京盛世长城广告公司,而且创意方案全都是中国人,但丰田公司作为广告主,承认是他们的责任。丰田公司的诚恳态度得到了媒体的赞许。丰田公司通过一系列的公关活动,平息了这场广告危机,这是公共关系策划应变作用的典型体现。

(二) 对外传播推广,塑造形象

1. 创造舆论,告知公众

让公众知道并正确地了解本组织,是建立良好公众形象的基本前提。公共关系的实践证明许多社会组织困于生存和发展就是由于缺乏组织决策的透明度和公开性,导致公众关系矛盾不断激化,公众间隔阂有增无减。因此,公共关系对外传播推广职责首先在于"告知公众",即当公众对组织缺乏认识和了解的时候,需要主动地传播社会组织的有关方针、政策和经营理念,为争取公众的理解和认同制造合适的话语氛围。当组织的行为与公众有关时,需要主动做出说明和解释,消除公众疑虑,避免舆论的误解。

2. 强化舆论，扩大影响

运用现代种种媒介加强公众对组织的印象，深化公众对组织的了解，提高组织的社会知名度和美誉度，为组织及其产品推广形象，扩大影响，是公共关系传播的重要任务。当一个组织及其产品有了基本的公众印象及良好的评价之后，还需要注意坚持不懈地做宣传推广，要不断维持、完善已经享有的知名度和美誉度，强化良好的舆论趋势，进而强化良好社会形象。一个组织处于形象良好的状态时，传播产生效益一般都能获得比较理想的结果；相反，如果忽略了传播工作，公众对组织的印象会逐步淡漠，良好的形象也会因为传播失误而受损。公共关系传播不能只为造成一时的舆论轰动，而应通过长期、潜移默化的传播渗透，不断加深公众对组织及其政策、产品、人员的良好印象，使这些印象不断积累、强化。

3. 舆论导向，控制形象

公共关系传播推广的职责还在于调节组织的信息流量和流向，引导公众舆论向积极、有利的方向发展，并根据舆论反馈适当调整组织的行为，控制并重新树立组织的良好形象。尤其是当公众对组织的评价毁誉参半的时候，公共关系传播更需要小心谨慎地发挥"观念向导"的作用，缩小不利舆论的影响，引导有利舆论的发展。当组织形象不佳的时候，公共关系传播应根据具体原因，或者诚恳地向公众道歉和解释，争取公众的谅解；或者澄清事实真相，纠正舆论误解，扭转被动的局面，恢复组织的声誉。

案例分享

长城饭店的"形象建设"

长城饭店是我国第一家五星级的合资饭店。它创建于 1980 年，高 82.64 米，有 24 层楼，1 007 个客房，5 个小会议厅，9 个餐厅和酒吧，还有屋顶花园、室内影院、室内游泳池等服务设施。它的外表全部用玻璃镜装饰，犹如一座水晶宫，豪华而壮观。

1984 年初，得知里根总统访华的消息，长城饭店的经理和公关人员立即意识到，这是一个难得的机会。如能邀请里根总统光顾，将给"长城"带来良好声誉，对饭店前途产生极大影响。于是，他们制定了周密的公关计划，并全力付诸实施。

当时，饭店尚未全部竣工，服务设施不尽完善，公关部人员克服各种困难，夜以继日地做了大量准备。他们不厌其烦地请美国驻华使馆的工作人员参观饭店，征求意见，不断提高服务质量；接待上百名外国记者，为他们提供材料和通信设备，协助其采访，做到有求必应。经过努力，他们终于争取到了里根总统在"长城"举行答谢宴会的机会。

1984年4月28日,来自世界各地的500多名记者聚集在长城饭店,向世界各地发出了里根举行告别宴会的消息。这些消息,无一不提到长城饭店。于是,长城饭店在全世界名声大振,许多外国人产生了好奇心:"长城"是怎样一家饭店?为什么美国总统选择在这里举行宴会?后来,许多外国来宾一下飞机,就想到"长城"住宿,于是,长城饭店的生意格外兴隆。据统计,开业的头两年,70%以上的客人来自美国。这不能不归功于极为成功的公关活动。

1989年,美国总统布什来华访问,长城饭店凭着自己一流的设施和服务质量,又把布什请到了长城饭店,举行了一次盛大的宴会;那年2月26日晚,500位宾客在长城饭店与布什总统一道品尝得克萨斯烤肉,这使长城饭店又一次成为了世界各地新闻报道的中心。作为一家经常接待外国元首的豪华饭店,长城的客人98%是外宾,这在许多中国人心目中形成"'长城'是洋人出入的地方,中国人进不去"的误解。

为了消除这种误解,公关部想出一个好主意:举办一次集体婚礼,每个普通的北京市民都可以报名参加,还可以带上15名亲友。这个消息在《北京日报》登出后,没过几天就名额爆满,来电或登门询问者应接不暇,公关人员忙得不亦乐乎。

当百对新婚夫妇和他们的1 500名亲友步入长城饭店大厅时,通过中央电视台和北京电视台,亿万中国人收看到了这一盛况,此举得到了人们的热烈赞扬。新婚夫妇们为在这里举行婚礼而备感荣幸。此后,许多企业、政府机构、社会团体也在这里举办各种活动,长城饭店在中国人的心目中变得更亲近了。

案例思考

1. 本案例成功体现了哪些公关原则?
2. 本案例主要应用了哪些公关职能,长城饭店是如何操作的?

简答题

1. 公共关系的基本原则有哪些?
2. 公共关系的主要职能有哪些?

第五章 公共关系主体:组织

学习目的

1. 掌握社会组织的定义及其特征
2. 了解组织内公共关系部门的地位和特点
3. 明确组织内公共关系部门的分类
4. 正确认识社会组织的公关职能部门和公关公司
5. 了解公关人员的素质要求及培养途径

引导案例

公共关系的魅力

日本东京一家贸易公司有一位秘书小姐专门负责为客商购买车票。客商中有一位德国人,是一家大公司的商务经理,经常请她购买来往于东京和大阪之间的火车票。不久,这位经理发现:每次去大阪时,座位总在右窗口,返回东京时又总在左窗边。这位经理问小姐什么缘故,秘书小姐笑着回答:"车去大阪时,富士山在您的右边;返回东京时,山又到了您的左边。我想,外国人都喜欢日本富士山的壮丽景色,所以我替您买了不同位置的车票。"德国人听了大受感动,他想:"对这么微不足道的小事,这家公司的职员都能想得这么周到,那么,跟他们做生意还有什么不放心的呢?"于是,他决定把同这家日本公司的贸易额由原来的400万马克提高到了1 200万马克。

什么是公关? 公关应该是俊男靓女、笑靥如花? 应该是觥筹交错、送往迎来? 应该是巧舌如簧、口若悬河? 是如此,又不是如此。说它是,公关活动的确包含一部分人际沟通工作,在服饰礼仪、语言举止等方面都应有严格的职业化的训练,这是公关人员的素质要求。说它不是,公共关系的内涵决不仅于此,其核心的是一种公关意识或公关观念,这种意识或理念不光是对公关人员的要求,也是对从组织最高层领导到一般员工的普遍要求,通过合理的制度就可以外化为组织的行为,进而形成良好的公众形象。而这种社会形象既有社会价值,又有经济价值。比如:日本公司女秘书订票时细小的行为,在客商心目中形成了该公司认真负责、体贴温情的形象,增加了企业的可信度和亲和度。德国经理增加贸易额正是对这一形象的肯定和回报。

第一节　组织的含义及其特征

对于公共关系,首先必须搞清楚:公共关系的主体是现代组织,并不是所有的人或人群都是公关主体;组织的特性决定了它对于公共关系的需求和公共关系的最终目标的确定,同时不同的组织需要不同的公关实务操作技巧。

一、组织的含义

从分析公共关系的主体角度,我们更倾向于接受现代管理理论对组织所作的理解。被称为现代管理理论"鼻祖"的巴纳德曾定义组织为"有意识地加以协调的两个或两个以上的人的活动或力量的协作系统。"这个抽象的"组织"概念经过不断地发展,成为现代的系统和应变理论。就像公共关系一词包括静态的公关状态和动态的公关活动一样,"组织"既是指由一定人群组成的有特定结构的静态系统,也包括系统的应变整合的动态过程。"所谓组织,是为了有效地配置内部有限资源的活动和机构,为了实现一定的共同目标而按照一定的规则、程序所构成的一种责权结构安排和人事安排,其目的在于确保以最高的效率使目标得以实现。"

通俗地讲,组织就是建立在共同目标基础上,按照特定结构及运行方式组合而成的人群系统。它强调组织是一种一定人群组成的系统整体结构,在适应与控制环境的过程中生长、发展,组织的过程就是它与环境的相互影响。这是现代组织的理论,它规定了组织的性质和对公共关系的需求,也决定了公共关系的某些具体特性。

二、组织的特性

从组织的含义可以看出组织具有的一般性质,这些性质又决定了公共关系的具体要求。

(一)目标性

社会组织的形成和发展是社会分工与协作的产物,任何组织都有其自己的基本的或特定的目标,以履行其对社会的职责。不管这种目标是明确的还是隐含的,它是组织不能偏离的既定方向,每一个加入该组织的成员理应认可此共同目标。这个目标是组织存在的前提和基础,就像企业的存在是为了向社会提供合适的物质产品;学校的目标是教书育人;政府机构则是履行社会的行政事宜等。各组织围绕其最终目标,各司其职,又相互协作,使社会得以正常运行。

组织的目标性决定了:第一,公共关系活动的主题必须与组织的最终目标一致,即公关塑造的组织形象必须为公众所认同。当某些非营利性组织试图传播其明确的以营利为主要目的的信息时,这种明显有悖于组织最终目标的形象将不为公众所认可,组织与公众的关系可能会更趋紧张。目标不被认同的公关活动是注定要失败的,这是组织的目标性提出的要求。第二,不同的组织需要不同的具体公关策略,这就是所谓的分类公关。分类公关是实施有效公共关系的前提条件。它意味着不同的组织之间、不同的组织部门之间、甚至不同的组织成员之间都可能需要不同的公关内容、方式或技巧。一味模仿其他组织的公关实例是公关的大忌。

(二) 系统整体性

组织是由不同的个人按一定的分工与协作关系即结构所组成的整体系统。组织要实现其社会目标,需要许多部门分别从事一种或几种特定的工作,它们之间既相互独立,又相互配合,这就是分工与协作。而为了保证分工合作的顺利实施,又须赋予不同分工的人或部门以相应的权力与责任,并形成一套规章制度。严格的分工合作方式和明确的责权制度形成组织特定的严密结构,使组织成为有序的系统。不同的组织之间因为其人员及结构不同,而具有不同的系统整体功能。真正的系统整体的功能具有放大的作用。这就是所谓的"整体大于部分之和",通俗表述为"1+1>2"的作用。其大于部分来自良好的因素间的配合。这意味着组织整体是由部分构成,其部分在一定程度上代表整体。

组织的系统整体的特性对公共关系提出了至少两方面的要求,第一,组织管理者和员工关系协调的必要性,即内部员工公关的提出。组织要维持和发展自己,就必须维持和发展它的内部的员工关系,员工也是组织的公众,员工关系的好坏影响到组织的要素间的配合,影响到它的整体功能的发挥,即影响它本身的存在和发展。所以,公共关系理应参与组织的信息及人力资源的管理,并将因为传播手段的特殊性而发挥很大的作用。公关通过信息或情感的传播,促进员工关系的协调,并进而促使组织的人员配置结构更为合理,使组织的功能放大作用更为明显和有效。第二是公共关系以传播组织的整体形象为总体目标。由于现代组织的一系列整体性,它在公众面前以整体的形象出现。组织的个别成员或各个部门的表现,在公众眼里,都不仅代表他们自己,也同时象征着整体的意义。区别只在于是增进还是损害组织整体的形象。因为公众一般不可能了解组织的所有成员,只能涉及组织的个别员工,通过这个别的关系来维持和发展其与组织的公共关系。比如,一个商厦的某营业员与某顾客发生争执,给公众留下深刻印象不仅是这位营业员,更是这整个商厦的服务问题。要求公众了解组织的全部具体情况是不可能的,组织唯有建立、传播构成自己整体的每一部分的良好形象才是上策。树立整体形象就成了公关的目标。

（三）开放应变性

组织作为一个系统整体,它的生存和发展离不开它的开放应变的能力。它向内外环境开放,进行着物质、能量和信息的交换;并与环境进行着控制和适应的交互作用。就像信息论专家维纳所说的,我们已经彻底改变了我们的环境,因此我们也必须改变自身,以便在这个新的环境中求得生存。组织与环境实际上是交互作用,即相互影响的,而非单向的适应。

组织的开放应变的特性,决定了组织的公关需求。因为组织无论是适应环境,还是试图对环境有所控制或影响,都提出了公关的需求,即要求把握内部和外部环境的比较丰富的、准确的信息,以便于做出相应的合适的决策。当组织试图适应或影响环境时,实际上是适应或影响环境中的公众的态度、观点,进而适应或影响他们的行为。这一般只能是使用柔性的说服、舆论、道德等传播手段,才能达到了解公众并适应或影响公众的目的。这也正是公共关系的手段和目的。

（四）丰富多样性

在今天的现实生活中,组织的类型是十分丰富多样的。因为社会分工的不同,各自承担的社会责任及达到的目标不同,组织的类型呈现出多样的色彩。它们可以按照不同的标准进行相异的分类。比如按照组织的性质进行分类,可以有:经济组织、政治组织、文化组织、群众组织、宗教组织等类型,它们在社会中各自实施不同性质的活动,满足不同的社会需要。若按组织的形成方式分类,有正式组织和非正式组织两类。前者有严格的组织结构、组织制度和规范,对成员具有正式的约束力;后者是人们由于共同的兴趣、爱好或特点,以共同的利益和需要为基础而自发形成的团体。即使是同一类组织,也可因为它的具体目标的不同而进行进一步分类。

组织的多样性要求具体公共关系实施分类公关的策略。不同的组织、不同的组织目标,以及因此形成的不同的公众,就会形成各具特色的具体公关活动要求。从组织的不同,可有营利性组织的公关,包括企业公关和商业服务业公关;非营利性组织的公关,包括有政府公关和事业团体组织的公关等公关类型。从组织发展的不同时期具有不同的公关目标,可分为开拓型公关、发展型公关、矫正型公关、日常事务型公关等公关类型。

如上所述,现代组织具有多种特性,它们直接决定了组织的公关需求和公关活动展开的诸多要求。正是组织的开放应变性,提出了公关的需求。而组织的目标性、整体性及多样性分别为公关的具体操作指明了方向。

第二节　公共关系的组织机构

随着现代公共关系事业的蓬勃发展,一批专业化的公共关系机构,成了公共关系实务的承担者。西方国家的大部分企业组织都设有专门负责处理公共关系日常业务的机构,它一般被称作"公关部"。早在 20 世纪初,美国的一些大企业已在聘请公共关系顾问的同时,开始设立专门的公共关系机构——公共关系部。合理地设置公共关系机构是做好公共关系工作的重要保证。

一、组织内设的公共关系部门

公共关系工作是一项长期的、复杂的、有计划的工作,并非权宜之计,因此,需要有专门机构来从事这项工作,以保证组织的公共关系工作职能化和经常化。

目前专门从事公共关系工作的组织机构可以分为两大类:一类是组织内的公共关系部;另一类是独立的公共关系公司。

公共关系部是贯彻组织公共关系思想,实现公共关系目标的专业性机构。一个组织的规模较大,公共关系事务就必然较多,因此最有效的办法就是将公共关系的职能在机构设置上予以保证。国内外,尤其是国外的许多组织都设立了公共关系部,但也有的叫公共事务部、公共信息部、公关广告部、传播部、新闻界关系部等。

(一) 公共关系部的地位

公共关系部的工作影响到组织信誉和形象,关系到组织上下内外的信息交流,公共关系部在组织中既是组织的职能部门,又是组织的决策参谋部门。

公共关系部在组织中的决策参谋地位,主要是由信息管理、咨询决策和调节引导的职能决定的:

1. 资料储存中心

公共关系部集中收集、储存和处理同组织发展密切相关的各种信息,并及时向决策者通报。

2. 信息发布中心

公共关系部具有组织的"喉舌"功能。组织对外信息发布以及与大众传播媒介的联系,都是由公共关系部负责的。

3. 社会环境监测中心

公共关系部负责观测和监视社会环境以及与组织有联系的各种条件因素的发展与变化,为决策者提供决策依据。

4. 趋势预测中心

公共关系部根据调查收集到的信息和有关资料,以及对社会环境的监测,经过科学的分析、归纳,作出对组织有关的发展趋势的预测。

5. 公众接待中心

内部公众、外部公众同组织打交道,主要是通过公共关系部,这就使公共关系部成了组织与社会交往活动的代表。

　　由于公共关系部在组织中担负着多中心的重任,在组织决策层中是组织决策的重要"参谋"。一些组织为了充分发挥公共关系的作用,推动公共关系工作的开展,已经或正在不断提高公共关系部在组织中地位,据美国对 400 名企业总经理工作时间分配情况的调查,这些总经理在指导或参与公共关系工作的时间一般占总工作时间的 25%～50%。为了提高公共关系工作的地位,在美国,越来越多的公共关系部负责人直接向企业最高决策人汇报工作,向最高领导层提供建议并接受他们指导。美国对 356 家企业公共关系部的抽样调查表明,有 56%的公共关系部向企业最高领导成员(董事长或总经理)汇报工作,另有 16%的公共关系部向企业次最高成员(副董事长或副总经理)汇报工作,合计占总数的 2/3 以上。

(二) 公共关系部的特点

　　公共关系部作为组织的职能部门有其自己的特点。它不同于组织的办公室或秘书处。在设置公共关系部时就必须明确,公共关系部既不是基层的生产部门,也不是直接的经营管理部门,而是高层次的服务部门,它为管理决策部门提供必要的咨询与建议。从机构性质上看,公共关系部主要有以下四个特点。

　　1. 专业性

　　公共关系部机构的专业性是指它作为组织内从事公共关系工作的机构,不能成为"杂货店",也不是临时班子,必须保证其队伍的专业化和工作内容的专业化。

　　所谓队伍的专业化,是要求全体公共关系人员应具有明确的公关知识,富有开拓进取的精神,受过一定的公关专业训练并具有一定的专业水准与能力,没有这样一支具有一定专业素质的队伍,公共关系工作是难做好的。切忌把组织中的老弱病残、多余或不称职的人员塞进公共关系部。

　　所谓公共关系工作内容的专业化,是指公共关系部的工作必须围绕公共关系目标来进行,也就是说,必须集中去做与实现组织公共关系目标相关的事务,而不能把公共关系部作为单纯的接待部门、交际联络部或当成总务科、办公室、秘书处等。否则,将无法保证公共关系部对组织公共关系计划的实施,无法保证公共关系最终目标的实现,从而使公共关系部徒有虚名,流于形式。

　　2. 协同性

　　协同性是指在实现公共关系计划所确定的目标时,不能只靠公共关系部单枪匹马,孤军作战,还应依靠组织中各部门的相互配合及全体成员的共同努力。公共关系部在组织各部门相互配合的过程中,要发挥沟通、协调和组织的作用。因此,这就要求公共关系部必须与组织的各个部门保持密切、良好的工作关系。离开了各部门的相互配合,离开了全体人员的共同努力,公共关系部无论有多大的能量、多大的神通,都难以搞好工作,难以实现公共关系目标。

　　为了保证机构的协同性,公共关系部的人员应熟悉各部门的基本任务,尤其是公共关系部的负责人更应对本组织的基本情况了如指掌,从而使公共关系部的协同性在组织上得到保证。

3. 自主性

自主性是指公共关系部在组织中要有独立的地位,有一定的权限范围,可以自主地开展各项工作。公共关系部的自主性要求是和其在组织中的"决策参谋"地位分不开的。否则,公共关系部就无法完成组织的公共关系目标,发挥其应有的功能。因此,在组建公共关系部时,要考虑它的自主性要求,并在组织上给予保证。

4. 服务性

公共关系部是一种具有服务性质的、较高层次的间接管理部门,但它不是直接的管理者,也不是领导者和生产者,其职能作用体现在向组织决策者和组织各职能机构提供有效的服务。这种服务工作是高级的经营管理工作,是为实现公共关系目标而提供的服务工作。它可以通过建议与咨询的形式为其他部门服务,可以通过专项公共关系活动为组织服务;也可以通过日常公共关系活动为员工及社会公众服务。因此,应当确立公共关系部是服务部门的指导思想,并使公共关系人员在思想和工作作风上适应这种服务性。

(三) 公共关系部的组织类型

公共关系部的组织机构没有固定的模式,它有各种各样的组织类型。

下面我们以经济组织为例,介绍几种类型。

1. 按工作方式分类

从工作方式来观察,公共关系部的组织类型可以分为公共关系对象型、公共关系手段型和公共关系复合型等三种类型。

(1) 公共关系对象型也称分类公共关系型,即公共关系部下属机构名称分别是公共关系工作对象的名称。其构成模式可以参见图 5-1。

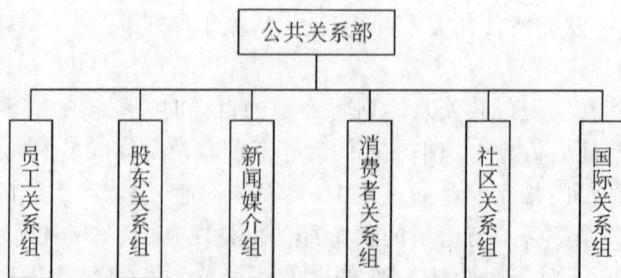

图 5-1 公共关系对象型结构模式

　　公共关系对象型结构的优点是:有利于熟悉自己的工作对象,及其需要和反应,便于有针对性地开展公共关系活动。

　　(2) 公共关系手段型也叫做公共关系技术型,即公共关系部所属机的名称分别是一种公共关系技术手段的名称。其构成模式参见图 5-2。

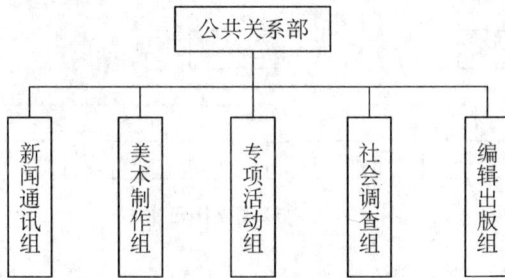

图 5-2　公共关系手段型结构模式

　　公共关系手段型结构的优点是:各部门的工作内容按照工作人员;技术专业划分,工作人员根据自己所从事的工作,着重在提高专业技术方面下功夫,便于熟练地掌握和运用各自的公共关系手段,开展多样的公共关系活动。

　　(3) 公共关系复合型模式的优点是:把手段型和对象型结构合二为一,根据实际需要来设置下属机构,不拘泥于固定模式。在机构内具体部门及其机构名称既反映公共关系的工作手段,又反映公共关系的对象(见图 5-3)。

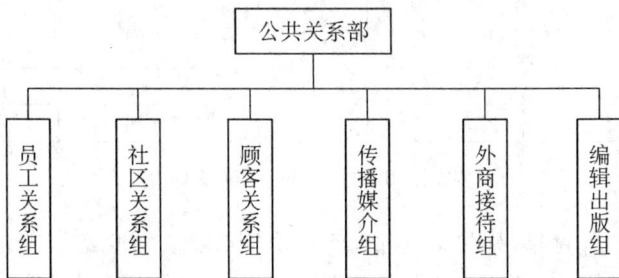

图 5-3　公共关系复合型结构模式

　　据日本 20 世纪 70 年代的调查,日本的先进企业采用这种类型公共关系部的为数最多。目前这也是我国大多数单位所采用的公共关系组织机构模式。

　　2. 按领导方式分类

　　从领导方式来看,或从组织管理角度考虑,或从公共关系部在组织中的地位来考察,公共关系部的设置可分为以下四种类型。

（1）总经理直接负责型。由组织的最高负责人兼任或由副职领导担任公共关系部负责人（见图5-4）。

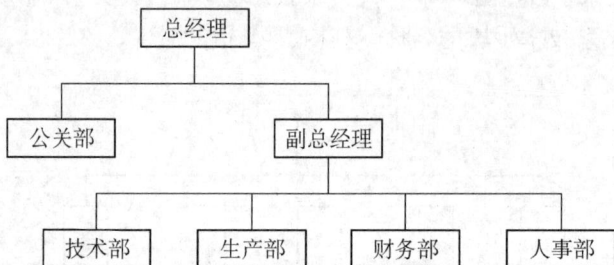

图5-4　总经理直接负责型

这种模式充分显示了公共关系部在组织中的重要地位。其优点是公共关系部与组织的最高负责人直接联系，处于组织的中枢地位，因而能着眼组织的各个经营环节，便于全面地、有针对性地开展工作。对于组织的公共关系思想和政策能融会贯通，并使公共关系部的工作具有一定的权威性。

（2）总经理间接负责型或部门并列型。公共关系部由组织的最高领导人间接负责或由机构中的中层经理担任部长，而公共关系部的负责人与其他部门负责人的地位并行，并直接对组织的最高领导人负责，处于组织管理的第二层次（见图5-5）。

图5-5　总经理间接负责型

这种模式的优点是：公共关系部与组织决策者有直接联系的权力和机会，对组织决策有直接的影响。有时，公共关系部负责人在对外活动中全权代表本组织的最高负责人。目前，这一模式在我国应用比较普遍。

（3）部门所属型。公共关系部隶属于组织的某一部门，受组织的某一部门直接领导，处于组织管理的第三层（见图5-6）。

从目前国内外情况看，公共关系部在组织中某部门的隶属关系增加了公共关系部与最高管理决策层之间的环节，侧重于公共关系某一方面职能的发挥。

（4）公共关系委员会。这种模式是在公共关系部之上，还有一个由组织最高领导人和各部门负责人组成的公共关系委员会，它主要为一些特大型企业所采用，

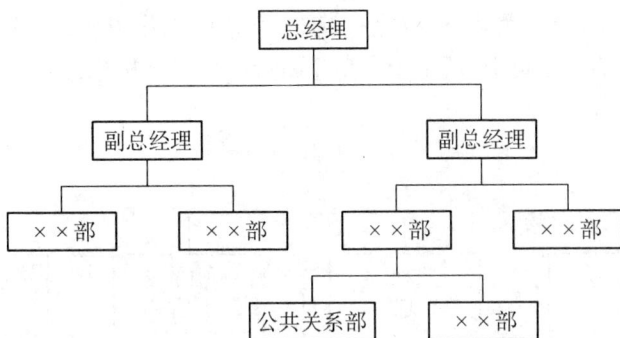

图 5-6　部门所属型

委员会的任务是统筹本单位的各项公共关系工作。例如：研讨、制定公共关系部的工作计划；批准各项公共关系预算；监督计划的执行情况；评价公共关系工作效果等等。它不直接从事具体的公共关系工作，其优点是可以使公共关系工作具有权威性，并能使组织的各个部门都来关心、支持、参与公共关系工作。缺点是多了一个层次，使各种关系变得更为复杂。

以上所介绍的四种类型中，从管理学的角度分析，总经理直接和间接负责型具有明显的优势，而部门所属型和公共关系委员会则有明显的缺陷。英国著名公共关系专家弗兰克·杰夫金斯曾经指出："鉴于公共关系工作涉及整个组织的各个方面，把这项工作置于销售经理或人事经理的领导之下真是愚蠢至极。"他认为公共关系部和公共关系人员应当直接向总经理或最高管理决策部门负责。

3. **按公共关系部机构的规模分类**

从公共关系部机构的规模考察，公共关系部的设置可分为小、中、大三种类型。

（1）小型公共关系部。这种模式的特点是：机构简单，一般具有两个层次，人员也较少。适合于小型企事业单位。其机构设置参见图 5-7。

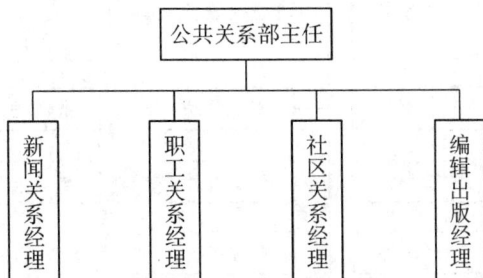

图 5-7　小型公共关系部结构

（2）中型公共关系部。这种模式的特点是：机构比较齐全，一般具有三个层次,组合层次分明,分工明确,形成完整、统一和谐的工作机构,公共关系工作的密度、深度和广度都比较集中,适用于中型企事业单位。其机构设置参见图5-8。

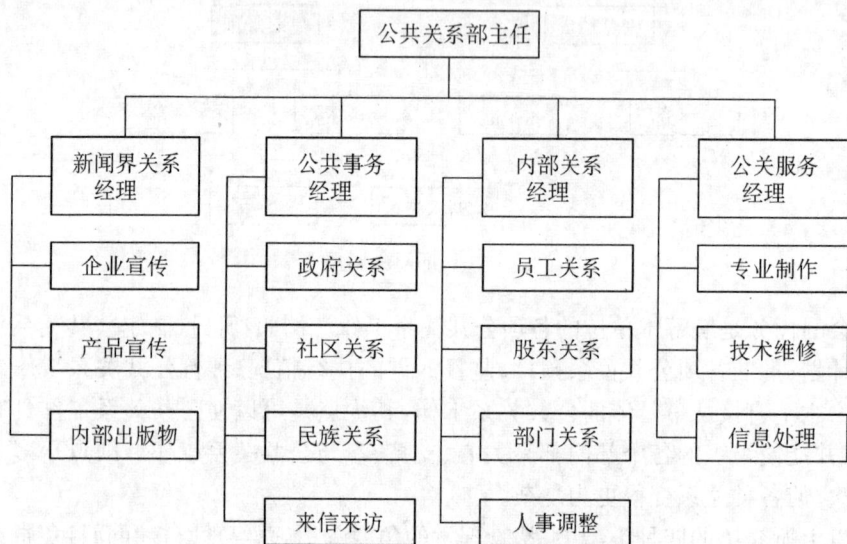

```
                         公共关系部主任
    ┌──────────┬──────────┬──────────┐
 新闻界关系      公共事务      内部关系      公关服务
   经理          经理          经理          经理
   │             │             │             │
 企业宣传      政府关系      员工关系      专业制作
   │             │             │             │
 产品宣传      社区关系      股东关系      技术维修
   │             │             │             │
 内部出版物    民族关系      部门关系      信息处理
                 │             │
               来信来访      人事调整
```

图5-8　中型公共关系部结构

(3)大型公共关系部。这种模式的特点是:机构复杂,人员众多,分工较细,工作要求协调统一,能胜任重大的公共关系活动,适用于大型企事业单位。其机构设置参见图5-9。

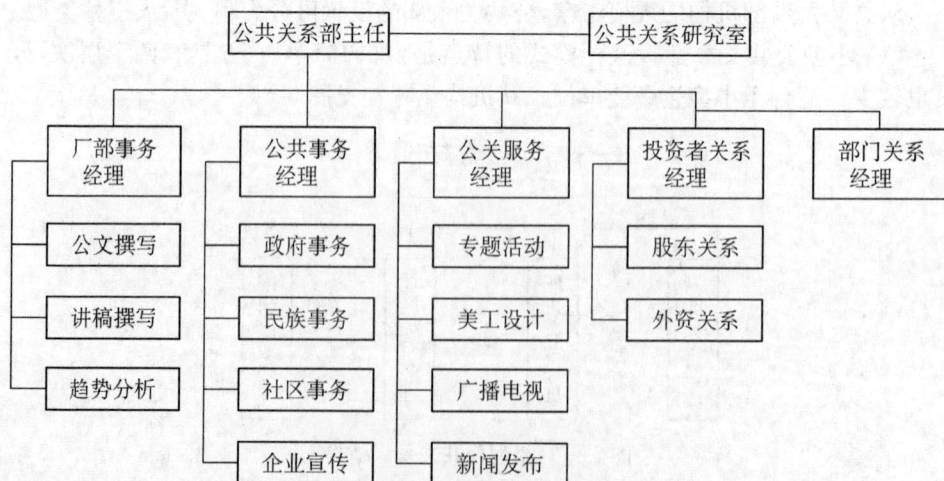

```
   公共关系部主任 ──────── 公共关系研究室
   ┌────────┬────────┬────────┬────────┐
 厂部事务   公共事务   公关服务   投资者关系  部门关系
  经理       经理       经理       经理      经理
  │          │          │          │
 公文撰写   政府事务   专题活动   股东关系
  │          │          │          │
 讲稿撰写   民族事务   美工设计   外资关系
  │          │          │
 趋势分析   社区事务   广播电视
             │          │
           企业宣传   新闻发布
```

图5-9　大型公共关系部结构

例如，美国大通银行是一家跨国金融机构，共有员工 130 000 多人，分支机构 2 000 多家。该银行企业传播部（即公共关系部）从业人员有 200 多人，由一位高级副总裁担任该部主管。部门的典型模式，其机构设置见图 5-10。

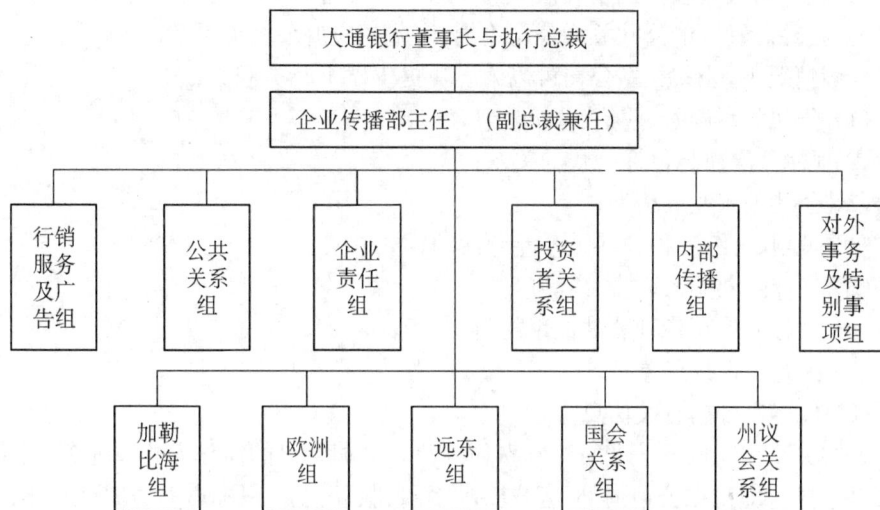

图 5-10　美国大通银行企业传播部的组织结构

二、公共关系公司

公共关系公司，也称为公共关系咨询公司、顾问公司等，是由具备不同专业知识、能力、经验的公共关系专家组成的，专门为客户提供公共关系咨询和服务，代客户进行公共关系活动的经营性机构。因为公共关系公司具有较高的专业水平、广泛的社会影响和显著的工作效率，组织的公共关系工作可以委托公共关系公司代理。作为一类已经普遍存在的、蓬勃发展的服务性企业，公共关系公司具有许多显著的优势：

第一，公共关系公司不是其客户的下属机构，它们在观察、分析问题时能够摆脱当事人的局限，以"旁观者"的身份、立场和态度，兼顾客户和公众两个方面，所以得出的结论相对客观、准确。

第二，由于公共关系公司是由有关方面的专家组成的，所以具有明显的专业和智力优势。公共关系公司为客户提出的建议、策划的方案往往具有较高的专业水平，因而具有较强的权威性和说服力。

第三，公共关系公司在长期的工作中，往往同客户的外部公众，如政府部门、新闻媒介等保持良好的关系，有相对完善的信息网络系统和广泛、可靠的信息来源，掌握着丰富的信息资源。因此,公共关系公司能够利用自己的关系与资源优势,为客户提供完备的信息、协调各种关系,有效地帮助客户解决公共关系问题。

第四,公共关系公司提供的专业化服务,其水平往往高于组织常设的公共关系部,而其成本从长远来看也相对低一些。组织可以有较大的灵活性,根据自己的实际需要与经济条件,请公共关系公司策划、实施相应的公共关系活动。

一般情况下,公共关系公司可以为客户提供以下几类服务:

(1) 公共关系调研、搜集、分析信息;

(2) 联络、沟通与目标公众的关系;

(3) 公共关系业务培训;

(4) 策划、组织各种公共关系专题活动;

(5) 设计公共关系广告、商品广告;

(6) 为客户编写各种公共关系材料;

(7) 为客户设计形象;

(8) 代客户传播有关信息等。

公共关系公司服务收费方法和费用因每个公司各自的运作方式及业务范围存在较大差异。即使在公司内部,客户要求不同、服务类型不同,收费方式也会不同。

从广义上讲,公共关系咨询费包括两大主要部分,应加以区别:

(1) 因提供专业服务而获取的顾问收入,如咨询、调研、策划、计划的制定、实施和管理等服务;

(2) 操作费用,即执行公共关系计划所需的直接支出,如新闻发布、照片、印刷、旅行和其他开支。

公共关系公司是通过为客户提供有偿服务来维持自身的生存和实现盈利的。双方都应自觉遵循国家的法律法规,信守公共关系的职业道德和行为规范。组织应选择信誉好、实力强、人员素质高、客户相对稳定且反映较好、收费相对合理的公共关系公司为自己服务,公共关系公司在接受某组织的委托时,亦应对其性质、资信、规模、实力等基本情况,以及本组织公共关系业务的要求等进行相应的调查,以保证双方在互相了解的基础上,相互信任,坦诚合作,善始善终。

第三节　公共关系工作人员

公共关系工作人员指的是专门从事公共关系工作的职业人员。包括在公共关系公司中的职业人员和在社会组织或机构中的公共关系部门工作的职业人员。有学者认为,目前我国社会上从事公共关系实务工作的大概有下列四类人员:

第一,公共关系公司中的供职人员;

第二,各类组织中公关部门的职员;

第三,各种虽然不叫公共关系,但实际上干的就是公共关系实务的人员;

第四,从事各种公共关系实务工作的自由公关职业者。

这四类人员虽然做的都是具有公共关系性质的工作,都是公共关系实务的具体操作者,但由于他们的工作环境不同,工作条件各异,工作结果千差万别,工作报酬也相去甚远。所以,又使公共关系实务在中国呈现出一种多名目、多层次、多角度、多结果的纷繁复杂的局面。第一类人员的公关实务是正规的公共关系公司中的业务,他们承接的大部分是国外的项目,与外国资本和企业有着千丝万缕的联系,同时也为国内的企业提供专业的公共关系咨询、策划服务,主要有雄厚经济实力的经济实体,如 IT 业、房地产业、服装业、餐饮业、制药业、大型商厦、涉外酒店等。第二类人员的公关实务是他们所在组织中的一部分工作。他们主要运用公共关系原理,自觉地从事着内求协调、外求发展的公关工作。这类人员主要是一些参与管理的中层白领角色。第三类人员的公关实务大都是在一种不自觉的、半混沌状态下进行的。他们甚至不知道公共关系是何物,对公共关系理论知之甚少或干脆一窍不通,但他们从事的日常工作都是与公共关系有直接关系的或本身就是公关实务。这部分人当然应该算作实际的公关从业人员,并且在公关职业中占了绝大多数的比例,是从事公关实务的主力军。第四类人员是一些自由职业者或兼职人员。他们主要为一些组织和项目做公共关系策划,或者兼任一些组织的公共关系顾问,为它们提供公关咨询,进行 CIS 形象设计以及诸如塑造企业形象、打造产品名牌、处理组织危机、建立组织公关文化等公关服务。这部分人数量不多,但由于能量极大,公共关系职业的高智商性在这部分人中得以充分体现和展示。因此,他们与专业公关公司中的员工一起构成目前中国公关实务界的精英。

随着时代的变迁以及公共关系专业水平的提高,公共关系工作领域越来越超出传播媒介的范围,对公共关系人员的意识观念。知识结构与能力素质都提出了新的要求。只有具备满足这些要求的条件,并善于在实践中不断提高自己的从业人员水平,才能适应新的历史时期公共关系工作的需要。

一、公共关系人员的职业道德

有学者指出,职业道德由两个组成部分:一是以伦理方式履行职责;二是胜任地履行职责。他们认为:两者的结合并不能保证达到期望的优秀水平,但可达到可接受的水平。因为,一个有道德的人和有经验的实用主义者的行为之间有着重要的相似点。有道德的人做事是由于这与他的信念相吻合;而实用主义者采用某种模式则是因为经验告诉他这样做效果最佳或至少是风险最小。因此,无论一个人是从实用角度还是从道德观出发来对待生活,他都会采取同样的行为模式。

一个行业的健康发展,有赖于这个行业中的个体对职业道德的遵守,只有严格而稳定的职业道德规范,才可能维护这个行业的顺利发展和兴旺发达。公关从业人员应遵守从业道德,以维护这一行业的健康发展。其职业道德主要包括下述几个方面。

(一) 诚信务实,重视信誉

这是维护公关业健康发展的基本条件。诚信是市场经济条件下对社会组织的法律要求,同时也是企业立业的首要条件。在今天市场经济薄弱的环境下,公关从业人员要带头成为社会上的诚信榜样。如果公关从业人员不讲诚信道德,则与公关营造组织长期稳定与发展环境的基本宗旨大相径庭,就会失去公关本色。要贯彻诚信理念,就应言必行、行必果,信守承诺,将信誉视为本企业生存的至宝。公关从业人员应坚决摒除社会上某些巧言令色、言而无信、轻掷诺言、诱人上当的行为。

(二) 公开公平,自洁自律

公关从业人员的活动是正大光明的。公关从业人员应本着公开、公平的道德操守从事自身的经营活动。所谓公开,指公关从业人员不参与或不建议客户进行隐秘、不正当的私下交易,它所进行的应是公开、正当的合法行为;即使是策划一些私人性的拜访活动、联谊活动,也是可以公之于众的。公关从业人员的很多活动会借大众传媒来扩大影响,因此,其公开性的特点保证其行为的正当、守法,并且以正当行为获取公平的收益。同时,公关从业人员面对社会中某些腐败行为,应谨守职业操守,不能同流合污或对不正当行为进行推波助澜。公关从业人员在社会上获得好的声誉十分不易,但得污浊之名却十分容易,这是公关从业人员要格外注意的。

(三) 实话实说,实事求是

公关从业人员在业务活动中最常使用的一种手段就是,以组织的名义向公众传播信息。面对公众讲什么、如何讲,并不是以组织为主,而应该以事实为主,坦言或直陈事实是对公众、对社会负责任的道德要求,而绝非迫不得已或可有可无的事情。公关从业人员应以自身的道德水准影响客户,确立尊重公众、重视公众的正确观念,主动、及时、全面地将事实告知公众,如有过错,应勇于承担责任,以老老实实做人的态度处理公关中的纠纷或危机,这是维护客户声誉的办法,也是对客户负责任的做法,更是为公司赢得新的业务及信誉的真正良策。讲真话应是公关业界永久的信条。

(四) 勤勉敬业,尊重客户

公关从业人员对自身应有一个较高的职业要求,应勤勉、敬业。公关工作是一项十分艰苦的工作,若没有勤奋、刻苦的精神,就难以完成客户委托的重任,同时它也要求公关从业人员能够对自我有较高要求,以高质量、高水平向客户交上满意的答卷。公关从业人员要将客户的利益放于首位,为客户保守秘密,尊重客户的隐私,对客户的例外要求,予以最大限度的满足,让客户感受最好的服务,从而使公关业务顺利发展,使企业或自身公司更加壮大。

坚持职业行为标准,站稳正确的立场,这是衡量公关人员的主要尺度。

二、公共关系人员的能力与知识结构

(一) 公关人员的能力

如果说公关人员的专业素质——公关意识是一种看不见、摸不着的思想素养的话,公关人员外在的技能性的本领则构成了具体处理各种公关难题的手段。公关素质与公关的能力与技巧构成了"手"和"眼"的互动关系。公关人员如果光具有极强的公关意识,但却没有实现这些意识的具体能力、技巧与手段,则会造成"眼高手低"的窘态。而如果公关人员具有娴熟的公关操作技巧,却没有敏锐的公关意识来加以指导和整合,则不免"手高眼低",同样也无法长时间地应对高水平的公关工作。因此,公关人员的公关意识和公关能力应形成一种良性的互动关系,公关人员或者用眼高的方法提升自己的动手能力,或者通过自己的能力培养来揣摩提升公关专业素质。概括地来看,与公关专业素质相对性的公关人员的能力、技巧可分为以下五种类型:

1. 人际交往能力

公关人员出于专业化的要求,必须具有良好的人际交往能力。这不仅要求公关人员心胸开阔、性格开朗、心理稳定,还要求其熟悉和认同社会大众的主流道德规范,要求其具备娴熟的人际交流技巧,在心理、语言、体态、礼仪、文字、情感等多种交往沟通能力要素上有出色的表现。公关人员只有具备迅速与他人交往沟通、"打成一片"的能力,才能及时地了解对象公众的心理,知晓组织形象的缺陷,完成双向沟通和实施公关宣传的任务。

2. 公关策划能力

公关人员必备的专业能力之一就是公关策划能力。从广义上讲,这种策划能力包括组织的战略性公关策划和专项具体公关宣传战役的组织策划能力两个方面,实际上狭义的公关策划是指公关人员所具备的组织与规划各种不同层次的公关计划的能力。公关策划乃是指公关人员对某一具体的公关项目实施从调研(发现问题)、分析(找出问题成因)、落实(实施解决具体问题的方案)、检测(调整不适)、评估(研讨解决问题的经验与教训)等各个环节的专项业务能力。

公关策划能力表现在几个方面:

首先是策划方案写作的形式要纯熟,要素清晰齐备,叙述简明扼要,方案内容充实具体,所编排的工作程序、内容、预算、反馈等各个环节都应该清楚明了、连贯周密;其次是策划方案要具有很好的课题适应性和创造性,必须独抒心机、"高人一等",具有很高的艺术性;另外,方案的实施还应具备较好的可行性,能够在组织人财物资源可行的供应范围之内;最后,策划的方案还要能同组织的其他部门、其他目标——甚至跟政府的政策、大众的生活、社会的潮流、国际的形势等多重外部因素相吻合,"借力打力",具有"上兵伐谋"的高超水平。

3. 组织协调能力

由于公关工作常常涉及到本组织不同性质的部门,不同层次的员工,不同类型的公众,因而公关人员必须具有极强的跨部门、跨行业、跨群体组织协调能力。这种能力的实质是:按照预定的公关策划方案,把各个部门的资源,各个方面的有利条件,各个可资利用的社会资源,引导协调到完成特定公关目标的程序中来,并在完成这一目标的过程中,通过有效地组织与协调工作,达成解决问题、完成目标的综合性"合力"。

4. 宣传推广能力

公关关系工作的形象塑造要素、公关宣传要求、双向沟通意识使得公关人员必须精通信息的传播与表达能力。公关人员应该是个体人际传播、群体人际传播、社会大众传播、复合多级传播等多种传播方式的高手。公关人员必须精通信息的采集、编码、传播、解码、反馈等多个信息处理的环节,必须熟知各类媒介的特点、优劣和性质,必须对传播的主体、客体和传播的中介等多种要素、过程、渠道有透彻的了解和把握,才能较好地完成各种信息的传播交流工作。

5. 持续学习能力

在不断变化、飞速发展的信息社会中,公关人员还须具备持续学习、不断更新、与时俱进的新知识、新观念辨别吸收能力。公关人员只有具备一个良好、开放的学习心态,具备一个优异的学习、归纳新知识、新方法的头脑,才能在迅速变动的社会发展环境中与时俱进,及时调整与充实自己的公关基础知识、专业要素和公关技巧能力。

总之,公关人员的专业工作要求他们必须具有几项较为突出的才干,其中良好的人际沟通交往能力,较强的公关组织策划能力,出色的信息传播表达能力和持续不断的终身自我学习能力是一个合格的公关人员最为重要的能力集成。

(二) 公共关系从业人员的知识结构

公共关系学是一门综合性的应用科学,其学科体系包括专业公共关系从业人员从事公共关系工作所需要的专业知识及相关知识构成的全部知识内容。公共关系从业人员的知识结构就是公共关系知识体系在其头脑中的内化。公共关系从业人员的知识结构包括:

1. 基础学科知识

基础学科知识包括哲学和思想史等。能够从世界观和方法论的高度对公共关系学科研究和具体实践进行宏观指导,靠的是哲学理论。思想史可对人类社会发展历程与规律给予一定的启示。

2. 背景学科知识

广泛的背景学科知识,例如:政治学、经济学、社会学、心理学、法学等,为公共关系人员提供了完整的文化知识背景,这对于提高其理论修养和分析现实问题的能力是大有帮助的。

3. 专业学科知识

公共关系专业的学科知识包括:公共关系基本概念、公共关系历史和发展、公共关系要素、公共关系职能、公共关系协调、公共关系实务知识与具体操作以及 CI 战略,等等。

4. 相关学科知识

一些与公共关系密切相关的学科知识,如:管理学、传播学、市场营销学、文化学、民俗学和人际关系学等。

5. 操作性学科知识

对提高公共关系从业人员的实际工作能力有直接帮助的学科知识,包括:广告学、写作学、演讲学、社会调查学、计算机应用与社交礼仪知识等。

三、公共关系人员的培养

培养公共关系人员,是我国当前开展公共关系工作和发展公共关系事业的一项迫切任务。其重要意义在于:公共关系是一项社会工作,为了组织的兴旺发达,必须要求这项工作的从业人员有较高的业务技能和文化修养。对公共关系人员进行严格的挑选和职业培养,直接影响到建立良好的社会关系和创造顺利的工作环境。没有大批训练有素的骨干人才,公共关系工作就难以完成自己的职责和使命。

(一) 公共关系人员的培养目标

根据公共关系工作的需要,对不同的公共关系人员应该有不同的培养目标。一般认为,公共关系的人才培养应该朝两个方向努力:一是培养通才式的公共关系人才;二是培养专才式的公共关系人才。

通才式的公共关系人才,要求知识面广,头脑灵活,思路开阔,考虑问题周全,并有较全面的知识结构、能力结构和完整的性格结构,在工作中能够独当一面,担任公共关系工作的组织者和指挥者。这样的人,即使没有某一方面较深的专长,在知识或能力上或许不是样样精通,但他善于组织和指挥具有专业技能的人。在实际公共关系工作中,对通才式人才的需求量并不太大,但他们需要经过系统的公共关系理论的教育和实践训练，并系统地学习和掌握与公共关系密切相关的其他学科知识。

专才式的公共关系人才，要精通某一方面的公共关系技术，如新闻写作、广告、美工制作、摄影、书法、绘画、市场分析、资料编辑等等。组织中许多具体的公共关系工作都需要这些人亲自动手。这样的人，在组织中，宜有不宜无，宜多不宜少，他们是一个健全的公共关系组织不可缺少的人才。

(二) 公共关系人员的培养途径

从公共关系教育的角度看，公共关系人员的培养途径主要有以下几种形式：

1. 大学本科教育

大学公共关系专业一般为四年制本科或毕业后接受 1~2 年的研究生教育。它通常有系统和严格的教学计划、教学大纲、专业师资和专业教材，有明确的培养方法和目标，教学要求很高。公共关系人员进入正规大学学习，可以获得系统的科学知识，有利于培养具有独立的工作能力和各种才能的公共关系人才。这些人将成为各大公司公共关系部经理及公共关系咨询公司顾问等高级公共关系人才。这种形式是比较正规、有效地培养合格人才的途径。国外许多高等院校都设立了公共关系专业，一些高材生常常拥有双学士、三学士甚至双硕士学位。学生通过学习可以获得比较广泛的知识，有较全面的智力结构、能力结构和完整的性格结构，能成为通才式的公共关系人才，将来可以从事公共关系部门的各类日常工作。公共关系专业毕业的学生，由于全面地掌握了公共关系的有关知识，一般能直接从事公共关系工作。

2. 大专培训班

由综合大学的公共关系专业或相关专业举办，也可由教育单位与用人单位联合举办，学制一般为两年。这种形式比较适合我国现阶段的状况，可以缩短周期，早出人才。

3. 业余教育

采取业余教育的方式培养公共关系人员，这是一种应急办法。函授教育的时间比院校教育的时间短，通常为一年。这种培养公共关系人员的形式既有广播电视教育，又有网络教育。它使学习这方面知识的人可以不受时间、地点等条件的限制，利用业余时间学习、掌握有关知识，是"无院墙的大学"，很受求学者的欢迎。它的对象主要是已经从事公共关系工作的人员和立志从事这一工作的人。

4. 公共关系培训班

公共关系培训班，有的长达数月，也有的短至几天，时间上没有统一规定，伸缩性很强。由于培训时间长短不同，讲课者和学员的情况差别很大，所以各种培训班的教学内容不尽相同。培训班的主攻目标往往以掌握各种业务技能为主，培养专才式的公共关系人才。由于学员本身具有一定的社会工作经历，他们通过在培训班的学习，可以具备公共关系某种专业技能或精通某一方面的公共关系技术，如广告设计、新闻采写、情报调查、美工摄影等。这类人才在我国目前比较缺乏，需要积极培养。因此公共关系培训班对于社会在职人员了解公共关系的基本内容，获知公共关系研究和实践的最新成果，提高公共关系工作水平，有"短、平、快"的效果。

案例分析

高晓松的危机公关

老实说，高晓松以往形象不大好。尽管他曾经写过众多脍炙人口的歌曲，也唱过一些流传甚广的歌，但他总在各个节目中露面并点评，带点刻薄和洋洋自得的劲儿，招得一些人烦。再加上他为人一向不拘小节，容易开炮，经常得罪人。所以当他酒醉驾驶之后，他之前累积的那点"人缘"加上大众仇富仇星心理，让他成为众矢之的，被网友骂得体无完肤。当时有人甚至预言：高晓松应该就此栽了，再也起不来了。

可通过法庭上，看守所中，以及释放后一系列语言行为，高晓松已经成功地打赢了这场"形象翻身仗"，从"败类"转型为"爷们"，这中间的步步推进值得公关界参考，尤其是那些在演艺圈声名已到谷底的明星，尤其需要学习。

审判

正是在北京东城法院的那场有众多媒体直播报道的审判会，成为了他打"形象翻身仗"的首战平台。在审判庭上，高晓松态度谦虚，多次道歉，他不仅对受伤的人予以最大程度的赔款，还对自己进行了最深刻的剖析，"我对自己的行为表示忏悔。昨天第一次离开看守所，当我戴着手铐坐在囚车的地板上，看着车外自由的阳光和行人我在问自己，我一直以为喝酒能给人自由，我却因喝酒失去了自由。这是因为我喝酒的自由严重侵害了别人的自由。我明明知道酒驾上路对他人的生命和自己都是极端不负责任的，但我还是做了。我感谢媒体和大众给我教育。我认识到这不是简单的意外，是我长期以来浮躁的结果。我愿意彻底反省，首先做一个守法的公民，再做一个有社会责任的艺术工作者。我愿意终身做义工，宣传不要酒驾，我愿意拍摄宣传片告诉大家。酒令智昏，以我为戒。"

当最终审判结果判定他必须服役6个月，他并没有跳脚的再次辩护，而是选择了弃诉。高晓松的律师当时说，是高晓松自己要放弃的，希望能惩罚自己，因为早已在良知和道德上给自己判罪了。这一番说法当时打动了很多人，纷纷都夸奖"高晓松是爷们!"

看守所

进入东城看守所的高晓松并没有如同部分网友预料的,轻松简单的混日子,而是跟普通犯人一样,每周洗澡两次,使用了亲属定期探视和用书信及磁卡电话联络的权利。在看守所中,他做了不少事情,创作新的作品;遥控完成了《大武生》的宣传;毁誉参半地翻译了马尔克斯的晚年小说《昔年种柳》的片段,还为崔永元的纪录片《我的抗战2》制作主题歌。

拘役期间,他还完成了某周刊的采访,在文章中,他谈到:"我既不是冤案,更不是革命烈士,甚至犯的罪都是低智商低技术笨罪,坐的牢也没啥特别,与万千囚徒一样乏善可陈,生活上没啥好说的,就当穿越回从前,过一过父辈清贫清淡清净的日子。"如此洒脱态度,也让众多网友认为他早已诚心悔改。

在看守所的这段时间里,高晓松的助理一直替他管理微博,一方面保留和粉丝们交流的渠道,使得大家不至于忘记他;另外一方面,也能及时地辟谣发布消息。在高晓松刑拘期间,该助理在微博上一直忙于宣传《大武生》;贴一些高晓松以往创作的作品;代替高晓松与朋友和粉丝互动,还负责辟谣和澄清,成为了高晓松和外界联系的最关键渠道。

获释

刚从看守所出来时,他曾经试图躲避蹲点儿的媒体,当各种飙车未能阻挡后,只能任拍了。这样的情形首先给他赚得了同情分。在微博上,他再次跟网友打招呼:"11月8日,立冬,期满,归。184天,最长的半年。大家都好吗?外面蹉跎吗?"此微博一发出,引发众多网友转发,10分钟内转发达到2 000次。

9日,他在机场面对媒体的表现更是堪称大度,不仅以"你们是昨天追车的那些人吗?你们开车真是勇猛"来缓和气氛,还现场鞠躬祝记者节日快乐,让大家再次折服于他的"谦逊"与"礼貌",与当初的桀骜不驯的痞劲儿相差甚远。

而在微博上,他也再次发挥了自己的幽默与洒狗血的才情,写下:"登机赴美,躲躲媒体和酒水。临行和大家分享一句这半年常拿来鼓励自己的洋话:Even a stopped clock gives the right time twice a day(即便一座停摆的钟,每天也有两次是准的)。与所有暂时停摆的钟共勉。"如此励志的话也成功了掳获网友心,可以说打赢了这场"翻身仗"。

坊间更有传高晓松出狱后身价暴涨。这点从他助理的微博辟谣就能看出来。早在2011年10月,助理就在发微博辟谣,"昨天一个叫益动中国的选秀活动在北京某酒店召开新闻发布会,声称高晓松将担任他们的评委,从全国高校选拔公益明星组成组合,举办演唱会及拍电影等商业活动。我们郑重声明,该活动从未与我们联系过!高老师目前还在服刑,恳请造谣炒作者尊重法律并自重!"这个妄想炒作的主办方点子虽然有点荒唐,也能看出高晓松人气之高。

（摘自 http://news. xinhuanet. com/ent/2011-11/09/c_122255159. htm）

案例思考

1. 高晓松是公共关系主体吗? 为什么?
2. 试分析该公关主体如何在危机中赢得形象的?

简答题

1. 组织的定义及其特征。
2. 组织内公共关系部门的地位和特点。
3. 组织内公共关系部门的组织类型。
4. 公关人员应该具备的意识、能力和职业道德有哪些?

第六章　公共关系客体：公众

学习目的

1. 掌握公众含义和性质
2. 明确界定和把握公众的步骤
3. 识别注意力心理、满意心理和群体心理定势
4. 正确认识公众的从众行为
5. 正确认识流行、流言和舆论

引导案例

强生成功处理"泰诺"中毒事件

1982 年 9 月 29 日至 30 日,有消息报道,芝加哥地区有人因服用"泰诺"止痛胶囊而死于氰中毒。开始报道 3 人死亡,后增至 7 人。随着新闻媒介的传播,传说在美国各地有 250 人因氰中毒死亡或致病。后来,这一数字增至 2 000 人(实际死亡人数为 7 人)。这些信息传播引起约 1 亿服用"泰诺"胶囊的消费者极大恐慌。民意测验表明,94%服药者表示今后不再服用此药。强生公司面临一场生死存亡的巨大危机。

实际上,对回收的 800 万粒胶囊的化验,只发现芝加哥地区的一批胶囊中有 75 粒胶囊受到氰化物的污染(事后查明是人为破坏)。

面对这一严峻局势,强生公司采取了以下措施:

(1) 成立由公司董事长伯克为首的七人委员会,委员中有一名负责公关的副总经理。危机初期,委员会每天开两次会,对处理"泰诺"事件进行讨论、决策。

(2) 经过调查,虽然只有极少量药物受到污染,但公司决策人毅然决定在全国范围内立即收回全部"泰诺"止痛胶囊(在五天内),价值近亿美元。同时,还花费 50 万美元通知医生、医院、经销商停止使用。这一决策表明强生公司坚守自己的信条:"公众和顾客的利益第一",不惜作出重大牺牲以示对消费者健康的关切和高度责任感。这一决策立即受到舆论的广泛赞扬。《华尔街周刊》赞称:"强生公司为了不使任何人再遇危险,宁可承担巨大的损失。"

（3）与新闻媒体密切合作,以坦诚的态度对待新闻媒介,迅速的传播各种消息,无论是好消息,还是坏消息。

（4）敞开公司大门,积极配合美国公众和医药管理局的调查,在5天时间内对全国收回的胶囊进行抽检,并向公众公布检查结果。

由于强生公司在"泰诺"事件发生后果断地采取了一系列正确的决策,赢得了公众和舆论的支持,使公司的信誉损失减少到最低程度。

"泰诺"事件后,美国政府和芝加哥地方当局发布了新的药品安全包装规定。强生公司抓住这一良机,进行了重返市场的公关策划,公司为"泰诺"止痛片设计了防污染的新式包装,重将产品推向市场。为此,在博雅公关公司的策划下,1982年11月11日,强生公司举行了大规模通过卫星转播的记者招待会。会议由公司董事长伯克亲自主持,他感谢新闻界公正的对待"泰诺"事件,介绍该公司率先实施"药品安全包装新规定",推出"泰诺"防污染止痛胶囊新包装,并现场播放了新包装药品生产过程录像。这次招待会发布的"泰诺"胶囊重返市场的消息传遍全国,美国各电视网、地方电视台、电台和报纸广泛报道,轰动一时。在一年的时间内,"泰诺"止痛药又占据了大部分市场,恢复了其事件前在市场上的领先地位,强生公司及其产品重新赢得了公众的信任。

此案也成为美国20世纪80年代最佳危机公关案例,曾获得美国公关协会授予的最高奖——银钻奖。

（资料来源:摘自《罗伯特·盖瑞成功捷径》P234~235）

第一节　公众的定位及其分析

公众是公共关系的客体即对象。只有界定和了解了公众,公共关系活动才可能是有针对性的和有效的。一般我们可以很清楚地知道:购买了我们企业生产的产品的消费者是我们的公众,但是,那些在无意间购买了假冒你们厂产品的顾客,还是不是你们厂的公众呢?你可以拒绝认同他们的公众身份,但你无法阻止因此而造成的组织形象的损害。若把他们视为公众,你可能又感觉不是很合适。所以,界定公众并不是那么简单,了解公众就更困难了。但成功的、有效的公共关系一定是依赖于对公众的正确界定和了解的。

一、公众的含义和性质

（一）公众的含义

公众是公共关系的客体,即是公共关系的对象。按照英国的公共关系专家杰弗金斯的定义："公众是那些与组织发生联系的内部或外部的各个群体的人。"简而言之,与某组织相关的个体及其总和就是该组织的公众。

个人往往都是散沙,而公众则是一种积极的有影响的社会结构。现代企业的公众有这样几项基本含义:公众是公共关系的客体,即现代企业传播沟通对象的总称;公众是相对特定企业而存在的;公众是因相同的利益、问题等而联结起来并与特定企业发生联系或相互作用的个人、群体或组织的总和;公众是客观存在的。所以,公众就是与组织相互联系的人群集合。作为公共关系活动的对象,我们要了解的不仅是公众的含义,更主要的是把握由定义所包含的公众的性质或特点,以此作为公关活动的依据。

(二) 公众的性质

一般地说,公众具有以下这些性质:

1. 组织相关性

即作为公关对象的公众必须与某组织相互关联。若无此性质,则不形成与组织的关系,也就不成其为公众了。对相关性的理解分为两部分:其一我们称之为应相关,即人们对由于组织的原因而直接形成相互关系的公众的确认。比如顾客公众、政府公众、员工公众。其二我们称之为误相关,即由非本组织原因引发了本组织与某些人们的相互关联。比如有消费者投诉某服装厂生产的服装质量低劣,经过调查却发现此服装系假冒伪劣产品,其实是由非组织原因造成的人们与组织的相关。由于公共关系主要强调的是传播管理,而不是直接的物质或利益手段的使用。所以,从公共关系的角度而言,只要是与组织发生了关联,就是具有相关性,相关的人员就是组织的公众,而不管引发相关的原因是什么。但在具体处理公众问题的过程中,要区分与相关的公众的不同问题,不同相关的原因导致公共关系的具体活动也是不同的。如果我们否认误相关的公众,就会导致组织信誉或形象的损害,并进而影响组织的公众关系状态。所以公共关系理应积极介入误相关公众的关系协调。但在实际的公共关系操作上,和应相关的公众是有区别的。对于误相关的公众而言,组织至少有"告知"即沟通和说明事实真相的责任;更进一步,组织可以把这视作良好的公关机会,即就此传播组织的真实的良好形象,以引导公众关系走向完善。无论如何,有相关性就形成公众。

2. 人性完整性

前面我们已经反复提到,公共关系产生的前提之一就是现代公众的产生。现代公众是与自由民主的现代社会制度相对应的,随着社会的发展,公众的需要也愈益受到重视和满足,这时公共关系才有了用武之地。这也要求公共关系本身对公众的人性要有一个比较完整的认识。这就是:公众是同时具有不同层次需要的完整的人。

只有公众具有完整的人性,他们既有物质利益的基本需要,又有包括友谊、情感、尊重和自我实现等的社会需要,这样,公众关系就不仅要用经济利益的激励,还需要通过传播沟通,来促进相互的理解、信赖和彼此的尊重,满足公众的了解、参与和展示自身的需要,来加以协调。现代公共关系因而才是必不可少的。在现代社会中,不仅是公众人性发展的完整性,而且是公众对此的自觉意识和自觉行动的不同发展层次,决定了公共关系的不同发展程度。公众由被动地接受传播的消极公众转变为在传播过程中的主动或互动的积极公众,意味着公共关系进入理性传播为主导的阶段。

3. 群体同质性

公众群体总体可分为比较稳定的组织型和不稳定的非组织型两大类型,它们具有各自的特点。组织型公众就是某组织的全部或绝大多数成员所构成的公众群体,比如某所学校的学生、教师,企业的员工等,他们作为同一组织的成员往往具有相对的稳定性、集中性,他们的共同性也更加明显,因而是易于被界定、控制和把握的公众群体;非组织型公众则是分布散乱、人数不稳定、特征各异的公众群体。他们或者是具有不同的年龄、职业、学历、社会地位等,甚至不同的种族、信仰、价值观等的分散型公众;或者是诸如乘客、观众、参观者、游客等的聚散型公众。对非组织型的公众的界定和了解都是相当困难的事,这导致有效传播活动的难度相应增加。不同群体特征的公众迫使组织采取不同的传播方式来进行公关管理,组织可以就自己面临的问题的重要程度而确定优先的或重要的公众。但切不可仅仅因为传播的难易而优先考虑组织型公众。因为从传播影响而言,非组织型公众因为分布面广而具有更大的间接传播效果。无论如何,公众的群体性特点是公共关系必须加以考虑的特点。

所谓"同质性"就是指"面临共同问题"。公众之所以成为公众,就是因为他们面临共同的问题。比如共同的目的、共同的意向、共同的需求、共同的利害等。总之,只要有一些人或一些团体、组织具有这些共同点,那么,他们就形成某个社会组织所面对的一类公众。比如,一幢公寓大楼中开设了一家卡拉 OK 歌厅,天天闹到深夜,使整幢大楼都不得安宁。那么,这幢大楼中原本没有任何联系的各行各业的居民,就会很自然地形成一类公众一起向歌厅交涉甚至向有关部门投诉。

公众具有以上三个方面的性质特点,这三个方面本身也是相互联系、相互影响的,它们共同构成了完整的公众含义。这些也成为界定和分析公众的依据和理由。

(三) 界定和了解公众的意义

界定和了解公众,即确定公众,是有效的公关活动的前提和基础,因而也是公关人员的基本功之一。确定公众对于有效的公关活动的意义,无异于指路的明灯和行路的护卫,它是保证公共关系达到其目标的必要条件。

　　确定公众能使公关活动更具针对性,从而增加有效性。就像如果公关活动针对的公众是儿童或者成人,其具体的传播活动的内容和方式都将有极大的差别。不确定公众就做不到这点。确定公众十分重要,又不是简单的过程。一般界定和把握公众的操作过程应包括三个具体的步骤:

　　1. 鉴别、分类

　　就是依据公众具有的与组织的相关性,排除非公众即与组织无关者,鉴别出组织的公众,然后对公众进行具体分类。具体分类采用何种标准或方法进行,依照组织的目标或问题来确定。比如按组织经营的内外问题,可分为员工、股东、顾客、媒介、社区、政府等公众。也可按社会学的分类法,即按公众的性别、年龄、职业、需要等进行。更可以按组织当前的主要问题进行分类,如投诉公众、销售公众、舆论公众等。

　　2. 了解、分析公众的共同性

　　在界定了公众所指之后,组织还必须分析、了解公众的特点,包括公众的一般背景资料和爱好特点等个性特征,再从中分析推测出同类公众的较为一致的方面。比如他们的共同的需求、特点、态度及行为倾向的一致性等,这是组织公关活动的基本立足点。由于公众人数众多,不同人之间又存在着很多的个性、特点的差异,公关活动要设法满足所有公众的个别的要求和特点是不可能的。所以,公共关系需要在了解公众的基础上分析出他们的一般的、共同的特征,以此作为公关传播针对的基本方向。比如,当某组织试图说服学历层次比较高的消费者,则针对他们共同具有的理性能力,可以选择晓之以理的传播方式。若面对的是儿童公众,则更合适以诉诸感情的传播形式,因为儿童的共同点是感性能力较强。当然,在实际公关传播活动中,若在一般针对的基础上再辅以部分的个性活动,公关效果将更加明显。

　　3. 预测公众的变化趋势

　　鉴于公众具有随社会的变化发展而变化的性质,公共关系对公众的把握还包括预测公众的变化趋势的内容。这种预测可以从社会环境的变化趋势着手,然后考虑环境对于公众的经济收入、职业、观念和需求爱好等方面的影响,最后推测出公众对组织的要求、态度和行为的变化趋势,以此信息作为组织决策者的咨询和参谋。当某些老字号的组织面对原有顾客的流失而惊呼“看不懂”时,公关人员却必须“读懂”这种现象,否则是无法为组织的稳定发展提供信息保证的。

　　从对公共关系对象的鉴别、分类,到了解、分析,以至预测变化的趋势,确定公众的活动很大程度上决定了公关传播活动的定位和导向,使提高公关活动的针对性和有效性有了可能。当然,确定公众的实际操作过程是复杂和漫长的,它将伴随着组织生存和发展的全过程,绝不是一蹴而就的。因此,确定公众是公关人员基本的也是极高的要求。

二、公众的分类及目标公众分析

(一) 公众的分类

我们可以在理论上把公众看作是与组织相关的众多个人构成的整体,但在实务中要设想对公众整体进行传播活动是不切实际的。这不仅因为大众传播的有效性限制,还由于组织的资源的有限性。所以,在具体公关实务中,必须抛弃"一般公众"的观念,实施对具体公众的细分。如果说"公众是受一种行为或思想的影响而由个人形成的群体。这样,一个问题、一种利益都能形成组织的特殊公众。"对公众的分类因此是具体的和多样的,分类标准可以是由组织的需要或传播活动的便利等因素来决定的。我们从公众细分的不同角度进行考虑进行分类,常见的有以下几类:

1. 公众的归属关系划分

公众可分为:内部公众,是指社会组织内部的所有成员,如员工、股东等。对于社会组织来说,内部公众具有相对稳定性。外部公众,非本组织成员就属外部公众。外部公众是一个十分宽泛的概念,即内部之外的、一切与组织利益相联系的个人、群体或组织,都属于外部公众的范畴。如顾客、政府部门、新闻媒介、社区、竞争对手等。外部公众对于特定社会组织来说,具有不稳定性。

2. 按照公众与组织相关的程度来分类

公众可分为:非公众(尚未与组织相互关联的公众)、潜在公众(由于某种潜伏的或隐蔽的问题而与组织相关的公众)、知晓公众(已经明确意识到与组织相关性的公众)和行动公众(知晓并且采取具体相关行为的公众)。从非公众到行动公众,他们与组织的相关程度是由浅入深的。

比如,某商店出售一批食品,事后发现这批食品已经变质。购买了这批食品的顾客,由于还没有食用,也没有发现问题,因而暂时没有反应,这时,他们就是危机的潜在公众;当顾客吃了这批食品,发现了变质问题,顾客就成了该商店的知晓公众,他们可能向该商店提出质询;假如顾客发现商店出售变质食品后,纷纷上门索赔,同时向有关部门投诉等,这部分顾客,就构成了行动公众了。

3. 按照组织面临的问题的重要程度来区分

公众可分为:首要公众(指对一个企业的生存和发展具有重要影响力乃至能起决定性作用的公众。组织对这类关系对象,必须投入大量的人力、物力和时间)、次要公众(指那些对企业的生存发展具有一定的影响力,但不起决定性作用的公众)和边缘公众。首要公众和次要公众的划分只是相对的,而两者之间也可能存在着转化关系。因此,组织要在保证首要公众的同时,兼顾次要公众。边缘公众是指企业面对的各类公众中对企业影响力最小、最间接的公众。次要公众是相对于首要公众而言的,而边缘公众则是相对于次要公众而言的。如社区居民中尚未成年的孩子,对于社区内的企业来说,就属于边缘公众。对于公共关系工作来说,争取边缘公众是一种"争取大多数"的艰巨工作。

4. 按照公众对组织的已有态度进行分类

可分为顺意公众(对组织整体形象持肯定性、赞成性的意向或态度的公众)、逆意公众(对组织的形象持整体否定性、反对性的意向或态度的公众)和独立公众(对组织不甚了解、不作评价或意向、态度不明朗的公众)。从其他角度区分的公众类别都可以再具体分为顺意、逆意和独立等这三类公众。做这种区分会直接影响公关传播计划的制定。

具体公众的各种细分法是可以相互交叉进行的,公关人员可以按照自己的传播活动的需要而分类。如果说公众本身是处于不断变化之中的话,公众的分类更应该随具体条件的变化而变化。确定公众不仅是对公众进行分类,更重要的是分析、了解公众心理即把握公众。

(二) 组织目标公众分析

每个组织都有特定的目标公众对象。组织的性质、类型不同,具体的目标公众对象也不完全相同。比如政府、企业和学校的目标公众对象之间就会有很大的差异。以下列举一般企业较为常见的、带有一定共性的目标公众,简要分析其内容、目的和传播意义。

1. 内部公众分析

1) 内部公众

内部公众指企业内部沟通、传播的对象,包括组织内部全体成员构成的公众群体。内部公众既是内部公关工作的对象,又是外部公关工作的主体,是与企业自身相关性最强的一类公众对象。

加强内部公众沟通的目的,是培养企业成员的向心力、凝聚力,培养组织成员的主体意识和形象意识。

2) 内部公众与企业形象

常言说:水能载舟,也能覆舟。内部公众就像水,在企业形象的塑造中可以载之,也可以覆之。两者的关系具体表现在以下几个方面。

(1) 内部公众是企业形象的体现者。他们的文化素养、专业水准、职业道德、精神风貌、言谈举止、服务态度和衣着打扮都是企业形象的缩影,是企业形象人格化的具体体现。他们每日、每时、每事、每处的言行都直接影响着企业形象。

(2) 内部公众是企业形象的传播者。他们处在企业对外公共关系的第一线,不管企业有没有要求,他们都在有意无意地传递着企业的信息。比如内部公众经常被问到这样的问题:你喜欢在这家公司工作吗? 你觉得你的老板为人如何? 你们的产品究竟好不好? 他们的回答往往比千万种宣传都要有说服力。因为内部公众不管在组织中的地位如何,都会被人们视为权威人士,人们相信他们最了解内情。内部公众的传播行为,对塑造组织形象有着举足轻重的作用。

(3) 内部公众是企业形象的反馈者。他们是企业的千里眼和顺风耳,他们经常与各类公众接触,了解外界对企业的看法,可以随时随地将外部信息反馈给组织,这种善意的、无偿的回馈将有助于企业形象的矫正和重塑。

内部公关的根本任务和最高目标,就是使企业形象植根于每一个内部公众的头脑中,化为他们自我意识的一部分,在日常生活和工作中得以体现和传播。

3) 内部公众的分类

(1) 员工公众。员工是组织内部的所有雇员,员工关系是组织(最高管理者)与其雇员之间的公众关系。任何组织的生存和发展都有赖于员工关系的稳定和协调。员工既是组织的所有雇员,他们就可以身处不同的部门,履行相异的职责。但毫无疑问,他们都是组织整体中的不可缺少的部分或构成要素,只有维持和发展良好的员工关系,才能使组织整体系统发挥其较大的功能。

(2) 股东公众。投资者是指所有涉及组织的财务资金直接来源的公众,主要是指股东。就不同的组织而言,其投资公众也各不相同。一般股份公司往往包括组织的大小股东,也涉及相关的证券交易所与社会中的股票分析员等公众,还包括一些有关的金融机构如银行、保险公司及信用单位等的相关公众。是否具有投资该组织的股票市场的意愿,将取决于这些相关人员即投资者对组织的了解、关心和信心,即取决于投资公众关系。

2. 外部公众分析

1) 外部公众的定义

外部公众指除了内部公众之外的一切与社会组织利益相联系的个人、群体或组织。如顾客公众、社区公众、新闻媒介、政府部门等。外部公众是组织赖以生存和发展的条件。

2) 外部公众与企业形象

外部公众是企业的外部舆论环境,是企业实际形象的评价者。外部公众构成的舆论环境问题主要包括三个方面,即知名度、美誉度和认可度,这三个方面构成了对企业形象的总体评价。由此可见,外部公众对企业的正确认识和良好评价是塑造企业形象的关键所在,外部公众对企业的认识程度决定了企业知名度的高低,评价程度决定了美誉度的高低,能动程度决定了企业的认可度的高度。但是企业并不是被动地屈从和简单地适应外部公众,企业往往能够积极主动地引导外部公众,改变外部公众关系。公共关系正是促使企业与外部公众保持动态平衡的协调机制。

　　3) 外部公众的类型

　　在此,分析七种公众类型如下:

　　(1) 顾客公众。

　　顾客公众指购买、使用本企业提供的产品或服务的个人、团体或组织,如企业产品的用户、商店的顾客、酒店的客人、电影院观众、出版物的读者等。顾客公众包括个人消费者和组织用户。顾客公众是与企业具有直接利益的外部公众,是企业组织传播沟通的重要目标对象。

　　良好顾客关系,可使顾客产生良好印象和评价,这对提高企业的知名度和美誉度,增加影响力和吸引力,具有重要意义。

　　(2) 媒介公众。

　　媒介公众指新闻传播机构及其工作人员,如报纸杂志、广播电视、互联网及其编辑、记者。媒介公众是公共关系工作对象中最敏感、最重要的一部分。这种关系具有明显的两重性:一方面,新闻媒介是企业与广大公众的沟通的重要中介;另一方面,新闻界人士又是需要特别争取的公众对象。媒介与公众对象的合一,决定了新闻媒介关系是一种传播性质最强、公共关系操作意义最大的公共关系。从对外公共关系工作层次来看,新闻媒介关系往往被置于最显著的位置,甚至被称之为对外传播的首要公众。

　　企业媒介关系的目的是争取媒介的宣传,以便形成对本企业有利的舆论氛围,并通过媒介实现与大众的广泛沟通,形成理想的公众环境。

　　(3) 社区公众。

　　社区公众指企业所在地的区域关系对象,包括当地的管理部门、地方团体组织、左邻右舍的居民百姓。社区关系也称区域关系、地方关系、睦邻关系。社区是一个企业赖以生存和发展的基本环境,是企业的根基,共同的生存背景使社区公众具有“准自家人”的特点。

　　发展良好的社区关系是为了争取社区公众对企业的了解、理解和支持,为企业创造一个稳固的生存环境;同时体现企业对社区的责任和义务,通过社区关系扩大企业的区域性影响。

　　(4) 政府公众。

　　政府公众是指政府各行政机构及其工作人员,即企业与政府沟通的具体对象。任何社会组织都必须接受政府的管理和制约,因此需要与政府的有关职能机构和管理部门打交道,这是所有传播沟通对象中最具社会权威性的对象。企业必须与政府各职能部门建立和保持良好的沟通,这是企业生存、发展的重要保障和条件。

　　企业与政府保持良好沟通的目的,是争取政府及各职能部门对本组织的了解、信任和支持,从而为企业的生存和发展争取良好的政策环境、法律保障、行政支持和社会政治条件。

(5)舆论领袖。

这是指所有那些能在较大程度上引导社会舆论,进而影响组织声誉或形象的人员。它根据组织的情况和社会背景的不同,舆论领袖可能是多样的和不断变化的。他们可以是某个领域内的专家、权威或社会的政治领导人,有时他们的一句话的影响,可以胜过大众媒体的千言万语;也可以是社会的榜样,比如道德楷模,或是有良知的学者,或是掌握媒体的新闻工作者,有时甚至是社会的普通一员,比如普通的消费者或社会的弱者等。应该明确,这些舆论领袖并非完全公正,也不一定是把握了完整、准确的信息,但他们传播的信息无疑具有很大的社会影响力。所以,组织与舆论领袖的关系状态和相互沟通活动往往影响着组织的形象。

(6)同行公众。

这是指与某组织从事相同行业的相关组织人员。同行公众与组织之间存在竞争关系,这是不争的事实。但竞争本身有利有弊。良性的竞争使双方得益;而恶性竞争会导致两败俱伤。要做到趋利避害,不能采取暴力或行政命令等强制性手段,唯有同行之间加强信息交流,保持良好的同行公众关系,才能增进彼此的理解与一定意义上的合作。更进一步,或许还能相互促进,共同发展。

(7)事件公众。

这是指社会组织运行中的偶然发生的事件所涉及的,并且是不归属于上述六类公众的公众。偶发事件可能出于组织的预料之外,也可能是在组织的控制之中,它所涉及的人员可能原先已属组织的公众:如突发的消费品爆炸事件,伤及消费者;若此事公诸媒体则又涉及媒介公众;也可能事关原先的非公众,因此事件而相关:比如上述爆炸事件所伤及的路人。我们把仅仅因为偶发事件而相关的人员称为事件公众。这是组织遇偶发事件时不能忽略而必须加以关注的人员。当然,若从"事件管理"出发,可以界定出所有与该事件相关的公众,而不在乎他们是否属于其他类别的公众。这样便于形成完整的"事件公共关系"活动的策划和实施。

第二节　公众心理分析

公关活动的成败很大程度上是依赖于确定公众,而界定和了解公众是确定公众问题的两个方面。了解公众就是分析和把握公众的心理,这是远比进行公众分类更困难的工作。公众在实际过程中有时以个体形式出现,有时却将个体融入群体而呈现出群体的心理倾向、特点,由于公共关系中涉及的公众心理更侧重于群体心理,因此我们在分析时会兼顾个体和群体心理,同时强调群体心理的运用。

一、公众的个体心理与行为

(一) 人的行为的基本心理过程

1. 需要产生行为

现代心理学研究表明,人的行为与人的心理诸因素之间具有互动关系,影响行为的根本的深层原因,是人的需要。人的行为一般来说都是有目的的,即它是由某种动机支配以便达到某个目标,而动机又是由需要引起的。人的行为的这种心理过程可以表述为图6-1:

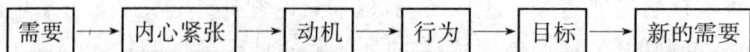

```
需要 ──→ 内心紧张 ──→ 动机 ──→ 行为 ──→ 目标 ──→ 新的需要
```

图6-1　需求-行为模型

这表明心理学家认识到:当人们产生某种需要而又未得到满足时,便会促使内心处于紧张不安的心理状态,这种状态又会在合适的条件下转化为动机,并由动机直接推动形成满足需要的现实活动,以达到满足需要的目标。这时,原先的紧张不安的状态就会消除。不过,人们又会产生新的需要,促使内心再次紧张不安,引起新的动机,形成新的行为。如此循环往复,以至人的整个生命过程。因此我们可以肯定地说:需要是影响人的行为的深层的根本的因素。而人们对于需要的认识,一定程度上决定了我们关于人的行为的理论。

人们认识到,需要是人们内心对某种目标的渴望或欲望,也就是一种生理的或心理的紧张、不足或缺乏。作为影响人们行为的深刻原因,人的需要是复杂多样的。著名的美国心理学家马斯洛揭示了迄今最为完善的需要理论。他认为,人的需要是有层次的,它们由低级到高级可分为:生理的需要、安全的需要、归属和爱的需要、尊重的需要和自我实现的需要五个层次。一般情况下,当低层次的需要获得相对满足以后,较高层次的需要才会占主导地位。即有了生理的满足和安全感之后,人们才会涉及爱、尊重等较高层次的需要。但这种情况也有例外,就如"舍生取义"的实例。所以,在一定的条件下,人们往往同时存在多种需要,其优势需要,即最为迫切的、主导的需要,会优先成为积极的动机,从而决定着人们的行为。

从人的需要,尤其是一定条件下的优势需要,对人的行为的深刻影响这一心理理论出发,公共关系活动要取得成功,即要争取公众的理解、支持,就必须了解、顺应或引导、激发公众的心理需要。只有这样,才能形成对组织信息的一定认同,并可能产生相互合作的行为。从根本上说,公共传播只有满足了公众的需要才有可能赢得公众的了解、理解和支持。

2. 态度影响行为

需要是人的行为的深层根源,但不是行为的唯一的和直接的原因。人的行为是诸多因素包括行为主体人和环境等的相互影响的结果。导致人的行为的直接的表层的动力往往是人的态度。态度是人的内在意向、倾向的总和,它包括对态度对象的总体认知、情感和评价,是包括人的需要在内的个体生理和心理因素与周围环境诸因素相互作用的产物。公共关系活动的目标就是试图通过传播来影响公众的态度。所以,我们必须分析影响态度的各种因素,它们包括:

(1) 影响人的态度的个体因素:尽管同属人类,具有人的共性,但每一个人都有自己的独特性。他会有特殊的生理条件,有自己的经历和想法。无论是人类的共性,还是人的个性,作为每一个人的个体因素,都在影响着人的态度的形成。这些个体因素表现为:

首先是个性的生理和心理特征。人的生理条件和心理特征很大程度上会影响人的注意力和态度。如果说生理特征往往是直接的外在的因素的话,心理特征就是内在的、稳定地、经常性地起作用的因素,因而是公关沟通活动十分关注的内容,它包括人的能力、性格和气质。应该说,人的性格或气质并无好坏之分,具体的个性特点都同时有其积极的和消极的方面,况且个体心理特征会随着人的成长过程而发生一定的抑制或变化。但不同的性格与气质必然会导致人的态度以至行为的差异,这就要求公关人员在与不同个性的公众进行沟通时,应选择与公众个性相匹配的传播方式。

其次是个体的社会身份特征。这是指个体的年龄、性别、所属的种族、社会阶层、职业、职务、社会地位等在社会中所"扮演"的角色特征。由于角色的特点,往往要求扮演者具有相应的态度和行为,有时这种态度甚至是违背其个性心理特征的。随着人们的社会角色的变化,个体的态度也会变化。就像当个体开着自己的汽车在路上时,他会抱怨行人不遵守交通规则,而当他自己作为行人时,他又会指责是司机们破坏了有序的交通秩序。不了解个体的社会身份特征,就无法真正了解和理解个体的态度,试图影响个体态度的有效公关传播活动也会因此受阻或失败。

(2) 影响人的态度的环境因素:环境因素是指影响个体态度的所有非自身的要素的总合。环境实际上是个体生长的土壤。在最大的范围内,它包括自然因素和社会因素,它们都会影响人们的态度的形成。但具体来看,它主要指社会中影响比较大的各要素。主要是社会的政治背景、经济状况、文化观念等总体要素,具体化为政治倾向、社会价值观、宗教信仰、风俗习惯、家庭背景、学校教育、生活方式、社会事件等。要分清到底是哪一种因素对人们的态度起多大程度的影响是困难的,这些因素是在相互作用中共同影响人的态度。就像阳光、空气和土壤一起影响了作物的成长,我们无法确定其中的每一种因素到底起多大程度的影响。但考虑这些因素是公关活动的基本要求之一。公共关系可以通过这些因素的了解来理解公众及其态度,也可以通过影响这些因素进而影响公众的态度。

　　总体而言,公众的个体特征和环境因素共同影响和决定了他们的态度。公关人员了解和把握这些因素是有效公共关系传播活动的基础之一。公关传播活动若顺应这些因素的影响,比如切合公众能力、气质和性格的传播,打动了公众的情感,或观念的类似等,就会使公众产生心理认同,从而为传播的成功奠定基础。公共关系若通过传播来影响这些环境因素,并进而影响公众的态度,这是真正的"无形"的间接的传播。

(二) 公关实施中需关注的个体心理

1. 注意力心理

　　注意力是指人的心理活动对一定对象的指向和集中。注意力规定了一定心理活动的方向,使人的心理处于一种主动的、积极的状态,并组织和维系这种状态,贯穿于感觉、知觉、记忆、思维等心理过程之中。如果说,在日常生活中,某一对象暂时不被人们注意,但还可以通过其他途径使其与人们相关的话,在传播的意义上,不被注意就意味着心理过程的拒绝或忽略对象及信息。所以,注意力心理在有效公关传播过程中具有非常重要的作用,引起公众的关注,是传播有效性的前提。因为我们所处的时代充斥着众多的信息,大量的媒体节目和生活中的信息让人无所适从。人们接受何种信息首先由注意力的指向所决定。心理学揭示:注意的形成依赖于人的主观需要、兴趣、态度等心理状态,也与信息刺激的强度、新颖性等特点有关。因此,在公共关系传播活动中,首要的就是重视在纷繁复杂的信息环境中赢得"注意"。按照注意心理的要求,公关传播应力求做到:信息传播过程能激起或满足公众的需要或兴趣,包括传播的信息内容和方式应尽可能新奇脱俗,有较强的感官刺激度等等,以使公共关系首先在注意力竞争中立于不败之地。

2. 满意心理

　　从心理角度看,其实满意本质上是一种人的主观的肯定性心理体验,它只有在前后心理比较中才能体现,即只有相对于曾经历过的非肯定性的体验时才会产生肯定性的即满意的体验。就像人们常说的:幸福是相对痛苦而言的。一个患病的人才知健康就是幸福,而一个始终健康的人不会有如此的幸福体验。所以顾客满意也与他的主观心态有关,这种心态就是作为顾客对组织满足其需要的预料值,即预料内的满足和预料外的满足达到的满意体验是不同的。所谓的顾客关系的最高满意境界必定是相对一般满意体验来说的。总体而言,它有两个层次的比较:

1) 相对不满意而言的满意

　　这种满意是满足了顾客的预料内的需要,即满足了顾客认为必须被满足的基本需要后产生的心理体验。依据顾客的预料,这些基本需求必须被满足,因为它们往往是公众对组织的基本的需要。如果这些需要没有被满足,顾客就会产生不满意的心理体验；而即使满足了顾客的这种基本的需要，顾客至多产生某种低层次的或轻微的满意体验。这种肯定体验与其说是轻微的满意，不如说是没有不满意来得更加确切。就像一位顾客在超市里，假如不能买到他所需要的日常用品就会感到不满意，而买到了用品后只有轻微的满意，或者说是没有不满意。它在心理体验上的满足感是极其轻微的，常常不会在态度上表现出来。所以，一位学生从老师那里得到了基本教诲是不会表现出特别的满意的；一位乘客得到基本的乘车服务后的感受也同样如此。同理，一位挑剔惯了的食客受到再一次的同样满足当然也不会显示出满意的神情；一个时时受到热情服务的顾客再次享受到周到服务时也不会有很满意的心理体验。但一位饱受冷待的顾客受到第一次的热情服务足以使他有较为强烈的满意感受。根本上因为人与人的生活经历是不同的，由此产生的对某组织的基本要求的预料值也是不同的，因而相对于组织提供的相同服务的心理体验也有所不同。

2）相对于没有不满意而产生的较高满意度

这是一种高层次的满意体验，也即所谓满意的最高境界。在这种境界里，顾客获得了预料之外的满足，即满足了顾客原本没有指望得到满足的需要，超出顾客原先对对方的预料值。也就是说，假如不满足顾客的这种需要，顾客也不会感到不满意，即没有不满意。因为顾客预料满足这些需要或者难度太大，或者是不合情合理。但一旦满足了顾客的这种需求，将会有较高的、较为强烈的满意体验，即真正的满意。就如某英属酒店曾将一位顾客遗忘在店里的手提电脑想方设法不远万里地及时送还他的手里。而按照酒店管理惯例，该酒店完全可以在将事情通知顾客之后，坐等他自己方便时来取。如果这样做了，顾客也没有不满意，因为这是合理合法的。但当店方超出他的预料以后，他的满意感受便是强烈的，也许也是持久的，这便是较高的满意境界。在这意义上，组织要使顾客满意光靠产品质量是不行的，这至多只是基本需要，还要注重服务及信誉等多方面的非基本形象要求。应该说，让每一个顾客都享受到较高满意是很不容易的，因为每一个顾客的预料需求都是不同的。但更不容易的是由于顾客的需求是在不断变化的。从变化趋势看，他们会将基本需求不断地扩展，而使超出他们的意料变得非常困难。

顾客满意与其本人的主观心理有关，如果企业或其他组织试图让顾客满意，就必须设法去了解并满足顾客的需求，包括他们的预料内的基本需求和预料外的期望要求。只有超出顾客的预料值，才会有较高程度的满意，也才有良好的顾客感受。由于人与人之间存在着差异，有时甚至是很大的差异，因此要求在处理顾客关系时应切实了解每一位顾客的要求及其变化趋势。实质是要因人而异地进行顾客关系协调。这是难度很高的工作，但也是极富挑战性的活动，正因为它的困难才使成功的收获更有意义。

二、影响公众行为的群体心理因素分析

（一）群体心理定势与公众行为

心理定势，是指心理上的固定趋势或定向趋势，是人们对特定对象（人、物、信息）在认知和行为过程中表现出来的共同的、固定的心理趋向。尽管心理定势是潜在的、自发产生的，但它直接影响和制约人们按特定的方向或模式去认知和行为的具体过程。当它在实际中影响人们的态度和活动时，往往以先入为主的观念和思维方式，或以习惯性的心境来规定人的活动的方向和具体进程。所以，心理定势是一种稳定的、人们不可避免的复杂的心理活动状态。公共关系传播活动理应关注这种共同心理趋势，并在实践中对此进行因势利导。导致心理定势的因素是多样的，其中既有人的主观心理特性的影响，又有客观条件的原因。具体的心理趋势因此也是复杂多样的，一般可分为个体心理定势和群体心理定势两大类。我们重点介绍群体心理定势

公共关系的对象是人数众多的公众，是群体范畴。限于资源的有限性，公关活动更多地表现为群体的或大众的传播活动，而不可能对每一公众都实施直接的面对面的人际传播。这就要求我们不仅要了解个体的心理特点，还要把握作为类的公众群体的心理。群体是个体的集合，可由不同的集合要求而具特殊的含义。公众群体因为分类与功能的不同，其心理既表现出一定的共性，又有其自身的特点、个性。可以按照传播的需要进行具体的分类及分析。

一般说，群体的共性特征主要有这样几种：第一是归属心理，就是对所在群体的依赖性，从而获得自身所需要的安全感及自信。第二是认同心理，即认同群体的某些共同性，使其成员的行为表现出一定的群体一致性，产生一定的凝聚力。如因共同的背景、目标、利益或兴趣爱好等而产生的吸引力。第三是整体心理和排外心理。由于群体成员之间的吸引力、凝聚力和认同性，就必然使他们形成或强或弱的整体意识，同时产生相对的独立性和排外意识。当一个群体面临外界的压力时，其整体性、排外性就表现得十分明显和强烈了。

这些公众群体心理特征是很基本的分析，因为不同的群体在不同条件下的特征的表现角度和强度都会有明显的差异，不能就此一概而定相应的公关策略。相对而言，分析和把握公众群体的特殊心理特征，即角色心理，更加有助于公关活动的针对性和有效性。

群体的角色心理特征本身也既有共同性也有个别差异性。每一公众由于各自所处的社会关系、社会地位的不同，使得他们在社会中扮演的角色也不同。分属不同角色群体的公众就表现出不同的角色特征。但因为公众的角色的混合、多样，就像一位妇女可同时是母亲、妻子、顾客、教师、下级等角色，所以，公众的角色心理特

征也是综合的。比较常见的是从性别、年龄、职业、文化等方面去分析群体的心理特征。如女性心理、男性心理之分;儿童心理、青春期心理、成人心理和老年心理之别;农民、工人、知识分子各自的心理特征等。实际操作时需要对具体公众具体分析,值得注意:一是心理特征的可变性,它会随时间、条件的改变而改变;二是对某一群体角色的一般分析中得出的心理特征,并不排除其中有例外情况的出现。所以,制定公关策略应该更关心群体心理特征的直接的、稳定的表现,这就是群体心理定势。

公众群体心理定势是指一定范围的人群由于生活条件或经历的某些共同性而形成的一种共有的心理趋势。它往往体现群体共同的心理特征,是长期地、有意或无意地积淀的结果,并且在自发地影响着人的心理及活动,常见的服从、从众等现象也是心理定势的作用结果。群体心理定势主要有:

1. 首因效应

即第一印象的强烈影响。事物给人最先留下的印象往往有强烈的作用,左右着人们对事物的整体判断,影响着人们对事物以后发展的长期看法。第一印象一旦形成就比较难以消除。因此,在公共关系工作中要十分注意传播中的首因效应。无论是人、产品、环境,还是组织行为,都要尽可能给公众留下良好的第一印象,避免因为不良的第一印象而造成知觉的片面性。

2. 近因效应

即最近或最后印象的强烈影响。事物给人留下的最后印象往往非常深刻,难以消失。对一件事物或一个人接触的时间延长以后,该事物或人的新信息、最近的信息就会对认识和看法产生新的影响,甚至会改变原来的第一印象。公关传播工作应注意用新信息去巩固、刷新公众心目中原有的良好印象,或尽力改变原来的不良印象。

3. 晕轮效应

即片面印象的强烈影响。人们在认识人或事物时,往往会把某一特征推广为整体印象,从而掩盖了其他特征或品质,形成某种以偏概全的错误印象。公共关系一方面要极力避免晕轮效应带来的不良影响,另一方面也可适当利用晕轮效应来扩大企业或产品的影响,美化企业或产品的形象,如"名人广告"、"名流公关"等。

4. 刻板印象

即先入为主的强烈影响。人们往往自觉或不自觉地凭借以往形成的固有经验去判断评价某人某事。如认为教师是文质彬彬的,商人是唯利是图的,大型卖场的商品质量一定可以,街头小贩经常短斤少两等。这种看法一旦在人的头脑中定型,造成"先入为主"的成见,就容易在新的认知中产生偏差,妨碍人与人之间的正常交往或对事物的正常判断。社会刻板印象可以是针对人的,如达成的"凡商皆奸"、女性必定柔弱等的共识;也可以是针对物或事的,如认为广告就是推销,花衣专属女性用品等。

公共关系工作一方面要研究和顺应公众的某些刻板印象,使自己的形象与公众的经验相吻合,另一方面也要努力传播新观点、新知识、新经验,以改变公众某些狭隘的成见或偏见,以及由此形成的误解。

公共关系工作人员一定要了解公众的思维习惯及心理定势,在进行公关宣传时,尽量减少负面效应的影响,以免造成恶劣影响和不可挽回的损失。

5. 传统文化心理

这是指在一定地域上生活的特定民族的文化积淀在心理上的反映。作为传统,它体现了深厚的文化积淀,既是民族的,又带有一定的地域性。作为心理定势,它可以表现为共同的稳定的观念意识,体现一致的习俗、礼仪等行为方式和规范。所以,大到民族的意识、感情、思维方式等,小到风俗、习惯、具体生活方式等,都是难以逾越的传统文化心理定势。试图以一种文化去取代、消灭另一种文化是错误的也是不可能做到的。从群体的更高层次看,不同文明的对话、沟通和理解才是客观的、也是符合地球人这一最高层次群体认同心理的要求的。

(二) 公众的从众行为分析

公众的从众行为就是个人行为被迫与群体一致的心理现象。在这种情况下,个人能够被群体诱惑而不相信由自己感官得出的结论。

1. 从众行为产生的原因

公众为什么会抛弃来自他们自己的感觉,而趋从于那些他们甚至可能根本不认识的人的行为呢? 研究表明,这主要取决于"信息压力"和"规范压力"两个因素。

(1) 人们之所以遵从别人的意见或效仿别人的行为,是因为人们觉得,别人的知识和信息将有助于自己。

(2) 人们倾向于相信多数人,认为"人随大流不吃亏",从而怀疑自己的判断。因为人们觉得,多数人正确的机遇总是较多。人们在模棱两可的情况下,尤其如此。人们越相信群体,自己的信心也就越弱,也就越有可能从众。

(3) 个人遵从群体的另一原因是他们不愿意被称为越轨者和"不合群的人"。

2. 从众行为的影响因素

包括群体因素、情境因素、个性因素。

1) 群体因素

(1) 群体的规模。一般情况下,群体越大,遵从性越强。

(2) 群体的一致性。群体越是一致,使人遵从的力量就越强。

(3) 群体的凝聚力。群体凝聚力越强,使人遵从的压力就越大。

(4) 多数派成员的地位。多数派成员所处的地位越高,迫使人遵从的压力就越大。

2）情境因素

情境本身存在着许多变量，它们影响着个人遵从集体压力的程度。

（1）刺激。研究表明，刺激本身越是模棱两可，个人就越倾向于遵从一致。

（2）匿名性。这主要是指个体无论是公开地做出判断，还是私下匿名地做出判断，都会影响人们从众的程度。心理实验表明，处于匿名情境中的个体比公开做出答案的个体遵从于群体压力的程度要低。

（3）约束力。这是指群体对个体的约束力要影响个体的遵从程度。实验表明，对群体的遵从随着约束力的增加而降低。太多的约束，可能使个体产生逆反心理。

3．个性因素

（1）年龄因素。由于从众行为是从学习中获得的，因而随着年龄的增长，遵从群体压力的倾向也就逐渐增强。

（2）性别因素。男性和女性都倾向于遵从他们不熟悉的项目，而对他们可能了解得多的项目则表现出较大的独立性，但男性比女性的独立性强。

（3）能力因素。一般来讲，个人的能力或对某个问题的专长程度越高，其独立性越强。在一定的情况下，感到比别人更有专长或者更有能力的人在做出判断时，其独立性就越强；反之，则从众性越强。

（4）文化素质。一般来讲，文化知识越多，其判断力也就越强，从众的可能也越小。

（三）流行与公众行为

1．流行的含义

流行是一种心理现象，也是一种行为活动。流行（或时尚）作为一种群众性的社会心理现象，是指社会上许多人都去追求某种生活方式，使这种生活方式在较短的时期内到处可见，从而导致了彼此之间发生连锁性的感染，即所谓的"一窝蜂"现象。流行既体现在人们的物质生活（如衣、食、住、行等）方面，也体现在人们的精神生活（如文化、娱乐活动等）方面。流行有两方面的含义。

（1）流行是有相当多的人去随从和追求某种生活方式。

（2）流行是一定时期内的社会现象，过了一定的时间便自行消失。若长时间持续，就会转化成习惯，成为社会传统。

2．流行中的公众行为类型

（1）先驱者。他们一般都是属于财力雄厚、富有冒险精神、有勇气、经常希望尝试新构想的人。在生活中，他们有时会被认为是"怪人"。此类人数很少，仅占总人数的 2.5%。

　　(2) 早期采用者。他们是有见解、有眼力的人,也往往是为周围人所信赖而起着舆论指导作用的人。这种人能够成功地预见新事物的发展趋势,果断地采用新的构想。此类人数较少,占总人数的 13.5%。

　　(3) 前期追随者。这些人很少带头前进,对于新的构想比较慎重,但是却能相当积极地追随流行。此类型人数较多,占总人数的 34%。

　　(4) 后期追随者。他们对于新的构想持十分慎重的态度,直至占压倒多数的人都采用时才决心加以采用。此类人数较多,占总人数的 34%。

　　(5) 落伍者。这些人对于新的构想经常保持戒备,倾向于旧传统,对于人们追随流行的倾向十分不满,并看不惯。他们和先驱者一样,在很多场合下都比较孤立。此类人数为总数的 16%。

(四) 流言与公众行为

1. 流言的含义

　　流言是人们口头传播的无根据之言,是缺乏确切依据又在人们中间迅速传播的一种假消息,或者是经过过分渲染和夸大了的信息。流言作为一种假消息能在社会中传播,是因为流言所传的消息大多是比较敏感的问题,它的煽动性和神秘性又会使一些人们本来不关心的问题成为被关注的热点。流言传播的持续性比流行更短,它一旦被证明是假的,便会自然消失。

2. 流言传播的特点

　　由于流言传播一般是口头的、非形式化和非官方化的,所以在传播过程中,流言内容也会发生变化。阿尔波特通过试验研究发现,流言的传播有三个特点。

　　一是磨尖,即传播者对于传给他的信息断章取义,致使流言内容越来越变得简略、扼要,遗漏掉许多具体的细节,流失了许多信息。

　　二是削平,即传播者把传给他的信息的某些情节根据自己的需要和兴趣作重新安排,再向他人传时,只强调其印象深刻的部分。

　　三是同化,即传播者根据自己的经验、需要、态度等主观因素来理解流言内容,并凭自己的想象对其进行加工润色,然后再广为传播。

3. 正确认识和利用流言

　　(1) 流言是一种不确切的消息,但不一定没有根据。

　　流言能在一定程度上补偿正当信息渠道提供信息的不足,并能在一定程度上满足人的心理需要。要完全制止流言是不可能的,因为流言一旦和人们的某种情绪、愿望合拍,心理定势的作用就会驱使他"不得不信",又不得不传,否则心理压力就太大,只好通过"不要外传,到此为止"的说法来寻求心理上的平衡。

　　(2) 制止流言的唯一手段是澄清事实。

一旦事实真相大白于天下,人们也就不会对之有神秘感,流言也就自然会消失。当然,澄清事实往往要靠信誉可靠的大众传播媒介来进行。公共关系活动中的危机公关,就是要在流言产生时尽可能地通过大众传播媒介来辟谣并证明真相,以此来提高企业的信誉度和树立起好的形象。

同时,也不能过分注意流言,澄清事实既可使流言消失,解释过多又会有"此地无银三百两"之嫌。应该看到,流言也是一种流行。它具有一定的时间性,时间久了,其内容不再新鲜,也就自然消失。而且,流言产生的心理定势也是流行的心理定势。对这种心理定势,只要采取适当的措施,就能使它发生改变。

(3) 巧用流言,变害为利。

巧妙利用流言,会收到意想不到的公关宣传效果。流言在更多的场合下是一种秘密武器,对社会和个人都会产生巨大的影响。流言指向个人,可能会致人于死地;流言指向群体,就会造成人心涣散;流言指向企业,则会使企业形象、信誉俱损,直接影响企业的发展。所以,流言绝不是一种科学的信息沟通方式。对于现代企业来说,首先要尽可能防止对自己不利的流言的产生,并绝对避免利用"制造流言"作为企业竞争的手段。

流言传播迅速且影响的人数较多,这一点有时候会成为企业宣传形象的一种契机,如果能够避开流言的危害,采取主动的态度,巧妙地利用公众对流言的关注,会收到意想不到的公关宣传效果。

总之,以上所描述的几类群体心理,都是客观存在的公众心理现象。漠视这些将影响公关目标的实现,分析、把握公众心理意义重大。它们在实际公关活动中的作用是双重的,既可以是沟通的障碍,导致消极影响,又可以成为公关的契机、手段,发挥出积极的作用。所以必须记住,道德律令必在心中,因势利导最为关键。

(五) 社会舆论与公众行为

1. 社会舆论的含义

舆论就是社会公众对于某个特定的问题发表自身的意见,并且期望这种意见产生作用,达到参与群体预期的结果的行为。

从公共关系的角度来说,社会舆论是公众对于社会组织的看法的集中表达,只是这种表达不是抽象的议论,而是具有自身的期望目标的表达。社会组织只有充分了解公众对自身的意见和想法,即搜集足够多的舆论信息,才能够真正确定自身的形象,进而进一步完善和推进自身的建设,在市场的考验下立于不败之地。

2. 社会舆论对公众行为的影响

(1) 舆论的制约与监督作用。

社会舆论对个人、社会群体乃至政府都能发生一定的制约和监督作用。

社会舆论可以制约个人的行为。社会舆论既然是代表大多数人的意见,就可以产生一种社会控制力量,使它对每个人具有一种压力作用,约束每个人的言论和行动。所以正确的、健康的舆论能够团结公众,鼓舞公众,以阻止不道德的言论和行为在组织中发生。

社会舆论对群体有相当大的影响。社会舆论多半是反映着公众的意见和要求,群体领导人如果忽视了社会舆论,会使群众产生反感及冷漠的心理。一般来说,正确舆论可以战胜不健康的舆论,可以抑制群体中的歪风邪气,使正气抬头。

(2) 社会舆论的指导作用。

社会舆论对人们的行为具有指导作用,通过舆论领袖的宣传,就更具有说服力。因为舆论领袖总是某个方面的专家,熟悉他所介绍的内容,并且和社会上的各个阶层的人们有着广泛的接触。在公众传播中运用"名流公关"的做法,正是利用了舆论领袖的影响力。

正因为社会舆论有上述作用,所以任何一个组织都应高度重视对公众舆论的控制与引导,尽量利用广播电视、报纸杂志、网络等媒介作舆论宣传,引导公众的行为与观念,使之符合组织的要求。

案例分享

海底捞:以"变态服务"赢得顾客

海底捞,起家于四川简阳的一家火锅店。到过这家店的顾客都会有一个最直观的感觉:顾客多,排队两个小时去吃上一顿火锅很常见。即使在火锅的淡季三伏天,顾客仍要在门前排长队,而同行火锅店平均上座率却不到一半。海底捞的一枝独秀并不是昙花一现,海底捞进入北京和上海7年了,依然是鹤立鸡群。

2008年4月,学者黄铁鹰在《哈佛商业评论》中文版发表了海底捞的案例。据《哈佛商业评论》的编辑们说,此文是他们杂志进入中国10年来,影响最大的一篇文章。

一个火锅店的案例为什么能引起这么大的反响?因为火锅是个最没技术含量,最没市场准入,最不需要关系,甚至从业人员素质要求最低,竞争最充分的一个行业。说白了,这个行业谁都能做,这是不言自明的。问及三伏天还在海底捞排队的人为什么喜欢海底捞的火锅,有的客人说:"我喜欢来这里,这里的服务很'变态',在这里等候时,有人给你免费擦皮鞋。"海底捞有很多其他火锅店没有的服务,在客人等候时,可以享受店里提供的擦皮鞋和修指甲服务,可以得到免费的饮料和果盘,还可以免费上网、玩扑克和象棋。有的客人说:"这里的价钱公道,分量足,还能点半份菜!"有的客人说:"海底捞的卫生好,桌子从来不油腻,厕所没味儿,厨房里面都让人参观,吃着放心。"有的客人说:"我第二次去,那几个服务员就能叫出我的名字,第三次去,他们就知道我喜欢吃什么!"有的客人说:"这个店就是跟别的店不一样,吃火锅眼镜容易有蒸汽,他们给你擦眼镜的绒布;头发长的女生,给你系头发的皮筋套,手机放在桌上容易脏,给你专门包手机的套。"有的客人说:"我就愿意吃他们的火锅,料正,汤好,味道独特。"还有的干脆说:"到海底捞吃饭开心,他们的服务员总是笑呵呵的!"海底捞的服务员都知道老板张勇的著名语录:"客人是一桌一桌抓的。"因为虽然每桌客人都是来吃饭的,但有的是情侣约会,有的是家庭聚会,有的是商业宴请,客人不同,需求就不同,感动客人的方法就不完全一样。客人的要求五花八门,严格按流程和制度来服务最多让客人挑不出毛病,但是不会超出顾客的期望。

张勇开办火锅店初期的一天,当地相熟的一位客人下乡回来,到店里吃火锅。张勇发现他的鞋很脏,便安排一个伙计给他擦鞋。这个小小的举动让客人很感动。从此,海底捞便有了给客人免费擦鞋的服务。这也是海底捞一系列"变态服务"的开始。

海底捞的差异化服务,是通过每一个员工大脑创造性地实现的。有的员工给去洗头的顾客送伞,有的员工主动背起行动不便的老人,有的员工主动给顾客闹脾气的小孩买来馄饨,有的员工积极为过生日的孕妇按照家乡风俗准备生日礼物。

海底捞的服务员都能得到授权,给顾客打个折,送个菜,甚至可以给顾客免单。海底捞的服务员有那么大的权力是因为做过服务员的老板张勇认为,只有把解决问题的权力放在一线员工手里,才能最大限度消除服务中的不满意。人在等待的过程中,很容易焦虑,如果客人对服务不满意了,还要等待经理来解决,很容易因为等待、反复地说明情况增加新的不满意。权力下放带来的是服务的快速性和顾客的满足感。而服务员得到信任,就有了责任感,感受到了尊敬,就会把公司的事当做家里的事。其他同行能够复制的是海底捞的服务细节,复制不了的是海底捞的人。

这就是海底捞,学不会的海底捞。

(资料来源:黄铁鹰,《海底捞,你学不会》,中信出版社,2011年版)

案例思考

1.分析本案例中的公众的互动关系。

2. 结合本案例,分析员工公众的重要作用。

简答题

1. 公众的含义和性质是什么？
2. 内部公众和外部公众如何分类？
3. 公关实施中需关注的个体心理和群体心理定势有哪些？
4. 流言的特点和如何正确利用？

第七章 公共关系过程之传播方式

学习目的

1. 熟悉传播的一般过程
2. 及其特点了解公共关系传播的经典理论
3. 熟悉公共关系的传播的方式和大众传播的载体特点
4. 网络媒体在公共关系中的应用方法

引导案例

时尚潮流 PK 传统规范
——外交部以微博"淘宝体"发布招聘启事

"亲,你大学本科毕业不?办公软件使用熟练不?英语交流顺溜不?驾照有木有?快来看,中日韩三国合作秘书处招人啦!这是个国际组织,马上要在裴勇俊、李英爱、宋慧乔、李俊基、金贤重、RAIN 的故乡韩国建立喔。此次招聘研究与规划、公关与外宣人员 6 名,有意咨询 65962175,不包邮。"

被认为是外交部官方微博的"外交小灵通"在 2011 年 8 月 1 日发布的一则"淘宝体"招聘启事,立即引来众多网友的关注。

在与南都记者的交流中,"外交小灵通"以诙谐幽默的语言回复了记者提问。不同于马朝旭、姜瑜等外交部发言人的中规中矩,也不用采访提纲,这个外交部新闻司开设的微博以"哇""哦""嘿嘿"等"卖萌"词汇,展现了外交部的另一面。

"小灵通只是个二传手啦","外交小灵通"微博 2011 年 8 月 2 日通过微博私信接受南都记者采访时表示,此前发布的招聘由外交部亚洲司负责。据外交部亚洲司工作人员介绍,这是第一次通过微博招聘。"通过在微博上发布招聘通知以后,效果很好。"外交部亚洲司一名工作人员接受南都记者采访时表示,通过微博和官网公告同时招聘,网友参与非常踊跃,"效果很明显"。

微博作为官方信息发布平台,在国内外已不足为鲜。在国外,著名微博客系统推特(twitter)就成为大批国家政要的"扬声器"。2010 年 10 月,推特网站推出国家元首(首脑)人气排行榜,美国总统奥巴马以当时 400 多万粉丝高居榜首。此外,俄罗斯总统梅德韦杰夫、英国前首相布朗、德国总理默克尔等均开设了推特账号。据美国《华尔街日报》2011年年初报道,全球已有逾60位国家首脑使用推特。

2010年被称为是"中国微博元年"。从这一年开始,政府部门开通微博逐渐成为政府与公众沟通的新方式,不过以地方政府部门为主,尤其是各地公安系统成为"头啖汤"尝试者。外交部是第二个开通微博的中央部门。国家林业局2011年3月正式在人民网开通官方微博,是中央部委中第一家在网上开通的微博。而文化部文化产业司也开通了腾讯微博。与其他政府官方微博相比,"外交小灵通"显得更活跃、语言更幽默。

（资料来源:葛倩、李晓辉、王和平,《外交部公共外交赶潮流》,《南方都市报》）

第一节　传播和传播理论

传播的目的,就是为了沟通,也就是"传务求通"。

公共关系传播是现代企业利用各种媒介,将信息有计划地与公众进行交流与共享的活动过程。公共关系沟通是公关人员运用公关技巧,促进企业与公众的信息双向交流,观点或态度,从而使企业与公众达成共识的过程。

从传播理论发展过程来看,传播(Communication)具有"共享"的意思。就是传播者与受传者之间的信息交流与共享的过程。在这个过程中,一方(信息源)有意向的将信息编码,并通过一定的渠道传递给意向所指的另一方(接收者),以期唤起特定的反应或行为。完整的传播必须是:意向所指的接受者感受到信息的传递,赋予信息以喻义(破译编码),并受其影响而做出反应。

沟通,原指开沟而使雨水相通,后泛指彼此相通,是一种信息的双向交流过程。在表达信息传递的过程时,"传播"和"沟通"在许多场合下都可以通用。在英文中,"传播"与"沟通"这两个概念是同一词汇:"Communication",其基本含义是交换、交流、传递。两者都具有相同的三要素"信息的发出者、接收者和信息传递的媒介"。

一、传播的一般过程及其特点

传播一词,一般有通信、传扬、传达、交流和交通等意。借用韦尔伯·施拉姆的简明定义:"传播可称之为对一系列传递信息的讯号所含内容的分享。"简而言之,传播就是人类分享信息的过程。传播因此区别于物的输送、传递,它是信息的传送。

信息突出的具有两方面的特征:一是信息包含一定的意义;二是信息本身不能独立存在。就是说,信息包含着"我们对外界进行调节,并使我们的调节为外界所了解时而与外界交换来的东西。"(维纳语)它可以克服我们的"不定性",即对对象的不了解。但信息本身是抽象的,它依赖于人对信息的主观理解,并且它无固定形态,它可以对客观世界产生巨大的影响,却无法独自进行这个过程,即它非物非能,无法像物质或能量一样进行传递,只能借助于某种物质的或能量的介质(媒介)来实现分享。由于对信息的主观理解和媒介对信息的一定影响,使传播的一般过程也呈现出自己的特点。

关于传播的具体模式是多样的,可以有单向传播和双向传播两种比较概括的过程模式;或作线型传播、螺旋形传播、两极传播和多极传播等。但它们都离不开传播的基本的一般的过程,它主要是下述的香农模式(图7-1):

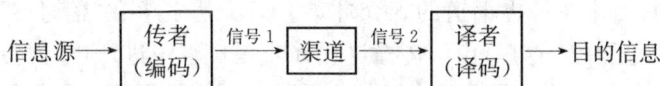

图7-1　香农模式

按图所示,构成传播活动过程的基本要素有四个,它们是:

第一,信息内容,也叫信息源。它是传播活动基本内容的来源,是整个传播活动的原始动力、起点。公关活动中试图传递的事关组织形象的内涵就是信息内容。

第二,传播者,简称传者,也叫发信者。它是指在整个信息传播过程中的主动发送信息的人。在社会的交往活动中,从专职的传播人员、公关人员到日常生活中的普通人,几乎人人都是传者。在公关活动中指组织的信息的发送人。

第三,传播对象,又叫受传者、受者,或称信宿。它是指传播内容的接受者,是传播过程中的客体要素,被动的方面。通常的读者、听众、观众或谈话对象,以及公关活动中的公众都是受传者。

第四,传播渠道,也叫传播的载体或媒介。它是指承载信息内容,并加以传递的物质、能量或符号等形式的介质。信息若不借助于此,将无法传递,也谈不上为受传者接受。

所以,每一个最简单的线性的传播过程都是由四个基本要素构成的复杂系统。它可表述为:传者在选定一种信息内容(意义)后,把它编制成一定的可传符号或形式,通过特定的媒介或渠道输送至受传者即公众那里,最后是受传者把信息符号形式译成信息意义本身,以实现原初的目的。

如果我们分析一下上述最简单的传播过程就会发现,传播过程中会受到多种干扰,可能导致传播内容或意义的一定的失真性,这是传播过程的特点。干扰在这里也就是传播的障碍,它们至少出现在传播过程的三个环节,它们分别是传者的编码环节、传播渠道的媒介环节和受传者的译码环节。具体地表现在:

首先,干扰来自于传者的编码环节。传播者在编码过程中同时承担对需发送信息的筛选确定、编制成一定的信号系统、指定特定的媒介渠道传送出去等三方面的职责和工作。尽管信息源会具有一定的客观要求,但这些工作中无可奈何地被打上了传者的一定的主观性。传播者的观念立场、经验条件、能力水平、重视程度和传播活动的目标倾向以及他的兴趣爱好、个性特征等心理特点都直接影响和决定了对信息的选择、理解和编制。

其次,干扰产生于受传者的译码环节。即干扰产生于"信号2"到达受传者,受传者将信号译成信息意义即被理解的过程之中。受传者在传播过程中并非完全被动,面对通过媒介承载的信息,他的接受、理解都掺有自己的主观心理选择的过程,打上个人的、个性的种种色彩。

最后,干扰发生在传播渠道的媒介环节。即干扰发生在"信号1"寄宿渠道成为"信号2"的过程中。这里,由于传播过程并非在真空中进行,任何传播渠道实际上都会受到社会环境因素和渠道本身的物质技术因素的干扰。我们把一切影响正常信息交流过程的因素都称为"噪音"。噪音主要来自构成渠道的物质形态的机械、技术的因素,比如电波传输过程中的故障,印刷机器或油墨的出错,或操作人员的技术失误等;也有来自环境中其他信号因素的干扰,这就是与"信号1"同时存在并起作用的其他信号。伴随着时代的进步,信息量的增加,"噪音"的干扰度也会加大。

事实上,社会环境的信息作为干扰具体传播过程的"噪音"的影响是遍及整个传播过程,从传者的编码到受传者的译码过程,都会受到不和谐信息的诱导、阻碍,或相似信息的强化影响。社会环境信息和人们自身或物质形态的特征一起共同形成了对信息传播过程的干扰。一般而言,一定的传播干扰是不可避免的,它表明受传者最终获得的信息内容与最初的信息意义已经是不一样了,即在传播过程中存在一定的失真性。

基于传播过程存在一定失真性的特点,要实施有效的公共关系传播,即要最大可能地消除传播障碍干扰,维持信息的真实性和到达信息的目的地,我们应尽可能地做到:

第一,传者及其编码和渠道的选择要以受传者的经验及特点作为依据。传播过程中一定失真性的出现是因为传者、渠道和受传者三个环节的因素的干扰作用,如果说,受传者是传播过程无法选择的对象的话,传者和渠道是传播活动主体,在一定程度上可以选择的。我们唯有依据受传者的经验范围和个性特点,选择相应的传播者和传播渠道,并按受传者的特点进行编码,才能形成受传者可以理解和接受的"信号2",才能最终实现有效的传播。实际上,这就是要求整个传播过程的策划和实施应该以受传者为根本依据。从公共关系传播角度上看,就是公关传播必须以公众为本。

第二,强调双向传播。就是在信息的传播过程中,强调信息在传者和受传者之间的相互传送,即在发送信息的同时实施反馈及反馈之反馈,如此循环往复,来发现和克服信息过程的失真性。双向传播本身是传播活动的受传者为本,即公众为本的客观要求。只有在了解和把握受传者的一定特点的基础上,传播活动才能做到以受传者为本;并且只有在了解了信息失真的程度时,传播活动才能设法弥补缺陷,以达到有效的传播。而这一切都离不开信息的传送和反馈,即同时了解、接受受传者的信息和发送、传递传者的信息,也就是双向传播的过程。所以,公关传播活动中更需要信息的双向沟通,即信息的传递和反馈不断交错反复的过程。

总之,信息传播过程就是信息的分享过程,也同时是有干扰的、从而具有可能的失真性的过程。这就要求我们在进行有效传播活动时,强调以受传者为依据的双向传播。公关活动也是一种传播过程,所以公共关系活动也不能例外,有效的公关传播同样应该强调以公众为依据的组织和公众之间的双向传播。当然,这是实施有效公关传播的原则而非全部要求,公关活动还需了解传播媒介的特点和传播规律等。

二、传播的经典理论

这里主要介绍几种具有代表性的传播模式。

(一) 5W 模式

5W 模式是专门研究传播结构的理论,是典型的线性传播模式,由美国人哈罗德·拉斯韦尔(传播学的始创者之一)提出。1948 年,拉斯韦尔发表了《社会传播的结构与功能》一文,在这篇论文里,拉斯韦尔提出了传播结构的经典模式——5W模式。这一模式提供了一个简便方法,即通过回答下列 5 个问题,确定传播的范围和内容:谁传播(Who)、传播什么(Say What)、通过什么渠道(Through Which Channel)、向谁传播(To Whom)、传播的效果怎样(With What Effects)。如图 7 - 2 所示。

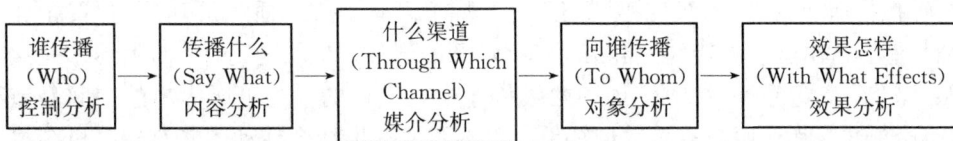

谁传播 (Who) 控制分析	传播什么 (Say What) 内容分析	什么渠道 (Through Which Channel) 媒介分析	向谁传播 (To Whom) 对象分析	效果怎样 (With What Effects) 效果分析

图 7 - 2　5W 模式

根据以上 5 个问题,拉斯韦尔把传播学的研究内容分成 5 大部分,即控制分析、内容分析、媒介分析、对象分析和效果分析。这 5 大部分内容,即为传播研究的基本范畴。

(1) 传播的控制分析,包括传播的法规与政策、传播者的社会控制和自我控制、传播者对传播的影响、传播者的社会责任。

(2) 传播的内容分析,包括传播的分类、传播的符号、传播的宣传方法等。

(3) 传播的媒介分析,包括传播的媒介环境、传播的媒介特点等。

(4) 传播的对象分析,包括传播对象的心理、传播对象的劝服等。

(5) 传播的效果分析,包括传播的效果类型、影响传播效果的因素、测定传播效果的方法等。

(二) 互动传播模式

互动传播模式是专门研究传播过程的理论,是典型的新型控制论传播模式,由美国著名传播学专家韦尔伯·施拉姆提出的。施拉姆将控制论的研究成果运用于传播学的研究,在 5W 的传播模式中引进了反馈机制,将反馈过程与传受双方的互动过程联系了起来,使传播成为一种互动的循环往复过程,如图 7-3 所示。

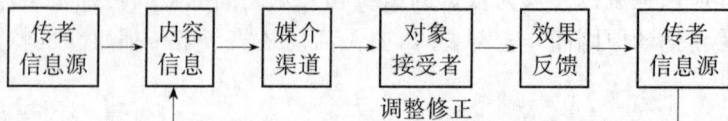

图 7-3　互动传播模式

施拉姆的传播模式建立在 5W 模式对传播要素界定的基础上,它弥补了拉斯韦尔模式的缺陷,进一步揭示了传播过程的实质,为传播活动的运作提供了科学的机制。

(三) 两级传播模式

两级传播模式是专门研究传播效果的理论,由美国著名的社会学家保罗·拉扎斯菲尔提出。1940 年,拉扎斯菲尔在美国俄亥俄州开展了一项有关总统选举的社会调查,调查结果证明,只有大约 5% 的人确认他们是受了大众传媒的影响而决定投票倾向的,而真正影响人们投票行为的仍然是个人之间的接触和方方面面的劝说。于是,他提出了"两级传播"的假设。

拉扎斯菲尔的"两级传播"假设是,"观念总是先从广播和报刊传向'舆论领袖',然后再由这些人传到人群中不那么活跃的部分。"也就是说,信息的传递,是按照"媒介—舆论领袖—受众"这种两级传播模式进行的。这里所提出的中间环节"舆论领袖",其作用与意义举足轻重。舆论领袖是指社会活动中能有较多机会接触到来自各种渠道的信息的人,即"消息灵通人士",或对于某一领域有丰富知识与经验的"权威专家",其态度和意见对广大公众有较大影响。

在传播活动中,信息传播者大多是通过大众传播媒介来接触社会消费者的。在看到厚厚的报纸和每隔十几分钟就要跃上屏幕的电视广告时,我们应当意识到,大众传播媒介的力量是巨大的,但也不是法力无边的。社会组织在进行传播活动时,千万不可忽略那些卓有成效的人际传播和组织传播方式,千万不可忽略"舆论领袖"的引导作用。

(四) 受众选择"3S"理论

受众选择"3S"理论是专门研究受传者的理论,由美国学者约瑟夫·克拉帕提出。它主要强调认知主体的内部心理过程,并把公众看作是信息加工的主体。

一般认为,信息传播者往往把一些符合自己意图的信息编成特定的符号,然后通过一定的渠道到达目的地。这个目的地就是传播者企图与之共享信息的接收对象,即受众。但是,时常发生的结果是信息在受众那里受到冷遇——视而不见、充耳不闻。人们可以在阅读时跳过某些版面的内容,也可以随意调换广播波段和电视频道,来选择自己喜欢的内容。

经过长期的观察和研究,传播学者发现受传者在接触媒介和接收信息时有很大的选择性,这就是受众心理的自我选择过程。克拉帕将这一选择过程的三种现象概括为:选择性注意(Selective Attention)、选择性理解(Selective Perception)、选择性记忆(Selective Retention),简称受众选择"3S"理论。

1. 选择性注意

选择性注意是指受众对诸多信息有选择地加以注意。受众总是愿意注意那些与自己观念一致的,或自己需要的、关心的信息,回避那些与自己固有观念相抵触的,或自己不感兴趣的信息。因而,在面对诸多信息的刺激时,公众不可能对所有的信息刺激——做出反应,只能是有选择地加以注意。

从选择性注意的角度看,信息发布者必须注意信息的强度、对比度、信息的位置、信息的重复率、信息的变化等因素,使自己所发布的信息醒目、有吸引力,能在众多信息中引起公众的选择性注意。

2. 选择性理解

选择性理解是指不同的人对同一信息做出的不同意义的解释和理解。如果说选择性注意是人们对信息的一些零散捕捉,那么选择性理解则是对所注意的信息做有意义的思考。信息以符号为载体表达意义,对信息的理解则是对符号的翻译以还原其本来的意义。也就是说,假如传播者与受传者遵循的是同一思维逻辑,编码和译码能力相差无几,那么,理解的结论与信息的意义大体上应该是一致的。但事实上,所传信息常常并不等于公众所受信息,即受传者所理解、还原的意义与传播者意欲传递的本来意义之间往往会有一定的差距。

受众的选择性理解为公众固有的态度和信仰机制所制约,这就是所谓"仁者见仁,智者见智"。因而信息发布者在制作和发布信息时,必须考虑受众的心理因素,如需要、态度和情绪等,以便使受众能够按本来的意图理解信息。

3. 选择性记忆

选择性记忆是指受众对各类信息记忆的取舍趋向。记忆是一种极其主观的脑部活动，一般来说，受众总是容易记住那些简单醒目、与众不同和与自己的需要兴趣一致的信息，容易忘记那些毫无特色、与己无关、不感兴趣的事情。这种记忆的取舍，就是选择性记忆。

选择性注意、选择性理解、选择性记忆是受众心理选择过程的三个环节。这三个环节可以看成是受众心理的三层"防卫圈"。信息如果不合乎受众的观念、兴趣和需要，则被挡在"防卫圈"之外。

事实上，受众的这种"选择性"是普遍存在的，它们是传播过程的主要干扰。信息的争议越大，则受选择性因素的干扰也就越大。相反，在一般性信息上，选择性因素的干扰就小得多。对于传播者来讲，关键在于研究受众的情况，有针对性地选择传播内容、方式，采取有效办法减少受众的选择性因素干扰，以达到预期的传播效果。

公共关系传播的理论模式种类繁多，随着传播学研究的进展，此后又出现了不少针对传播中某一要素进行专题研究的传播模式。传播模式的研究从传播过程的整体构建，到对传播过程因素的专门分析，越来越强调传播的效果。

第二节　公共关系的传播方式

一、传播方式

简单地说，传播方式就是信息传送过程的一般方式。传播方式也可以从不同的角度进行不同的分类。最常用的、最有影响的当属人际传播、群体传播和大众传播等三种传播方式。即按照传播媒介的不同和所涉及的受传者的人数及范围的不同，相应地传播的社会影响也不同，而形成的传播方式也不同。这些传播方式也是公共关系传播的基本方式。

（一）人际传播

所谓人际传播，就是指个人和个人之间的直接的信息交流方式。它是人类社会最简单、最常见的沟通方式，也是社会运行的基本途径。人际传播一般具有两种表现形式：一种是面对面的直接传播，就是人际传播方式，即在同一时空中进行的一种双向的、互动的直接传播。人与人之间的促膝交谈等即是此类。另一种两个人通过其他媒介，如电话、书信、电脑等，而进行的非面对面的直接传播。后一种传播一定程度上克服了前一种传播的时空限制，使人际传播的范围扩大了。但它同时也增加了一些新的限制，诸如机械的影响等。总体而言，人际传播具有以下的特点：

一是直接性和针对性。人际传播方式是传受双方直接的沟通形式，它的传播对象最明确，针对性最强。这是人际传播方式的优势，因为可以促使传播的有效性程度提高；但也是一种缺陷，因为传播的面由此变得非常狭隘。

二是参与传播的媒介、手段丰富多样。人际传播中人们运用的媒介、手段除了自然语言符号之外，还包括各种辅助语言、音像语言和人体媒介。参与人际传播的其他符号如语音、语调、默语、界域语、音像语等，使传播过程体现出生动性和丰富多彩性。大量的表情语和姿势语等的运用，可以传递传受双方的情绪或个性特征，使人际交往带有明显的情感色彩。

三是传播反馈迅速，可及时调整具体传播过程。人际传播过程带有较大的传播灵活性，传受双方都容易积极主动地进行信息交流，传者和受传者的位置可以随时互换，并且迅速地了解传播的效果。传播的速度、内容、方式和媒介等都可按照传播反馈情况而及时地调整、应变。人际传播有效性的提高，很大程度上依赖于传播过程的及时反馈和调整。

四是保密性强。人际传播直接进行于传受双方之间，对其他人不具有传受性，因而具有较强的保密性。除非是传受双方本身去公开交往过程。

综上可知，就像任何事物都具有辩证的两面一样，人际传播的特点也同时蕴涵了其优点和缺点，并且两者是不可分割的。人际传播方式的针对性和有效性使它具有丰富性和情感性的优势，同时带来传播面狭隘、传播成本较高、容易走形、难以控制等缺陷。其致命的弱点是传播的社会影响小。

由人际传播的特点决定了它在公关活动中的运用是有一定的限制的。人际传播在公共关系中的适用情况或范围一般包括：第一，当面临个别或特殊问题或对象时，需要进行人际的有针对性的传播。尤其是问题只涉及传受双方而无关他人、或须对他人保密的情况。如个别消费问题投诉等。第二，当面对重点问题所涉人员时，也需要个别地加以人际传播。即它适用众多对象中的重点人物。比如舆论领导人、组织的负责人、事件的当事人等。此外，看似简单的人际传播实际上包含了很多的要求和特点，选择传受双方能共同理解的传播媒介和共同经验范围是实践人际传播活动方式的基本要求。

(二) 群体传播

群体传播就是针对一定的人群共同体的传播方式。出于对传播过程的考察，并非一些人在一起就叫群体。一定的人群须按照一定的聚集方式，在一定的场合下才能接受传播。所以，群体传播的主体可以是一个人，也可以是一个组织；它所针对的客体是聚集于特定空间的公众群体。群体传播无疑包括了针对组织或团体的群体的传播，但又不仅限于此；它往往表现为社会组织利用自控媒介进行的传播,但也不局限于此。在公共关系中,群体传播是针对集中于特定空间的公众群的传播。这不同于大众传播面对的是在空间上彼此离散的公众。

群体传播因此处于人际传播方式与大众传播方式的中间层次。它分别克服了它们的缺陷,又难以全部保留它们的优点,呈现出一种中间的、过渡状态的传播方式。它的特点因而可以比照人际传播和大众传播来推导得出。比如群体传播所针对的公众范围比个人要广,比大众要窄;它的反馈比之人际传播方式要慢而难,但比之大众传播却快而易等。论及群体传播不可忽略的独特性在于:

1. 群体传播过程会受到来自群体内部的小团体的影响

公众群在作为整体接受传播的同时,还可能进行着同步的人际间的小团体的传播过程,因而可能形成相互的传播干扰。比如小道消息、评价议论等。它们或者推动群体成员接受某种信息,或者迫使他们拒绝。美国传播学家用"葡萄藤"来形容这种谣言性的传播。这就要求:群体传播的过程中,传播者应关注同步进行的其他传播的力量。可能的话,把"葡萄藤"的信息加以正面引导,以强化自身传播效果。

2. 群体传播往往具有一定的情景气氛,可引发一定的从众心理或行为

由于促使群体成员的趋同性,会进而产生归属感、认同感或凝聚力。所谓情景气氛,迄今并无物理学或生理意义上的物质定位,它一般可理解为是一种生物能所形成的相互影响。近似地,可以将它设想为场的力量。情景气氛的形成是由于群体作为一个整体所具有的动力和压力。

群体传播事实上不是一个单向的信息流动过程,而是传受双方及受传者之间的互动过程。群体的人们在接受传播时,也同时在积极主动运用自己的心理过程,包括认知、情感过程等,这种主动性导致受传者影响传播者,受传者之间也同时在相互影响。这种影响力在同一空间内的不断积聚,就使情景气氛愈益浓郁,力量就越大,个体会在这种情景气氛的压力之下逐渐失去自我,走向从众。在美国曾做过的一则心理学实验——施密特博士的故事——或许能说明此意。把握群体传播的这一特点,可以尽力避免有人利用这种情景气氛进行精神影响或控制,也提请群体传播的传者注意控制群体的情景。

群体传播的具体方式多样而复杂,可以从不同的角度进行不同的分类。一般可按照群体传播的时空特征分为两大类:一是在同一时空中进行的群体传播,包括有公众演说、记者招待会、新闻发布会、沟通性会议、公务谈判、联谊会、庆祝会等。在这些传播活动中,传者和受传者是在同一时间和空间中分享信息的。二是不同时但在同一空间或同时而不同空间的群体传播。属于此类的有各种展览或陈列、宣传资料的传播等。群体传播若按受传者的群体特征进行分类,可分为组织传播和非组织的群体传播。常见的还有按照传播媒介的特征进行分类的。

在大多数情况下,群体传播比较适合于可控的公众群体,哪怕有时这个群体的人数比较多。因为它将比大众传播更具针对性和传播有效性。此外,群体传播还适用于面临共同问题的人群,或者是试图用情景气氛造成一定从众影响的时候。比照人际传播,群体传播的顺利进行也需要下列基本条件:一是选择群体能共同理解的传播媒介;二是选择公众共同关注的或绝大多数公众关注的信息内容或主题。总之,群体传播涉及群体,关注群体的共同性是必不可少的传播条件。

(三) 大众传播

简而言之,大众传播就是针对社会大众的传播。规范地看,"大众传播是一个过程。在这个过程中,职业传播者利用机械媒介广泛、迅速、连续不断地发出信息,目的是使人数众多、成分复杂的受众分享传播者要表达的含义,并试图以各种方式影响他们。"所以,大众传播具有以下的特点:

(1) 受传者面广、人数众多、成分复杂。大众传播覆盖的社会范围极广,因而受众人数众多,其成分十分复杂,面临着不同的种族、信仰、年龄层次、文化程度、兴趣爱好等的人们,并且由于人们所处地理条件的不同,受众分散地扮演着不同的社会职业身份角色,难以控制和把握。

(2) 传播反馈间接、迟缓和困难。大众传播的反馈的进行,需要诸多中间的专门组织或人员,如调查机构和人员,来配合完成,而非传者直接接受受众的信息反馈,因而其间接性十分明显。由于受众的人数众多、分布面广等特点,导致反馈信息速度比较迟缓。同时,要比较准确地了解庞大、分散、流动、隐匿的受众的信息接受情况相对难度更大。

(3) 大众传播依赖先进的机械或电子的物质媒介,具有信息传送的快速、连续、公开和广泛的特点。号称大众媒介的书报杂志、广播电视和网络等都是先进的科技的产物。了解这些媒介物的特性是实施有效大众传播的基础。换言之,大众传播需依赖必要的物质条件,如电子网络的覆盖情况等,是非传播者主观能改变的。一旦物质媒介具备,它的信息交流就体现广泛、及时、公开和连续的特点。

(4) 传者的职业化。无论何种大众传播形式,其传播者即编码者大多是受过专门职业教育的传播专职人员,或者是他们精心选择的其他领域的如美术家、音乐家、文字专家等专门人员。这些人员成了信息的"把关人",一方面会促使大众传播的水平极大地提高,体现一定的权威性;另一方面又可能用他们自己的观点倾向来主导公众舆论。

大众传播方式的上述特点同样包括了优点和缺点。其传播的快速、面广、人数多是任何其他传播方式无法取代的长处。因而遇有下列情况应优先考虑大众传播方式:一是信息需要传播至广泛范围的;二是需要迅速扩大传播影响的;三是需要提高传播权威性的。

概括地讲,从人际传播到群体传播和大众传播,每一种传播方式都有自己的特点,并不存在绝对"好"的传播方式。因为其优势和缺陷是同时存在的,并且正是其优点导致它的缺点。公关人员在传播实践中,必须从自身的目标、公众的特点、信息内容的要求和实际状况出发,选择最合适的传播媒介和传播方式,以实现公关活动的最大效用。

二、大众传播的主要载体

在公共关系的传播中,虽然个体传播和群体传播是必不可少的,但其主要形式还是大众传播,大众传播媒介是组织进行公关活动的主要载体,要具体实施公关传播活动就应把握每一种具体传播形式的规定性。我们不妨去尝试对它们作一下分析。

(一) 报纸、杂志

报纸、杂志是以印刷作为信息大量复制的手段,并以纸张作为主要介质的传播媒体,这类媒体既有各自的特点,又有其共性特征。

1. 报纸

报纸是指以刊载新闻为主的、定期的连续印刷出版物,分为日报(早报、晨报、晚报)和周报。在各类印刷媒介中,它的传播速度最快,具有较强的时效性;内容通俗易懂,发行量最大,费用也较低,但表现形式单一。

2. 杂志

杂志又叫期刊,指以刊载各类文章为主的、定期的连续印刷出版物,分为月刊、半月刊和双月刊等类型。杂志比报纸更容易保存和检索,便于查阅。但杂志的出版周期较长,传播速度慢于报纸;杂志通常具有较强的专业性,对读者文化水平要求较高,发行范围受到限制。

3. 报纸、杂志的共性特征

(1) 读取信息灵活。信息符号以空间序列展开,在时间上没有先后性。读者可以从印刷品的任何一个地方,挑选其中的任何一部分内容阅读,不必呆板地从第一页第一行的第一个字读起。

(2) 便于保存查阅。信息符号是记录性的,便于保存。即固定在传播媒介上,不会转瞬即逝。这一特点使印刷品便于保存,便于剪辑,便于反复阅读,具有较高的文献价值。

(3) 传播范围受限。印刷媒体的信息符号以文字为主,这一特点使报纸、杂志远不如电子媒体直观、形象、生动,并且因其对读者的文化水平有一定的要求,从而使传播的范围受到限制。

(4) 传播速度受限。信息的制作发行相对缓慢,限制了信息的传播速度。信息制作本身需要花费一段时间,而且必须印刷发行后方能广为流传,这一特点使信息传播的速度明显落后于电子传播媒介。

(二) 广播、电视

广播、电视是以电子手段作为传播媒介的传播媒体。这类媒体同样具有各自的特点和共性特征。

1. 广播

目前,作为广播接收工具的收音机,微型便携、价格低廉,特别适合学生、流动人员和野外作业人员收听。广播信息制作简便,传播迅速,便于报道突发性事件;声情并茂,感染力强。但信息稍纵即逝,不易保存。由于国内汽车保有量在近年内大幅增加,车载收音机成为驾驶者的主要适用媒体,这也使得广播成为信息传输的新兴力量。

2. 电视

电视是最生动形象、最具感染力且极具娱乐性的大众传播媒介,因而也是受众人数最多的大众传播媒介。但电视信息的制作成本较高,且绝大多数电视接收机笨重难移,因而限制了电视信息的传播范围。

3. 广播、电视的共性特征

(1) 传播迅速,覆盖面广。电子信息制作快捷,即时传播。借助覆盖全球的卫星发射系统,可以做到现场采访、即时传播,这一特点使电子媒介的传播速度和覆盖范围远远高于印刷媒介。

(2) 生动形象,感染力强。电子传播媒介既生动形象,又具有很强的娱乐性,受众不受文化水平的限制,所以电子媒介的受众人数是最多的媒体。

(3) 信息不易保存。信息符号播出以后立即消失,这给信息的保存和查阅带来诸多不便。信息传播者只有靠反复播放来增强效果。

(4) 信息接受被动。信息符号以时间序列展开,受众无选择的自由。传播机构按自己预定的时间表播放节目,受众对自己喜欢的节目只能耐心地等待,这一特点大大限制了受众的选择自由。对某一信息,受众只能选择接受与否,无权决定何时接受。

(三) 网络媒体

网络是现代计算机技术、通信技术的硬件和软件一体化的产物,代表了现代传播技术的最高水平,是人类传播史上的第四个里程碑。网络的出现,将根本改变人类的传播意识、传播行为和传播方式,并影响到人类社会生活的方方面面。网络这种全新的媒介技术,具有不同于传统大众媒介不同的传播特征,主要表现在下述几个方面。

1. 高度开放,超越时空

网络媒体是由无数个局域网联结起来的世界性信息传输系统。在这个高度开放的虚拟世界中,无论是传播者还是受传者来说,都享有高度的自由:没有红灯,没有障碍,不分种族,不分国界。无论年龄大小、地位高低,任何人都可以利用这个网络平台,平等地获得信息和传递信息。因此,它又被称为"无边界的媒介",真正突破了时空障碍。

2. 个性鲜明,双向互动

在网络中,无论信息的制作、传播和接受方式,还是媒体的运用和控制,都具有鲜明的个性,非常符合信息消费个性化的时代潮流,使人际传播在高科技的基础上重放光彩。

同时,计算机网络成功地融合了大众传播和人际传播的优势,不仅实现了大范围和远距离的双向互动,而且受众的主动性、选择性和互动性也大大加强。

3. 多媒体,超文本

网络以超文本的形式,使文字、数据、声音、图像等信息均转化为计算机语言进行传递,不同形式的信息可以在同一个网上同时传送,网络综合了各种传播媒介(报纸、杂志、书籍、广播、电视、电话、传真等)的特征和优势。

4. 低成本

相对其巨大的功能来说,网络的使用是比较便宜的。其主要原因是,目前网络充分利用了现代的全球通信网络,无须重新投资建设新的通信线路设施。在通信费用方面,无数局域网分担了区域之间的通信费用,因此,即便是进行全球性的联络,也只需支付地方性的费用。

网络媒体的以上特征,决定了它具有比传统媒体更为明显的传播优势。因此,近几年来网络媒体迅速普及,已成为公共关系传播的主要手段之一。

第三节　网络媒体在公共关系中的应用

一、网络监测

因特网是一个自由的、全球性的,也是匿名的传播平台。所以当一个个体或组织有意发起一场运动以毁掉某个组织的名誉或打击某个市场时,这个平台实在是一个理想的场所。因此,无论组织是否使用因特网进行宣传,也无论是否经常发送电子邮件,甚至无论组织是否建有自己的网站,对于现在的组织来说,对因特网进行监测是非常重要的工作。21 世纪监测因特网是公关人员的另一项首要职责。网络监测除了解网络对于本企业相关产品(服务)以及组织整体形象的评论信息,同时还应关注本行业同类企业组织的网络舆论信息,以尽早采取规避措施,避免"城门失火、殃及池鱼";此外,网络监测的另一项作用就是搜集相关信息,为企业制定营销决策提供第一手资料。检测与追踪除关注开放性大型门户网站外,也不要忽视那些虽然影响面较小,但较为活跃的个人博客和即时通信群,重点目标主要有两个:

(一) 无赖型网站

此类网站专门从事揭"丑"信息的传播,主要有:发布负面信息;对组织的政策和管理层进行讽刺控告;呼吁组织成员公开发泄对组织各种政策与行为的不满;起管理机构和新闻媒体的抱怨门户作用;最终误导公众,混淆真相,使公众无法树立正确的是非观。

(二) 聊天室、QQ群

尤其是QQ群,它是按同学、同事、同乡或者兴趣组合成的一个个大众文化圈,因为相互熟悉,所以对信息传播的信任度较高,很容易对某种现象的某个论点形成群体认同,进而就会产生很强的扩散性和影响力。美国西泰尔教授曾指出,小公司尤其需要对在线论坛中出现的关于公司的各种言论保持警惕。这也意味着应监控可能成为谣言源头的网上各种新闻群体的言论。通过对这些群体的监控可以充当公共关系的"雷达",帮助组织预先发现可能存在的问题。

(三) 新兴的即时通信方式

随着网络通信技术的日新月异,新兴的即时通信工具也推陈出新,不断缩短着网络沟通的距离。从博客到微博,从QQ群到微信,通信工具的不断更新也使得信息交流更加迅速。从公共关系的角度出发如何在第一时间对不实言论进行制止,找到问题根源,迅速扑灭危机可能出现的火星的难度日益提高。因此对这些新兴的即时通信工具要介入并认真研究,找出和本组织密切度较高的交流群体并对其言论保持沟通和监控,也能帮助组织提前发现问题所在。

关键问题是,当你发现因特网中有诋毁自己公司的讨论时,该怎么办?如果不予理睬,事件可能会进一步扩大,最终形成负面新闻,使公司陷入危机;如果及时介入也可能会越描越黑,反而会招致一些无赖网站的大肆渲染,使信息更加混乱;如果采取法律手段,维护自身权益,要清楚认识到,在网络社会法律维权也可能是一把双刃剑。所以,霍兹传播技术公司CEO霍兹先生也认为,这个问题的答案取决于对公司诋毁的程度。对每个牵涉到公司的情形都要予以关注,但是一旦组织认为某个社区的抱怨或者攻击是恶意伪造的并且危害了组织的声誉,那么对这个问题的答案就是:组织应该考虑介入这个讨论区。当然,我们更倾向于组织自身对此类事件的反应要缜密、周到,切不可一时冲动,让自己重蹈"万科门"事件的覆辙。

二、建立自己的网站

各社会组织的网站已成为组织与公众最重要的沟通平台,如果说公众对广告宣传还有排斥的话,浏览网站则是公众的自愿主动行为。当然,这首先取决于你的网站的"可视性",所有网站的目的都是为访问者提供他们希望了解的信息,这一目标实现得越好,网站就越能吸引更多的"眼球",也就是点击率。怎样才能设计出成功的网站呢? 以下几方面是你应注意的。

(1) 鲜明的网站目标。目标是什么? 扩展业务,还是销售更多的产品,还是赚更多的钱,还是获得公众的支持,或是改变舆论导向,或是介绍公司的情况? 如果无法给出这些基本问题的答案,那么一个网站应该选择"什么内容"以及"如何运作"就会失去依托。

(2) 独特的网站内容。有些网站的内容的确单调乏味,其原因在于决定网站内容时缺乏远见,只是简单地在网站上按照时间顺序塞满新闻稿的做法不可能提升组织在公众心目中的地位。

(3) 及时的有效更新。对更新这个问题通常是"多频繁都不嫌多",刊载过时的新闻以及缺乏及时更新的内容是很多网站存在的通病。网站的内容必须定期更新,但有些时候也会出现另一个问题——网站上刊载的内容过多,殊不知,有时网站上的东西太多反而会导致网站失去吸引力。因此,对一个好的网站来说,编辑将信息的核心精选出来是非常重要的。

(4) 个性的设计风格。一个网站的版面设计风格相当重要。如果组织的网站主页毫无吸引力,则不可能吸引访问者的"眼球"。好的设计能够使复杂的事物变得易于理解,这一点对于网站这种媒体来说是非常关键的。网站主要是一个视觉媒体,因此在设计网站时,应该在版面设计上投入大量的精力。

(5) 诱人的互动方式。网站最吸引人的地方在于它的互动性,也就是双向沟通。网站与访问者的沟通可以通过多种交替进行的不同形式进行,可以是游戏、博客、微博、电子邮件和聊天等。这就是好的网站与差强人意的网站最显著的区别。

追踪浏览率与其他沟通方式一样,我们必须对网站的使用效果进行测量。在计算机技术允许的范围内,最基本的测量方式是粗略地计算网站的"点击率"。但是,与统计报纸的发行量一样,点击数并不能反映人们是否喜欢网站上的信息,是否对该信息有所反应,甚至是否曾经真正阅读过该信息等。因此,网站设计时应配置与顾客或潜在顾客进行直接沟通的功能,以便随时了解他们的真实想法。所以说,测量网站性能的指标是多方面的,包括分析在每天特定时间的浏览量、登录方式、浏览者最先点击网页上的哪个位置,以及浏览者浏览网站内容的先后次序等。

负责人要想做好网站,网站的管理工作应由专人负责。有些公司可能会把网站交给某个人负责,有时候是公关部门的人,但是由于这个人往往同时又担任其他一些职务,因此管理效果会大打折扣,这种做法是错误的。同样,实际责任分摊制也是不适宜的,比较好的做法是把网站视为组织与公众沟通的第一阵线,并给予高度的关注。

三、关注网络意见领袖

网络意见领袖有几种类型,一种是个人博客的主人,另一种是 QQ 群或 MSN 群的群主,再一种是公共服务网络门户中的某一区块负责人,也称"版主",这在网络游戏平台中尤为多见。网上人人能说,不代表人人所说的都能产生影响。根据网络身份(级别、头衔等),可以识别出一批网上意见领袖。时事评论、价值评判,首先由他们提出,再由他们传递给大众。中国网民普遍比较年轻,高中学历所占比例较大,约 39% 网民的年龄和文化程度均低于传统媒体受众,因此在舆论酝酿和发酵过程中,他们更容易受到意见领袖的影响。比如,中国足球相关评论中,影响力较大的网络意见领袖之一就是中央电视台的栏目主持人李承鹏和前中央电视台体育频道主持人黄健翔等。

首先对这类意见领袖的言谈一定要重点关注,可以与他们通过经常性沟通建立良好关系,让他们全面了解你所在的组织,并由此产生一种理解,而且这类意见领袖往往具有比较高的文化修养,学识渊博,也比较理智,只要有诚意,相互沟通,并不是难事。

其次,要充分尊重意见领袖的言论,与其他网民的普通言论不同的是,意见领袖的言论往往是经过思考且有自己的见解,也往往"事出有因",不能随便否定,更不能与其唱"对台戏",对于他们言论中确有与事实不符的,可以以婉转的方式告知,以寻求他们的支持。当然,我们不赞成金钱交易,更不允许雇"枪手"唱戏,这有违公关的基本原则。

最后,通过因特网平台,寻找与自己观点相同的网友,并逐步形成一个相对稳定的网络信息群,从中培养自己的意见领袖,在新意见阶层中形成正面引导力量,也不失为一种网络信息监控的有效措施。

案例分享

蒙牛诽谤门

2010 年 7 月 16 日,有报刊登载了一篇"深海鱼油造假严重"的新闻,随即网上相继出现了大量"深海鱼油不如地沟油"的文章。网络对深海鱼油的关注逐渐升级,一些网站甚至还爆料称,添加深海鱼油的产品要慎重食用,此类产品有可能让儿童出现生长缓慢、性早熟等症状。而更让人意想不到的是,几天后,这些攻击性文章将矛头指向内蒙古伊利实业集团股份有限公司生产的"QQ 星儿童奶",让消费者抵制加入了深海鱼油的伊利"QQ星儿童奶"。

随后,相关文章纷纷出现在我国大型门户网站论坛、个人博客和百度等主流网站的问答栏目。由于这起事件和儿童食品安全问题息息相关,很快得到了越来越多网民的关注。而这些铺天盖地的负面消息也让伊利遭遇了自三聚氰胺事件以来最大的信任危机。7月30日,伊利集团正式向公安机关报案。

10月19日起,一则消息开始在网络论坛以及微博上广为流传。消息称,伊利集团旗下"QQ星儿童奶"遭到恶意声誉损害事件是网络公关公司受雇实施的诽谤行为,这起事件的始作俑者,正是伊利的主要竞争对手——内蒙古蒙牛乳业集团股份有限公司。

一石激起千层浪。看到这个消息,网民纷纷发帖留言,强烈要求公布事件真相。面对公众的呼声,10月20日呼和浩特警方通过新华社发布了有关案件进展情况。警方证实,经过为期两个多月的缜密侦查,案件已经基本告破。这起看似偶然的事件,是一起"网络公关公司受人雇佣,有组织、有预谋、有计划,以牟利为目的实施的"损害企业商业信誉案。涉及蒙牛诽谤门的蒙牛未来星品牌经理安勇、北京博思智奇公关顾问公司郝历平、赵宁和马野4人被批捕。4名嫌疑人所涉均为"损害商业信誉、商品声誉罪"。

警方证实:2010年7月14日,蒙牛"未来星"品牌经理安勇与北京博思智奇公关顾问有限公司共同商讨炒作打击竞争对手——伊利"QQ星儿童奶"的相关事宜,并为此制定了网络攻击方案。

据知情人士透露,公安人员在查案过程中缴获一份名为《DHA借势口碑传播》的策划文稿。据称该文案来自于博思智奇公关公司。该文稿显示,针对《生命时报》《京华时报》在内的几篇曝光国内鱼油市场乱象的文章,要"趁热打铁,引发公众关注鱼油质量问题,强化藻油DHA优于鱼油DHA的认知"。同时设计一系列传播策略,首先"第一时间大量转载,全面覆盖互联网,引发公众对鱼油及相关添加产品的负面关注",接着"对文章略加改动,强化DHA内容,放大某些食品中添加鱼油DHA的事实,使得公众对鱼油的质疑和恐慌波及这些产品",而后"借势传播藻油DHA更加安全"的报道。

随后,这份执行方案用到完美的传播手段——引导性转载＋正面信息发布和推送。通过在百度知道、搜搜问问、天涯问答等平台上,提出对鱼油DHA的质疑性提问,在回复中植入藻油DHA安全性更高、纯度更高等正面信息,并通过关键词优化,确保消费者在搜索相关信息时,藻油DHA的正面信息能大量出现。全面覆盖亲子、育儿论坛,保证大众论坛热门版块持续发布和重点维护,还要用消费者的口吻和角度发起"万人签名拒绝鱼油DHA"的活动。网络新闻、草根博客均大量转载,并根据相关新闻事实做引导性评论解读。相关网帖的内容被设计为"温柔帖"和"暴力帖"等多种版本。整个操作链由"蒙牛'未来星'品牌经理安勇——北京博思智奇公关顾问公司(郝历平、赵宁、马野等)——北京戴斯普瑞网络营销公司(张明等)、博主(网络写手)——李友平(戴斯普瑞公司法人)"合作操刀。

此方案就像一张密不透风的网,几乎覆盖互联网的每个角落。由于蒙牛未来星儿童奶添加了藻油DHA,伊利QQ星儿童成长牛奶添加了深海鱼油DHA,方案所要打击的对象正是鱼油DHA。知情人士称,这份预算为25万余元的方案,执行周期仅为7~10天,力求短时间形成猛烈攻势,又被称作"731工程",意指要在7月31日完成攻击。

整个网络炒作历时一个月,其中点击量最高的一个帖子点击数达20多万次。这起事件的详情被媒体披露后,蒙牛集团很快成为众矢之的,公众纷纷将矛头转向这个在中国数一数二的乳品企业。对于公众的反应,蒙牛集团起初保持了沉默。一直到10月22日早晨,蒙牛才首次正面发表了关于安勇诽谤伊利事件的声明,认为这一事件是安勇个人所为。22日凌晨,蒙牛发布关于"安勇事件"及诽谤与被诽谤的声明,称安勇(产品经理)已被呼和浩特市公安机关批捕,并已被蒙牛集团除名。除此之外,蒙牛还披露一些信息反击伊利。

蒙牛方面表示,自己曾多次遭遇类似的诽谤事件。其中,经公安机关查实,2003年到2004年间,伊利集团曾花费超过590万元,雇用公关公司对其进行新闻攻击。蒙牛在声明中称,2003年到2004年间,伊利集团委托其合作公司北京未晚品牌(国际)传播机构,采取收买媒体等方式,广泛制造并传播蒙牛负面信息。经公安机关查实,在所实施的5次行动中,双方共签署合同款总额592.17万元,在全国11个省会城市的平面媒体及网络发表诋毁蒙牛乳业文章上百篇。事发后,"未晚"总经理杨某某等3人被刑事拘留。

在公安机关查获的多份伊利集团与该机构签署的合同中,其中的一份合同里,双方约定,伊利集团付给后者444.3万元,用以实施所谓的"伊利集团号外行动整合公关传播"。呼和浩特和北京多地公安机关在侦查中发现,所谓的"伊利集团号外行动整合公关传播"中,共有6次行动方案。合用总额高达592.17万元。虽然蒙牛发表了声明,警方新闻发布会也称"没有证据证明此案有更深层的背景"。但是这一切并没有让舆论平息,网上质疑的声音仍然不断出现。大多数网民认为,蒙牛的高层才是事件的幕后主使,安勇只是一个替罪羊。对此,蒙牛公司高层认为很冤枉。相关领导解释说,安勇只是公司的一个品牌经理,仅能算是一个"七品芝麻官",平时他很少有机会与蒙牛高层进行接触。

关于事件细节,蒙牛表示,2010年7月,安勇发现伊利集团的儿童成长牛奶产品在其包装上标明含有鱼油(DHA)后,在未向任何上级请示的情况下,擅自与合作公司联系,发表了鱼油中含有的EPA成分对婴幼儿健康不利的言论。蒙牛强调，"安勇这种行为，造成什么后果，就承担什么责任。公司负有教育不周、管理不力的责任。安勇对伊利及消费者造成的不良影响，我们深表歉意！"而北京博思智奇公关顾问有限公司总经理杨再飞，既不是蒙牛的员工，更不是蒙牛的总裁助理。内蒙古蒙牛乳业（集团）股份有限公司副总裁姚海涛接受记者采访时声称，未来星儿童奶在蒙牛的总营业额中所占的比重非常小，安勇等人为了这个产品不惜铤而走险是一种非常愚蠢的行为。

　　蒙牛从一开始采取的比附品牌定位"创内蒙古乳业第二品牌"，到抓住社会热点进行宣传的"申奥""共同抗击非典"以及"神五航天员专用牛奶"等等，都在为塑造一个有责任心的与正面的企业品牌形象而努力。而这次"诽谤门"的出现可以说是蒙牛"老牛失蹄"，将以往的辛苦付之一炬，消费者对其品牌价值认同感也降到了冰点。

　　据了解，爆料炒作对手的负面消息的手段，在国内乳业早就有人使用，几年前就有过北京某公关公司涉案被调查的先例。在圣元深陷激素风波时，亦曾疑有来自贝因美方面的神秘群发邮件火上浇油。一封题为"揭露贝因美在商业竞争中的卑劣手段"的邮件又来到全国乳业线记者的邮箱，斥责"贝因美为了提高自己的品牌知名度，占据市场份额，不止一次采用群发短信、打印同行负面材料并在卖场派发给消费者等等恶劣行为来达到自己的目的。近几年对多家企业进行暗地的攻击。"而不久前雅士利"回溶粉换包再销售"的假新闻，同样怀疑是有人策划炒作。

　　随着企业背后使坏的恶斗升级，难觅出处的秘密邮件、短信、电话爆料逐渐变得稀松平常，上网发帖是一种立竿见影的新形式。

　　著名乳业专家王丁棉直言不讳地将乳业巨头互指诬陷的口水战定义为"狗咬狗"，并且指出这一不正常现象"不是今天才有"。面对企业恶斗，王丁棉痛心地表示，本来消费者信心还比较脆弱，产品质量方面还有许多工作要做，品牌间却互相抹黑，让人觉得整个中国乳业都失去了诚信，最后谁都要倒霉。"窝里斗的另一个结果，就是把辛辛苦苦打下的江山拱手让人，被外资品牌坐收渔利。"

　　（资料来源：李曙明，《一个人在战斗？》，《检察日报》；《蒙牛"诽谤门"事件始末》，新华网；雷蕾、吴静，《蒙牛深陷"诽谤门"》，《证券市场周刊》，http：//news.hexun.com 整理）

案例思考

　　1. 结合本案例，谈一谈本案例中公关主体在运用网络传播中有哪些失误之处。

　　2. 假如你是该组织的公关部经理，你认为应该如何操作该事件？

简答题

1. 传播的一般过程及其特点。
2. 传播的经典理论有哪些？
3. 传播媒介的基本分类及其特点要求。
4. 传播方式的种类。
5. 网络在公共关系中的应用方法有哪些？

第八章　公共关系过程之传播策略

学习目的

1. 掌握传播媒介的基本分类及其特点要求
2. 熟悉公共关系的传播策略
3. 了解整合营销传播的基本情况

引导案例

策划出来的"跪爬"事件

湖北荆州市侯垱村农民谢三秀随丈夫侯义学来到广州打工。2010年10月,他们两个月大的女儿侯珊珊被检查出眼癌。为了给孩子治病,他们花光了家里的积蓄,向能借到钱的亲友都借了钱,仍无法负担孩子高额的医疗费用。从此,谢三秀走上漫漫求助之路。

半年多以来,谢三秀找到了家乡和广州多个政府部门,也找到一些慈善组织,可是得的救助甚少。无助的谢三秀想到了在网络上求助。她以"侯珊珊宝贝"网名在天涯网 G4 在线版上传了"求社会好心人拯救眼癌宝宝"的帖子,将孩子生病的经历和村委会证明、孩子照片、病历的文书也上传了。

面对谢女士的求助,大量的网友都留了言。留言中有支持、有鼓励、有同情、有爱心。不过最引人注目的是一个叫"广州富家公子"的网友留言。他表示,自己怀疑谢女士说谎。他对谢三秀说:"世界上那么多要救的人,凭什么帮你?"随后,他又说:"这个社会不是每个人都有爱心的,你说你愿意用你的生命去换孩子的健康,空口说大话,谁相信你?有本事在广州街头跪爬一千米,我马上给你捐2万元。"

2011年3月22日下午,谢三秀抱着孩子来到广州大道中南方日报车站处,开始跪在地上前行。她边走边跪,1 000米的距离,耗时两个小时。但是"广州富家公子"并未兑现自己的承诺。反而放言:"钱我是不会捐的,那是她自己作贱。"一边是为了给孩子治病,宁肯跪行的母亲;一边是食言失信的富家子弟。一天之内,这一事件迅速成为媒体关注的焦点。此事经媒体报道以后引发了民众强烈的愤慨,纷纷慷慨解囊,短短几天,谢三秀就收到了20多万元的善款。

　　正当人们为孩子能够得救欢欣鼓舞之时,却愕然得知,原来"跪爬事件"是由一个网名叫"金泉少侠"的"网络推手"策划出来的。他是天涯网 G4 在线版的版主。"金泉少侠"本名石金泉,而早在谢三秀跪前一天,石金泉已经在自己的营销网站上公告了这一举动。他称这是个人习惯。"每一次我都会在网上预告。"谢三秀的策划方案一出,4 天就收获了 4 359 次的点击量,是该栏目其他文章的 10 倍以上。但他坚称:"我从来没有想过为网站提升知名度,我自己也从来没有想过要出名。"石金泉坚称自己是为了救人,而不是自我炒作。因为他所做的网络炒作以 15 000 元起价,但这次没收钱,还捐了 300 元。"救命比道德重要。""整个事件最坏的一环,就是媒体把内幕揭穿了。如果延续下去,这是一个很好的事情。""社会太冷漠了,论坛上那么多求助的帖子,根本没人帮。""在我个人的网络传播学研究当中,气愤是比较容易引起关注的,而且会在大范围传播,所以说是逼不得已才用这一招。"在石金泉看来,要在短时间筹集到救命钱,除此之外,已经没有更好的办法。他实属逼于无奈。事情被曝光后,天涯网站立即对"金泉少侠"做出处理。对于此事在网络上也引起大量讨论,有人认同,有人反对,但多数舆论还是支持"金泉少侠"的作为本身触碰了社会的道德底线,应该被谴责。

　　3 月 27 号,石金泉来到谢三秀家中,面对媒体向谢三秀和社会公众道歉。

　　(资料来源:《无良策划令社会信任崩塌》,中央电视台;《"谢三秀跪爬"事件折射慈善救助体系的乏力》,《广州日报》)

第一节　传播媒介应用的基本分类及策略分析

一、传播媒介的基本分类及其特点要求

　　媒介(media)或称媒体、载体一词,来自于拉丁语,原意是两者之间的意思,现引申为介绍或引导双方发生关系的介质物。传播媒介因而是承载和传递信息的介质或工具,是信息得以储存或传递的中介物、桥梁。因为信息本身无法独自地起作用,唯有借助于、依附于或承载于一定的物质、能量或符号才能进行储存、传递,起到信息的作用。也就是说,信息或依附于言语、文字、图像等符号,或转化成电子信号,通过电波的传送,才能迅速地跨越时空的阻隔,影响着成千上万人民的生活。所以,传播媒介是信息传播活动不可缺少的承载部分。

　　公关的信息传播活动同样也离不开媒介的承载。迄今为止人们创造了多种多样的传播媒介,每一类媒介又都有自己的特点。应合理地选择媒介,使之与信息内涵最为匹配,会放大或缩小、维持或干扰原有信息的传播效果和影响。因此,科学

地分析每一类媒介的特点,并总结出运用它们的一般要求,将有助于减小信息传播中的干扰,是实施有效公关传播工作的必须。传播媒介按不同的角度可作不同的区分。最基本地,可按媒介的物质形态的不同而分类,可将媒介分为符号、实物形态和人体三大类,每一类又可分为功能各异的更小类别:

(一) 符号媒介

符号是人类创造的并取得一定的共识的具有指代性的信号系统。它本身是抽象的,但却包含所指意的特定的具体内容。符号是具有极好地概括、储存和传递信息的手段。通常哪个一种姿势、声音、词语、对话等都是某种符号媒介,承载着某种信息。符号一般有这样几类:

1. 自然语言

无疑它是使用最广泛的也是很重要的符号系统。它包括系统的、规范的各地、各国的语言系统,如英语、汉语、法语等,也包括简单的方言土话。自然语言在承载信息时具有自己的特点:首先,自然语言运用广泛、经常,使用便利。自然语言是人类社会生活中不可缺少的、常用的传播交流工具,一般情况下无须特别地准备即可传播信息。其次,相对其他符号形式,其表现手段比较单一、平淡,易被忽视。再次,作为传播载体,自然语言的文化要求比较高,最后,书面语言即文字易于保存和查考,但口头言语具有即时性、情感性和反馈迅速的优点。若要运用自然语言载体进行有效传播,必须扬其长避其短,可以尽力做到:

(1) 形成鲜明的"第一印象"以引起注意。在文字传播过程中强调醒目,主题突出;在口语的直接交流过程中注意用词的语音、语调和相关的礼仪等的吸引力。

(2) 用词力争简洁通俗。因为我们无法要求受传者具有较高的文化水平,况且一般受传者接受传播都是遵循省力原则的。所以要注意语言的形、音、义等的通俗、和谐和突出。

(3) 注意强化记忆的心理手段运用,如汉字谐音的借用、省略语等。

2. 辅助语言系统

它包括语音、语调和默语、界域语(相互间的距离和所占空间、方向)等,它们也同样承载着一定的信息,是不可忽略的重要传播媒介。在大多数情况下,相比自然语言,辅助语言具有直观生动性和更强的真实性、可靠性的特点。因为辅助语言渗透在人们的日常生活的全部过程中,往往是其真情实感的自然流露,它的作假、欺骗类的"表演"一般比较困难。比如不卑不亢的语调或亲密的空间距离等,往往都是传播者的真实、自然信息的直接表露。所以,辅助语言所传播的信息一般具有通俗简洁、直观易懂、可靠性较强的特点,但理解这些媒介的意义需要特定的文化、经验范围。要能完整地体现这些特点,要求做到:

(1) 把握共同的文化背景,因为不同文化习俗下的辅助语言所具有的意义是不同的。

（2）要使辅助语言合乎一定的时间和场合，不能一概而论。人们往往是通过特定的场景来理解某种辅助语言的。

（二）实像媒介

1. 实物媒介

就是指具体的物质或能量实体本身也是传播意义上的有效的媒介。它包括一切的物质实体，从通信工具、消费品到礼物等。不过，实物传递的信息内容是十分多样的，全看它在具体情况下所体现的特性。

一般的自然物、商品或产品是最常见的信息传播的实物媒介。它们所承载的基本信息就是自身的特性，包括物品的性质、质量、特点、外观形象及功能、价值和人的需要等信息。人们对不同的实物对象的关注特性也是不同的，就像纸张、电话机、电波等，人们更关注其功能，即传播信息的功能，但这功能显然是实物本身承载的信息内容。实物作为传播媒介所承载的信息具有最生动直接、可靠性最强的特点。因为实物传播自身特性的信息的过程，就在其自身的使用、运作过程中，而实物过程一般是真实的、难以作假的。尽管如此，要获知这种可靠的信息，要求做到：在动态的实物的使用过程中接受信息。因为除了外观，实物特性只有在使用时才能一目了然的。就像一种洗衣粉、一支笔、一台电视机等，它自身的特性的好坏，只有在对它的使用过程中获知，并且，只有它自己才是最有说服力的。

有时面对一类物品时，人们忽略了它们本身的物质特性，而关注于它所承载的信息意义，这就是象征物媒介。比如国旗、国徽、市花、和平鸽等；或者是各类的奖状、证书、吉祥物等。人们往往不很在意这些物本身的制作特性、质量要求等，却很关注物品的社会象征意义，是代表国家的主权、和平吉祥的气氛，或是表明人们自身的先进性等。象征物作为信息载体具有直观易懂，可营造一定的意义气氛的特点。当然，要能达到这样的载体效果，必须注意：了解象征物的文化意义背景；合乎特定时间和场景地运用象征物。若不然，象征物可能会弄巧成拙，表错了意。

物质载体中最明显的当属礼物。礼物不仅传播该物质本身的信息，还传递着传者的感情，这是礼中应有之意。所以，礼物具有能同时传递关于物质的实际特性、实用功能价值性和情感价值性的特点。因其传播的信息内涵最为丰富，所以无论是从理论上还是从实践上，礼物都是最好的传播载体。当然，这是建立在真实、正确地理解礼物的基础之上的，排除了带有庸俗作风或违法行为意义上的所谓礼物。公共关系的经典案例中有不少就是运用礼物媒介而达到良好的公众关系的。

当然，和符号一样，各种物质媒介也是可以混同使用的。如果说一般实物体现自身的性质和功能，象征物则主要突出其特殊意义，礼物则可同时表现物质的性质、意义和情感。礼物可谓是综合的最有效的物质媒介。

2. 音像媒介

简单讲,它是指声、光、色、线、圈、图等形象性的图片资料或视听材料等。这类也是我们常见的传播媒介,如霓虹灯、宣传图片、组织标识、广告音乐、多媒体实像等。这些媒介具有生动直观性,并蕴含丰富的想象力的特点。要使用音像媒介传播信息。应该注意:

(1) 应该充分展示实像的直观、生动性,强调音像的直观的"动感"和"美感",以吸引公众的注意和充分的理解,而非孤芳自赏。

(2) 使用音像语言切忌同时附以详尽的文字或口语解释,一般只需点出其主题即可。就像任何一首乐曲都不能完全用文字来诠释它的全部含义一样,任何一种音像语言也都包含其特殊的信息意义,至少给公众留下想象的余地。

(三) 人体媒介

是指以人本身的特质作为承载信息的介质。人作为传播媒介可以从不同的角度进行分析,一般它包括人的体态和社会身份两种具体媒介。体态语是指眼神、表情等人的情态和言谈、举止、服饰等的人的身势特征,它们也是承载信息的具体媒介。就像人们真诚眼神的流露、高雅的气质体态或出色的口才等本身就在传递着某些信息。并且作为媒介,人的体态具有直接生动和可信性的特点。它往往可以作为辅助语言的一种,而具有相应的媒介运用要求。

除此之外,人的社会身份,比如人的职业、职务、水平等也是传播的媒介。尤其在人作为传播者的时候,其社会身份、角色作用表现得最为明显。我们相信,不同社会角色的人具有不同的传播认同效果。在一般情况下,首先,组织员工的身份传播的该组织内部的信息往往具有可信性。但它至少要符合这个条件:就是作为员工的传者与受传者的关系比较密切,并且提供信息不会造成双方的利益冲突。其次,社会普通人的身份,比如普通消费者,作为传播媒介具有一定的公正性,能获取公众的同情和理解,有时也有些号召力。当然,普通人的根本在于其真正的"普通",这就要求其表现是即时即兴的"货真价实"的普通人。最后是社会舆论领袖的身份。这是指能真正引导社会舆论的人士,包括新闻和大众媒介的职业人员,也包括政府官员或每一领域内的专家权威等。当他们传播信息时,人们往往深信不疑。所以,舆论领袖身份传播的信息具有客观权威性,即既准确又可信。要达到这种影响,也需满足基本要求:一是舆论领袖发布的信息最好是在自己的权威领域内;二是进行如此的传播活动必须与自身的利益无关,所谓客观的立场。如若不然,其传播的权威可信性可能将荡然无存。可见,不同的人员身份本身就是传播的媒介。

当然,这三种符号媒介不是截然对立的,相反,它们可以相互配合,扬长避短,发挥各自的媒介优势特点,共同承担有效传播信息的重任。

传播媒介是多种多样的,以上仅为从媒介的存在形态角度进行的基本分类。

极端地说,人们生活中的一言一行、一举一动、一草一木等都可能是某种媒介,正在传递着某种信息。所以,我们可以在把握各种基本媒介的特点和要求的基础上,选择最好的媒介以实现最有效的传播。不同的媒介之间是可以相互交叉运用的。在人类的传播实践中,人们也是交错使用各种媒介的,就如传者的言语、态度、姿势和社会身份等是同时运用的。为此,必须强调在同一传播过程中,各种媒介的相互匹配。人类传播具有多种媒介性,多媒体因而成了时代的传播主题。如何使用传播媒介,其出发点是传播效果最大化,落脚点是组织形象的建立和优化。

二、公共关系传播策略分析

良好的传播效果是指传播者发出的信息经媒介传至受传者而引起的受众的思想观念、态度或行为等的认知变化。公共关系活动的传播效果因而就是公众对于组织传播的信息的知晓、认同以至于内化为自己的态度或观念。公共关系活动是有目的的传播过程。不论具体公关活动要达到的现实目标是什么,其结果必然是围绕着良好的传播效果展开的。所以,对于传播效果的分析是公共关系最富魅力的内容。一般说,公关人员在从事职责工作时都具有良好的愿望和意图,但这并不等于因此有了良好的效果。而成功的公关之路,最终以效果来铺就。

尽管探讨传播效果是一个困难的问题,但若经过“审慎的”思考总结,提高效果还是有希望达到的。依据我们在本书中所引述的一些规律和要求,公关传播活动的有效实施至少可以考虑以下几方面的策略:

(一) 确立针对公众进行传播的公关传播原则

强调公众的把握是整个公关传播活动的出发点和依据,是有效传播活动的保障。依照传播学的研究,实施有效传播活动必须遵循针对性的原则,即针对公众或受众和组织双方的要求和特点进行公关传播活动的具体实施。这是力图克服传播过程中的种种干扰,遵循传播规律特点,实现最有效传播的必要条件。对于一个公关主体而言,其公关活动的出发点往往是按照组织自身的一些需要来进行的,这是无可非议的。但讯息并非是射向公众的,而更加可能是被放置在某个地方,被动地任公众取用的。所以,公关活动不能无视公众的要求。当公关传播同时也针对公众的需求,使公众和组织两者的要求相互吻合时,才能产生出实际的效果。这种针对性具体来说,就是针对公众的情况和组织的要求来进行整个传播活动的信息内容的编码、渠道的选择和传播时间、地点的确定。所以对不同的公众和组织而言,不存在千篇一律的传播活动,一切都是因公众而异的。

既然传播活动因公众而异,就必须进行公众的界定和分析,这就是实施有效传播的前提条件。了解和把握公众,大到对公众生活的社会环境的了解,包括社会的政治、经济、文化及风俗习惯和自然条件的把握;小到对某些具体公众的特点和状况的了解,包括其所属的种族、宗教信仰、所持观点、社会地位、职业、年龄、身份、收入、教育程度等背景资料和态度、气质、能力、兴趣爱好等心理特征的把握。

(二) 信息传播以能引起公众的注意的方式进行

在我们的时代,当公众面对众多信息时,要能让公众主动地选择取用某一信息,可视为是"一场争夺注意力的战争",赢取这场战争不仅要让公众看见、听见,而且要保证公众不是视而不见、充耳不闻。这就要求信息不仅要具有一定的刺激度,而且必须与公众的某些内在的需要具有一致性,即适应公众的需求。公关活动只有以内容或者形式的生动、多样、新奇来满足公众的诸多需求,才能真正地进入公众的感官,成为公众的主动选择。传播若不能引起公众的注意,整个传播活动都可能是无效劳动。当卡特赖特(美国传播学家)把引起注意,即信息达到受传者的感官,作为劝服性传播的第一步时,实际上意味着没有第一步也就没有后面的传播效果。因此,要注意传播刺激度、强度等在引起人们注意方面的作用。比如,可注意传播内容和方式的新奇、文字标题的醒目、文字排列的对比度、版面的美观等问题。

(三) 传播者的角色须被认同

这是指充当传播者角色的组织或个人的社会身份、人格特征等必须被公众认可,才可能有良好的传播效果。它意味着传播者的状况直接制约着传播的效果。一般说,传者的角色身份由多重因素构成,它们包括传者的价值观、所受教育、能力水平、社会阅历、职业经验、社会背景和个性心理特征等。被认同的传者角色,即具有可信性的传者的因素主要有:

第一,权威性。这主要是对传者的能力专长的认定。如果传者是某一方面的专家、权威,那么由他来传播这一方面的信息,可望获得比较大的可靠性、可信性,并且有较好的传播效果。这就是所谓的"权威效应"。当然权威的获得往往建立于一定的学识能力、经验水平和社会或特定团体对此的认定基础上,否则就不成为权威了。同时,权威涉及的范围是多样的,如政治上的、理论上的或技术上的等。具有权威性的组织或个人的形式也是多样的,如行业、组织、媒介、学者、特色等。任何权威都仅限于特定的专长范围,超出范围,其与权威性相伴而来的可信性也随之失去。权威专家在其效应的意义上,往往可成为一定的舆论领袖。"权威效应"是公关活动中常用的传播之道。

第二,良好的品质。指传播者具有客观、真诚、公正、无私、以身作则等良好品质时,才可能为公众所信赖,也才谈得上积极的传播效果。公共关系要求传者,不仅具有良好的社会公德水平,同时要符合优良的职业道德标准。强调真诚、公正地对待不同的公众,公正地对待组织和公众,公正地竞争等。在传播意义上的传者的品质要求,集中体现在客观无私的方面。实验证明,传者"发出的信息与他自身利益无关或相反时,影响力最大"。传者若具有客观超脱的品质,将会大大增强公众的认可程度,进而增进传播的有效性。

第三,适宜的个性生理和心理特点。传者的个性心理特点,包括其认知水平、意志力、气质、能力等,都会集中表现在他们的观念、立场和态度上,并就此影响传播的效果。比如心理的外倾型还是内倾型,含蓄的还是盛气凌人的,自信自尊的还是丧失信心的等,或者是传者的仪态、风度等外表条件,都会影响到公众的情绪及心理认同。更直接的,传者的观念和态度先进与否与公众的观念和态度是否一致或相似,都在某种程度上影响编码过程和公众对其的可信度,并进而影响传播效果。实际上,因为传、受双方存有的某些相似或相同性,易使彼此产生信任感,使信息传播者对公众的接收影响更大。这也就是心理学上的"自己人效应"。所以,我们必须承认人的生理或心理因素会影响传播效果,但同时反对把这种影响绝对化、庸俗化,强调积极的、适宜的态度才是上策。

(四) 运用移入情感的公关传播策略

这是指传播者有选择地与公众建立起一定的肯定性情感,则会增进公关传播的有效性。

心理学揭示,情感是人们对具体对象所产生的好恶等的主观体验和感受,是一种内在的心理倾向。情感作为人的一种基本心理过程是每个人都有的。人们在社会活动中,在认识事物的同时,也体验了自己的态度。尽管情感是十分丰富而复杂的,但概莫能超出两极性,即是肯定性的或否定性的情感。比如满意或不满意、愉快或不愉快、喜欢或不喜欢等情感体验。从传播角度说,当收信者获得信息以后,必定会产生肯定的或否定的情感评价。前者易使传受双方形成心理的认同效应而大大增强传播效果,后者的作用则正好相反。比之于其他影响传播效果的因素,情感的影响是独特而重大的。

要移入情感,首先须了解情感的心理基础。一般来说,情感与人的需要紧密相连。需要是人的行为的动力,当传播信息符合人的需要时,就会产生满意、愉悦等肯定性情感;否则,就会形成不满、不快甚至厌恶、憎恨等的消极情感。这就启迪我们,真正的情感移入在于使传播过程满足人们的需要,并根据人的需要的变化而不断地调适传播过程。

如果我们仔细地观察、分析就会发现,有时满足人们的需求却并未使双方之间产生真正的感情,或者说,仅仅产生极其微弱的满意感,以至于一般被认为尚未动情。那么,如何才能使公众明显地动情呢? 大多数情况下这是因人而异的,即公关活动对于不同的公众,应采用不同的、有针对性的传播策略,才能达到使公众具有明显的满意情感。我们总结为:

(1) 试图满足公众的最大的或最迫切的需求。比如雪中送炭类型的。

(2) 试图满足公众相对缺乏的需求。比如身处社会地位高层的人员对于社会地位低下的公众所表示的平等、尊敬行为等。

（3）尝试满足超出公众期望值的潜在需求。这是一种因意外的满足或满意而产生的情感。

应该说，打动情感是十分有效但又非常困难的传播方法。但上述分析使我们确信，只要传播者足够的努力还是有希望达到情感唤醒的目的的。

（五）充分利用公众心理影响公众态度和行为的一些方法

从心理学角度看，公关活动的实质是通过传播来影响公众的心理理解。因而明智的公关人员应该掌握并利用一些能有效地影响公众心理的，并且是非强加性的、自愿性的方法。它们可以是：

（1）利用心理定势，影响公众认知。

重视公众个体心理和群体心理的特点，在宣传时注重抓住公众的心理感知特征进行沟通，可以起到促进改变公众认知和行为的效果。通过对公众注意力的研究，找到吸引公众注意的方法，通过对晕轮效应、刻板印象、传统文化和流行文化等心理定势的研究，在相关的传播活动中引入相应技巧，使得公众对传播对象不自觉地接受，会比说教和直白地说服取得更好的效果。

（2）控制信息环境，以引导公众舆论和公众的模仿或从众行为的方法。

控制信息环境既包括控制社会信息的集合——舆论，也包括控制影响舆论的环境信息因素。舆论通常被称为"公众的意见"，它代表特定类型的公众在一定时期对共同关注的问题所持有的观点的公开表达。因为舆论可以引发公众的被迫地从众或主动地模仿的行为。如果说从众是公众在团体或社会舆论的压力下被迫在态度和行为上与大众趋同的话，模仿却是公众主动地、有意识或无意识地仿造他人或群体的行为，使自己与别人的行为表现出相似或相同。无论是从众还是模仿，控制舆论能够增强传播的有效性，达到公关传播的最终目的——影响公众的态度和行为。

（3）暗示。

暗示是以含蓄、间接的方式影响公众心理或行为的过程。即它是一种委婉、含蓄的传播方法，比之于直接的劝说方法，它更能体现对传受双方的尊重，更好地克服公众的逆反心理，因而也更容易被接受。暗示若被公众接受，就是一种心服口服的接受，就会直接影响他的观点或想法。所以，其实暗示是以间接的方式达到直接影响的目的。当然，运用暗示方法的传播者和公众之间，必须要有一定的彼此了解和共同的经验范围，才能进行立足于直觉、提示而引起的相互理解。比如，用对某事的肯定来暗示不该怎么做。没有某种共同性或默契，暗示方法难以利用。

（4）感染。

简单地说，公关传播活动中的感染就是情感或情绪的传递。即试图以言语、音像符号、表情、动作及其他方式来引起公众与自己相似的感情共鸣。感染方法的运用是基于人都是有感情的这一认识,主要依靠营造出可以产生感情共鸣的传播氛围,达到以情动人的目的。传播即时的情绪流露所引起的感情在传受双方之间的互动,这是比较短暂的情绪的感染。比如彩票发售现场的情绪波动。若感染影响力涉及人的社会认知,如激起民族荣誉感、道德感、自尊感或传统心理等,这便是较为稳定长久地起作用的情感层次的传递。公关活动可同时运用情绪和情感的感染方式,但更注重情感的持久效果。

(六) 强化传播记忆的公关策略

公关传播不仅注重眼前的有效性,更追求长久的传播记忆和影响,这就要求实现强化公众的传播记忆的策略。记忆是人脑对过去体验的反应,它和遗忘一样,都是人的正常心理现象。如何尽可能地增强记忆和克服遗忘理应按照心理学的研究来确定。理论分析和实践经验的总结表明,下述方法有助于强化记忆:

(1) 渐进性地、有变化地重复刺激。

即重复传播同样的主题,但具体的传播内容或方式是有计划、有步骤地变化、深入,以避免引起公众的厌倦情绪和逆反心理,如网络上很流行的为某个品牌或某个产品宣传所制作的系列微电影,较引人关注的是木糖醇的微电影系列广告。其实质是注意"重复效应"和克服逆反心理的综合考虑。

(2) 充分利用信息内容的系列位置效应,把重要的信息放在最先或最后提出。

这就是所谓"优先效应",具体化为首因效应和近因效应,强调在系列的传播过程中,最先的和最后的信息影响较大。生活中的"先入为主"或"临时抱佛脚"效应即是此例。

(3) 传播编码应力求通俗、简洁、生动。

一般情况下,公众接受信息传播遵循"省力原则",通俗、简洁的信息内容或形式易被了解和理解,容易引发共鸣和记忆。生动的传播,无论是符号、实物或场景媒介,都会因为给人以多重感官刺激而有益于公众的记忆。所以,借用汉语中的成语搭配的同音字来制作传播用语,或缩略语等都是有效的强化记忆的具体方法。

以上六方面的传播策略仅仅是针对相关传播理论的总结和探讨,落实到具体的公关活动还需考虑更多、更全面的实际需求。公共关系期待着发现更加科学的理论总结,而不管它是从传播实践经验中,还是从理论研究中得出的。

第二节　整合营销传播

10 年前,在广告和营销界开始出现一个叫"IMC"的词汇。美国微软公司 1995 年在全球推销 Windows 95 成为全球关注的轰动有效的营销典型案例,在很大程度上是运用了 IMC 战略。现在 IMC 战略的使用日益频繁和广泛了。

一、整合营销传播的含义

IMC 是英文"Integrated Marketing Communication"的缩写。目前对它的中文表达不完全一致,如"混合营(行)销沟通"等。就其主要含义而言,采用"整合营销传播"这一术语似更贴切。一般说来,在国际上,IMC 已成为 20 世纪 90 年代以来广告界的主流,成为营销界的热门话题,成为 21 世纪的大趋势。正如该理论的倡导者,美国的舒尔兹教授在其代表作《整合营销传播》一书的副标题所示,"IMC 是 21 世纪企业决胜关键"。"整合营销传播"是一个正在发展中的概念,一时很难对其做出界定。但是,如果从其字面意义及实际操作中的含义来看,我们可以先给整合营销传播的含义做如下界定:整合营销传播(integrated marketing communication,简称 IMC),是指将与企业进行与营销有关的一切传播活动一元化的过程。整合营销传播一方面把广告、促销、公关、直销、CI、包装等一切传播活动都涵盖于营销活动的范围之内,另一方面则使企业能够将统一的传播资信传达给顾客。其中新思想是以通过企业与顾客的沟通满足顾客需要的价值为取向,确定企业统一的市场策略,协调使用各种不同的传播手段,发挥不同传播工具的优势,从而使企业实现营销传播的低成本化,以高强冲击力形成促销高潮。整合营销传播是一个系统工程,追求 1+1>2 的效果。

二、整合营销传播产生的依据

IMC 产生的主要依据是传播媒介发生了重大变化。传播媒介的变化主要表现在以下几个方面。

(一)图像传播的盛行与近似文盲的出现

从电视的发明开始,人类传播方式逐渐从以文字等抽象传播为主向以电视和口语为主的传播方式转化。这种传播方式具有直观生动、易懂、受众的被动接受的特点,使得现代人少有对信息的理性理解,于是造成了所谓的"近似文盲",越来越多的人只能读一些字,却无法理解简单的句子、片语或指示。由于社会越来越重视图像、声音和象征的运用,减少了对阅读的要求,近似文盲的人也能以他们自己的方式进行传播活动,组织将会更多地依赖符号、象征、图像、声音等传播形式将信息传达给实际的消费者和潜在的顾客,整合各种形式的传播媒介就变得越来越重要。

(二)媒介数量的增加和受众的细分化

由于媒介数量的空前增多,大众媒介一统天下的局面被打破,使得消费者可以从各种各样的媒介中获取信息,每个媒体的视听众越来越少,每个消费者或潜在消费者所接触的媒介越来越多。如何充分利用各种媒介有效地为某种品牌、公司或营销组织服务,成为日益重要的课题,整合营销传播也就显得日益重要了。

（三）消费者作购买决定时越来越依赖主观认知而非客观事实

简单地说，消费者购买时决策的依据往往是他们自以为重要、真实、正确的主观认知，而不是来自具体事实的、进行理性思考后的客观认知。由于近年关于产品的信息越来越多，消费者没有时间和能力去仔细对各种信息进行处理。这种情况迫使组织的产品服务信息必须清晰、一致而且易于理解。因为消费者的认知对他们来说就是真实，所以组织通过各种形式的传播媒介所传递的认知信息也必须一致，否则就会被消费者所忽略。

正是在这种因素的作用下，整合营销传播出现了，它避免了传统营销方法由于忽视这些变化而造成的传播无效和浪费。

三、整合营销传播的内涵

（一）以消费者为核心

在整合营销传播中，消费者处于中心地位，这应该说是公关意识在营销与传播中得到认同。一方面，唯有消费者才是组织生存的根本，因此必须以4CS理论为基础，一切传播活动围绕消费者而展开。另一方面，消费者在处理组织所传递的信息上有很大的主动权。虽然消费者被各种各样的商业信息所包围似乎是无可逃脱，但是如果那些信息与已有的信息不相关或是互相冲突，那么他会拒绝这些信息，从而造成传播的失败。因此，传播者必须了解消费者已有的信息或经验领域如何，或是让消费者对信息有所了解。

实际上，整合营销中的每一个环节都在与消费者沟通。广告、公关、促销、店面设计、包装等都是不同形式的沟通和传播。店内商品陈列、店面促销以及为产品做的零售店头广告等也是传播。当产品售出之后，售后服务也是一种传播。总之，营销即传播，传播即营销，两者密不可分。

（二）以资料库为基础

以消费者为核心，必须对消费者和潜在消费者有深刻而全面的了解，这是公共关系调研与信息管理在营销领域的延伸，并有赖于组织在长期的营销过程中所建立的资料库。消费者的方方面面，包括人口统计特征、心理统计特征、购买历史、购买行为、使用行为和习惯等，都是进行整合营销传播的基础。建立资料库之后，还必须不断地分析流入和持续加强的信息，从消费者的反应中分析走向、趋势变化和消费者的关心点。

（三）以建立消费者和品牌之间的关系为目的

整合营销传播的一个核心是培养真正的消费者价值，与那些最有价值的消费者保持长久的紧密联系。这意味着从消费者第一次接触品牌到品牌不能再为其服务为止，组织都必须整合运用各种传播手段，使其与品牌的关系越来越密切，彼此互相获利。

（四）以"一种声音"为内在支持点

现在的组织能在相当程度上控制消费者对其产品信息的接触。组织可能通过付费和非付费的媒介搭配，控制信息的流动。随着信息的大量增加，消费者获得产品和服务信息的机会更多，下面的趋势就越来越明显：消费者因自身的需求而主动接触信息，不是经过现行的由组织主导和控制的信息流通系统。因此，组织不管用什么媒介，其中的产品或服务信息一定得清楚一致，如果经过多样媒介传递的信息相互矛盾，就很可能会被消费者所忽视。

（五）以各种传播媒介的整合运用为手段

整合营销传播应当做到使不同的传播手段在不同的阶段发挥最大的作用。要了解传播媒介的整合运用的重要性，首先必须理解"接触"（contact）这个概念在整合营销传播中的意义。在这里，接触指凡是能够将品牌、产品类别和任何与市场相关信息传递给消费者或潜在消费者的"过程与经验"。能够接触消费者的方式有许多种，如邻居和朋友间的口碑、产品包装、报纸报道、杂志与电视的信息、商店内的促销活动、待客之道与产品在货架上的位置等。在购买行为发生之后也可能接触，如消费者或潜在消费者的朋友、亲戚、同事谈及某人使用该品牌产品的经验，也包括售后服务、各种客户申述处理的方式、公司用以解决顾客问题或引发额外消费的信函方式。凡此种种都是消费者与品牌的接触，它们经年累月不断地影响消费者与品牌、组织间的潜在关系。消费者可以通过各种接触方式获得信息，即由各种各样的媒体接受各种形式、不同来源、种类各异的信息。这些信息只有保持"一种声音"才能发挥最大的作用。因此，对各种传播媒介的整合运用便显得十分重要。

公共关系工作要想和组织的主体工作更加紧密地结合在一起，整合影响传播的应用是一个可行的尝试，尤其对公众积极行为的产生具有积极意义。对组织来说，通过营销的方法整合包括公共关系在内的可用于影响公众的所有手段，同时运用公共关系中的沟通管理把组织的沟通资源进行整合。组织通过对公众的数据分析了解消费者的真正需要，并针对这些需要用组织所有的沟通资源传达出一个声音，使公众对组织的形象有非常清晰和明确的认识，形成良好的双向互动效果，可以更好地促使公众有效行为的产生。大家可以通过"案例分享"的阅读也可以使我们对于整合营销传播的应用有一个感性的认识。

四、整合营销传播的策划

（一）整合营销传播的策划步骤

1. 分析组织形势，确定营销态势

以公共关系调查和市场调查综合结果为依据，分析并确定企业所处的内外环

境、市场环境、竞争者状况等,以便明确企业所面临的市场局势。

2. 确定活动契机,制定营销传播方案

寻找一个公共关系主题,使之能直接与组织经营的产品或提供的服务产生某种联系,要求在活动中,既能充分体现社会公益特色,不彰显组织的功利目的,又能切实为组织带来较好的营销收益。传播方案的制定,主要在于媒体的选择和传播内容的确定。要切实了解目标市场的特殊性,使传播方案更具有针对性和有效性。

3. 对各种营销策略进行组合,选择最佳营销组合方案

在传统 4PS 的基础上,综合其他社会环境的考虑因素,分析如何突出企业的优势,提出能够实现达到最大销售额的营销思路,确定最佳的营销组合方案。

4. 制定整合营销传播方案

在制定整合营销传播方案时,重要的是如何把重组的营销组合策略与公关传播主题统一,形成全新的能达到最大传播效果的传播方案,务使在活动中将宣传区域有效覆盖至更广的范围,以达到在更大范围内有效地将宣传内容传播出去的目的,实现组织经济效益和社会效益双赢的局面。

5. 对整合营销传播方案进行可行性分析,并加以完善

在制定好整合营销传播方案后,应进行必要的可行性分析,对公关主题的选择、活动宣传手法、传播工具组合方案等,进行再推敲和论证,努力使其更具有操作性和高效益。特别是对于大众传播媒介的选择和使用,更应进行反复斟酌,以期获得最大的社会效益。同时应做好出现异常情况的危机预警预案,做到万无一失。

6. 报送组织决策部门审查

在整合营销传播方案确定后,要报送组织决策部门审核批准。对于经费预算情况,应列举详细的预算表,请决策部门研究批准。

(二) 策划时需注意处理的关系

1. 公关主题和营销目的的关系

在整合营销传播的策划过程中,选择的公关主题应能体现营销目的,使受众在接受公关宣传的同时自然地接受组织的产品、服务或组织形象等。如以环保主题宣传环保产品;以健康主题突出企业生产的健康产品,注重健康生活理念的企业形象等。

2. 公关宣传与营销运作的关系

整合营销传播,是使用公关手法对营销工作的推进。它既要求恰当地做好公共关系的协调沟通工作,又要紧密配合营销工作的开展,两者之间注意不要脱节;既要言行一致,又要组织严密,及时将产品、渠道及促销工作做好,努力在目标市场中营造自身生存和发展的良好环境,给公众留下好印象。

3. 公关环境营造与营销任务实现的关系

从整合营销传播的直接效果来看,其有助于营销任务的实现,但必须是要从组

织的长远发展角度进行综合考察。因此组织要把整合营销传播看成是组织公共关系环境营造的良好契机，是对消费者、媒介、社区、政府等外部公众沟通关系的一个突破和整合。在进行整合营销传播过程中，注意公关色彩要重于营销色彩，组织不要过分要求短期营业额的突破，应更多地考虑组织、产品和公众的良好界面的建立，即品牌形象建设的问题。

总之，整合营销传播活动是组织的高级营销活动，是公关活动和市场营销活动的综合应用，其策划和实施都对企业的长期发展具有重要意义。

案例分享

"棉花——超乎你的想象"
——棉制主题系列营销推广活动

项目主体：美国棉花公司、美国国际棉花协会

项目执行：福莱希乐国际传播咨询有限公司

项目调研

世界主要棉花生产国家为中国、美国与印度。纺织业是中国的主要出口行业之一。棉花又是中国纺织工业的重要基础原料。在纺织业的迅速发展中，中国棉花的质量和国际棉花相比差距不大，国产优质棉价格和进口棉价格基本持平。2004年11月，中国政府以每吨1 390美元的价格购入30万吨棉花，在短期内，棉花现货价格得以维持于此水平。然而，中国仍需由国外进口棉花。不过，随着中国棉花市场参与者对国内外棉花市场的理解日渐成熟，中国对棉花的需求会继续保持增长并且棉花市场将日趋完善。

中国受调查者更青睐纯棉服装，据受访的9个全球市场中心之首，这是美国国际棉花协会在北京揭晓《2004全球时尚监测调查报告》中显示的。据了解，这也是该报告首次将中国内地市场列入被调查的国家和地区名单之中。该报告显示，中国内地消费者越来越具有"健康着装"的观念，他们对天然棉毛织物服装需求更强烈，有82%的中国受调查者愿意支付更多的钱购买天然纯棉、毛织物的服装。其中北京、上海、广州、深圳等几大城市中平均64.9%的人认为衣服选用天然纤维如羊毛、棉花等"非常重要"。

根据调查，中国消费者普遍将棉与"舒适"、"环保"画上等号，却忽视棉制服装的时尚功能。此外，棉花在国内的发展还受到合成纤维快速增长的影响。仅莱卡为例，它是美国杜邦公司推出的新型纤维，如今也早已超越了工具的地位，上升为一种文化现象。此外，杜邦公司还在国内开展了大规模的市场推广活动，使消费者

对莱卡的认知度不断提高,这对棉花市场造成了一定的影响。

　　不过,随着环境保护已成为一个时尚话题,消费者迅速意识到生活和环境的密切关系,这一消费观念为棉花市场提供了一次绝好的发展契机,而棉质服装无疑是环保主义者的最佳选择。所以,通过"棉花——超乎你的想象",向消费者传达棉花不仅仅是一种简单的纤维,它更代表了一种环保、时尚的生活态度,具有重要的意义。

项目策划

公关目标

(1) 建立和强化中国消费者对棉花多功能性及时尚性的认知和理解。

(2) 增强消费者对棉制品的喜好。

目标受众

　　首要目标受众是 18～40 周岁的女性,重要目标受众是 18～50 周岁的男性。此外还包括一线和二线城市中等以上收入的居民,通过杂志、网络媒体等获取资信的消费者,易为朋友、同事所影响并关注海外流行趋势的消费者。

公关策略

　　(1) 借助"棉花——超乎你的想象"主题活动,巧妙地将平面、电视、网络等媒体集合起来,形成全方位的传播格局,创造出"超乎想象"的精彩;

　　(2) 采用整合营销传播手段,比如学生棉花设计大赛、中国新锐设计师棉制服装展示、全国路演、电子快报等,将核心信息直接传播给目标受众;

　　(3) 确立"棉花——超乎你的想象"主题,借此传达和突出棉花的特性和益处。

项目执行

举办学生棉花设计大赛及全国路演活动

　　为了能够突出棉花的时尚感,"棉花——超乎你的想象"在 2006 和 2007 年先后两次与北京服装学院合作,举办学生棉花设计大赛,两届大赛分别以 2006 年的"家居、办公、户外、派对、宴会",2007 年的"经典、浪漫、先锋"为大赛设计主题,号召新锐学生设计师设计出能够展示棉花时尚性及多功能性的服饰,并将获奖的作品制成成衣,邀请名模李艾、莫万丹等担任特邀嘉宾参与路演活动,向公众展示学生的获奖作品。

　　路演起始于首都北京,并陆续在上海、广州、成都、青岛、大连等城市繁华路段的百货中心开展,进一步提升公众对棉花时尚性的认识。在举办路演活动的同时,组织当地的媒体参加活动,从而增加大赛的曝光率。在这些学生设计师将他们的多彩想象变成绚烂的棉制服装时,他们带给公众的更是引领未来时尚的棉织服装设计理念。他们的创造性让棉花超越了我们的想象。在路演中,有的设计师以"新家居主义"为设计主题,用绚丽的颜色和时尚的设计,突破了以往家居服装色彩单调、款式陈旧的束缚。有的则以"精灵"主题,用鲜艳跳跃为设计的颜色和穿梭的感觉形成新的视觉效果,具有吸引力和活力。众多的设计灵感、多元的剪裁方式、万变的层次组合以及大胆的色彩搭配,让棉花这一时尚纤维在路演中大显风采。

与先锋服装设计师合作

2008 年,"棉花——超乎你的想象"与中国当红新锐时装设计师姜熠、姜可影、施杰、王玉涛合作,在路演活动中展示设计师特别设计和制作的棉制时装,同时进行包括消费者网络票选活动在内的系列网络互动活动,以此让更多的中国消费者深入了解棉花的各种特性。通过先与学生设计师合作,再与有独立品牌和店面的新锐设计师合作,将棉花的时尚性与益处通过 T 台,自然地展示给大众。

开启棉花 e 时代

为了更好地持续性地传递棉花的时尚性和多功能性,"棉花——超乎你的想象"利用网络平台开始了棉花全新的整合传播,通过建立主题网站达到传播效果。网站自 2006 年 6 月开通以来,为中国消费者提供有关棉制品众多用途的更多信息。该网站包含了棉花设计以及护理方面的大量信息,设有专门探讨儿童服装风格、时尚潮流、面料护理、衣物除渍以及家庭装饰等内容的栏目。

此外,为了满足 e 时代人类的信息需求,特别制作的棉花电子快报,根据网友需求每月提供丰富多彩的棉花主题内容。在电子快报中,不论是最新的色彩流行趋势还是牛仔风尚鉴,都强调棉花的多功能性与时尚感。除了精彩的内容外,电子快报到达率也在短短的时间内迅速飙升。首先,电子快报可以通过主题网站注册的网友进行线上的网络传播;其次,电子快报也会发送给每站棉花主题路演征集的众多消费者。这样,棉花电子快报每个月都会到达数以万计的消费者的邮箱中,并通过线上与线下活动的配合,实现对棉花信息的有效传播。

网站活动

"棉花——超乎你的想象"主题网站的创立让棉花的信息传递进一步多元化。截至 2008 年 11 月 30 日,网站浏览达到了近 117 万人次,这一数字还在不断被刷新。随着网站的不断完善,福莱国际积极策划了多项站内网络活动来拉动棉花与消费者的距离,进一步增强了棉作为时尚性和多功能性的织物在消费者心中的印象。

棉花主题网站活动多种多样,通过对于棉制品和织物的话题延展,让消费者在网络上亲自体验棉花带来的益处,了解到更多与棉、与生活相关的有用知识,达到棉花时尚性、多功能性的传播效用。随着网络投入力度的加大,福莱国际还展开了"爱棉花,爱棉尚"的网络投票和纯棉礼品 DIY 等创意活动,让更多消费者参与到其中。

与时尚网络频道合作

在中国最大的时尚网络平台——新浪伊人频道设立专门针对 18～35 岁的具有理性、时尚性的女性目标消费群的"棉花——超乎你的想象"专栏,在 12 个月连续不断地增强棉花特性的介绍与推广。生动的报道、鲜活的图片,使棉花的时尚感、功能性得到了体现。

在与新浪合作的众多推广活动中,"我是棉布袋"以及"我的环保宣言"等活动引起了一定的社会反响。随着消费者环保意识的增强,越来越多的人意识到环保在当今社会的重要性。福莱国际就是在事件营销中抓住机遇,顺势将纯棉这种天然纤维所具有的环保功能与国家"禁塑令"事件相结合,与新浪展开了一场网络纯棉环保热潮。6 000 只免费环保棉制布袋顷刻间被广大网友注册领取。由于对事件以及机遇的把握恰到好处,让棉花的多功能性和环保时尚概念在活动中得到更广泛传播。

与时尚电视栏目合作

为了进一步影响中国消费者,并采用经济的传播手段对更广泛的人群施以影响。从 2007 年 3 月开始,与北京电视台第七频道《魅力前线》栏目合作了一系列关于棉花时尚及流行趋势的节目。记录流行的脚步,引领时尚的潮流,《魅力前线》信号覆盖全国,并且特别注重对典型时尚个案的深层关注,让纷繁复杂的潮流信息化作百姓对时尚和美丽追求的亮丽资质。把棉这一材质与时尚类电视节目结合是整个项目策划中的又一"妙招"。纯棉围巾搭配、街头牛仔、时尚纯棉家居等数十个以棉为内容、融合流行时尚的主题节目。让"棉花——超乎你的想象"这一主题发挥到了极致。相关主题节目还制作成视频在"棉花——超乎你的想象"主题网站上进行播出,视频链接还被网友推荐到了各家网络论坛等。这样,通过内容策划方式的合作,使得通过电视宣传的投入大大降低,却取得了非常好的效果。

项目评估

从学生棉花设计大赛到全国范围的棉花路演,从建立棉花主题网站到与知名门户网站合作,活动不但得到了媒体的广泛响应,同时获得了广大中国消费者的积极认可。而随着消费者网络票选活动的展开和颁奖仪式的举行。同时将公众和媒体对这一活动的关注度推向了高潮。在没有一分钱广告投入的前提下,截至 2008 年 11 月 30 日,1 817 家媒体剪报被收集,逾 40 亿份的发行量,相当于花费 6 000 万元广告费创造的传播价值。

更为重要的是,多层次、多角度的公关活动与大众消费者进行了直接而有效的沟通,包括通过与学生设计师和先锋设计师的交流、棉制品护理知识的教育、具有时尚导向的新闻稿的发布和创新地应用电视和网络媒体等具有丰富创造性的传播手段,实现了对行业和消费类媒体传达"棉花是有益的、多功能性和时尚性的纤维"

的理念的目标。

媒体评价

从 2006 年开始,我参加了"棉花——超乎你的想象"这项活动,总体感觉她切入时代的特性。活动和消费者比较贴近。互动性比较强,总体感觉还是很好的。这些特色对棉制品在消费者中加深印象很有好处。从我与日常生活中的朋友的交流看,棉制品中最受欢迎的是 JEANS。从这点看,棉制品的生命力是长久的。大家对棉制品是很认可的。从公关稿件来看,大部分传递了"棉花——超乎你的想象"公关活动所要传达的目的。对消费者来说,他们可能还是想得到更具体、更实在的信息。在网站、电台和报纸等媒体共同的宣传下,这项活动还是会有效果的。

——李茗芳(《中国纺织报》)

在专业性方面,我认为公关活动做得非常好。在新闻稿里,对棉花的益处传达得很丰富、很全面也很权威。在时尚性方面有待提高。其实,纯棉的东西一直都挺受欢迎的。近几年,纯棉一直是一个非常流行的话题。在 FASHION,大家一直很关注纯棉制品的潮流和理念。从专业媒体来说,希望棉制品有更多新技术面市,也希望具有更多的时尚性,能使年轻的一代认为其可以有百变的面目出现。我希望能做得更丰富一点,在和 MEDIA 的配合及与消费者的互动方面都可以做得丰富一点。打一个比方,生产出一种母子包。用纯棉的布料做母子包。现在每位妈妈都很时尚,如果背一时尚的包,很快可以把理念宣传出去。让孩子们从小接受纯棉制品。

——张米(《时尚好管家》)

(资料来源:《最佳公共关系案例》中国　市场出版社,2009 年 10 月,181 页~187 页)

案例思考

1. 本案例通过哪些手段完成整合营销传播?
2. 你认为本案例运用了哪些传播媒介?
3. 你认为本案例成功地运用了哪些传播策略?

简答题

1. 公共关系的传播媒介的分类。
2. 公关传播策略的分类。
3. 整合营销传播的产生条件。
4. 整合营销传播的内涵。

第九章　公共关系的类型

学习目的

1. 掌握主体型公共关系类型
2. 掌握主体型公共关系内容
3. 掌握对象型公共关系类型
4. 掌握对象型公共关系内容
5. 掌握目标型公共关系类型
6. 掌握目标型公共关系内容

引导案例

会理：转危为机营销城市

2011 年 6 月 26 日,有网友爆料称,四川凉山州会理县政府网站发布的一则新闻中使用了合成痕迹明显的领导视察照片。随后,该图片在网上引发了 PS 狂潮。网民们对图片进行了新的合成,原图中的 3 名领导走出会理县、走出国门,甚至离开地球,背景包括车上、太空、草原、南方水灾现场等多个场景。没过几天,微博上甚至已形成多个"会理县领导一日环游世界各地视察"的"套图"。

事件发生当天,会理县政府接受《天府早报》等媒体采访,做出正面回应,并在政府网站上发表致歉声明,贴出了 PS 前的原图。当天下午,会理县政府及 PS 事件的当事人孙正东(县政府办公室工作人员)还开通实名认证微博,向网友说明情况并致歉。

会理县政府微博和孙正东的微博积极和网友互动,以同样轻松诙谐的语气回应网友的 PS 恶搞,并借机推介会理旅游。

27 日晚开始,孙正东在微博上转发并评论网友对会理县领导的各种 PS 恶搞图片,从中挑选自己认为"最喜欢"的与网友分享,并表示自己"在加强练习技术的同时,我还将学习微博操作,以便跟大家介绍会理县"。对于网友 PS 他上级周游世界的恶搞图片,"会理县孙正东"还幽默地评价:感谢全国热心网友,让会理县领导有机会免费"周游世界","旅行"归来后,领导已回到正常的工作轨道,也希望网友把关注焦点转移到会理这座古城上来。会理是座有着两千多年历史文化的古城，也是古南方丝绸之路的重镇，看看@阿卓志鸿镜头下的美丽的会理吧，绝对没有PS哦。——正是这条微博，网友转发了 12 000 多次，评论超过 4 000 条。

公开"拿县领导炒作"，使网友感到意外的同时，也使网友对会理县的印象发生了改变。有网友称孙正东"用轻松幽默把 PS 事件逆转了"。

"公开出来回应就好，赞一个！"会理县的道歉微博出现后，随即在网上引来好评如潮。"知错就改，这才是一个正常的政府，好样的。""表扬！真心地表扬！"……

很快，某些团购网站和旅行社则已开始推介会理旅游套票。此前名不见经传的会理县一"图"成名。

会理石榴、会理古城，都开始进入网民的视野，成为微博上热传的旅游信息。不少网友表示，在 PS 欢乐之余，"对会理产生了浓厚兴趣，很想去旅游"。

会理，一个危机事件"华丽转身"变为成功的城市营销。

（资料来源：杨华丽，《会理借机营销城市　堪称危机公关的经典案例》，四川在线——《天府早报》）

第一节　主体型公共关系

主体型公共关系是指围绕某一具体主体即组织的要求而展开的公共关系活动。在企业和商业服务业组织之间，政府和非营利性组织之间等，由于主体之间的性质和工作目标的差异，使不同组织的具体公共关系活动和方式具有不同的特点。但同为公共关系活动，它们都遵循共同的活动原则，在树立整体形象，建立良好的公众关系这个最终目标上又是一致的，这使所有组织的公共关系活动又表现出某些共同之处，使我们得以总结出某些一般技巧。

主体型公共关系的一般技巧包括三方面：

第一，传播围绕本组织基本目标的组织形象，即传播基本形象。在大多数情况下，每一组织都面临数目庞大的公众，不同的公众对组织的要求是彼此相异的，组织要满足这众多相异的具体需求几乎是不可能的。因而他们能做的也必须要做的是满足公众的基本需求，这就是与组织基本目标相关的内涵。就像企业必须提供质量可靠的产品，所有的组织都必须一定程度上满足公众的服务需求。传播组织的基本形象就是基本的公关活动，组织首先要自己做得好，然后把这一切告诉公众，满足公众的基本需求，才会有进一步的良好公众关系的出现。

第二，多形式地、有创新地树立自身有特色的整体形象。多样的、独特的方面往往是公关活动的契机。一个组织只有确立自己的独特身份，才能有独特的地位和公众关系。这就是为什么主体型公共关系在围绕组织的基本目标进行的同时，还必须多形式地、有创新地树立自身有特色的整体形象。同类组织之间会有基本目标上的类同性，但整体形象上不会有此类同。创新和特色不仅使某一组织区别于同类的其他组织，从传播角度而言，也是有效传播的要求。

第三，完善多样的双向沟通渠道。这个要求不仅是满足公众的基本知晓需求，而且也是促进组织自身的完善和协调与公众的关系的必需，是公关形式的必需。

这三方面的要求包含了多方面的庞大的具体工作。因为从主体的角度要试图协调与众多公众的关系本身就是庞大而艰巨的工作。当然，所谓公共关系的一般技巧也仅仅是一种主体公共关系的思路或方向，其运用时仍需具体化。按照一般技巧，下面我们介绍几种具体主体的公共关系实务：

一、企业公共关系

企业是以生产的产品来满足社会需求的营利性组织。因而诸多公众对企业的共同的基本要求是生产可靠的满足社会需求的产品。这也是企业生存和发展的基础和前提。除此之外，企业还需以多种方式满足公众的多样的需求，才能建立良好的公众关系。所以，企业公共关系的内容至少包括以下几方面：

（一）建立良好的组织基本形象，即产品形象

对企业而言，产品是其生存的基础和素质、水平的集中表现，所以，产品形象是组织形象的最基本的部分，是企业公关的前提。我们不能想象一家企业没有良好的产品，还在试图通过传播让公众理解和支持组织。产品形象本身包括质量、性能、外观等综合品牌因素，名牌战略就是一种综合的产品形象。

（二）确立和传播企业的个性识别定位，以提高知名度、美誉度

在现代化的企业生产中，其产品往往是标准化的结果。要在公众心目中留下关注和记忆，必须强调组织的个性化的特色。比如独特的理念定位、特殊的服务形象等，它们会是公关传播取得良好效果的契机。企业个性识别系统（CIS）就是一种企业公关的系统策略。

（三）多形式地强调社会效益，以确立信誉形象

企业作为营利性组织，其利益来源于社会公众的支持。所以，企业强调社会效益，既是回报公众，也可以由此让公众了解自己的爱心和善意，树立良好的信誉、精神文化的形象。

（四）注重公关沟通方式的多样性和持久性

企业要促进和公众的相互了解，必须建立多样的沟通渠道。类似接待投诉、消费咨询、社会培训、专题报告会、招待会等都是针对外部公众的沟通方式。面对内部公众,也应有多种公关方式,比如合理化建议制度、内部报刊、广播等。当然各种沟通方式都须长久地维护,使公关工作保持持久性。良好的企业公共关系可以通过塑造良好的整体形象而产生许多直接或间接的利益。

二、商业、服务业公共关系

商业、服务业是以提供商品或具体服务来获得社会承认的营利性组织。商业组织同时兼有商品特性的把关责任和配套的服务要求,但其主要的形象要求与服务业一样是服务,而与企业不同,由于服务一般是员工直接和相关公众发生联系,因而对这些组织的员工形象提出了较高的要求。公众对服务具有某些共同的要求,这就是基本服务规范确定的必要;同时具体服务时针对特定对象须有一定的灵活性和应变性。所以,其理应采取以下的公关策略:

(一) 确立"全员公关"的策略以树立良好的服务形象

所谓"全员公关",是强调组织内的全体员工的自觉的公关意识和公关行为,并由此形成组织整体协调的公关状态和公关活动。由于商业服务业组织是以服务形象为基础,而服务形象要求全方位地面对诸多公众,即它的全体员工几乎都直接与重要公众相关。因此,员工形象是基本的服务形象,公众通过每一具体的接触来了解和理解组织,而每一员工的具体行为都事关组织的整体形象。唯有全员公关才能塑造组织良好的整体形象。

(二) 服务强调原则性和灵活性的统一

在灵活性的意义上,实施因人而异的服务原则。商业服务业组织的服务是针对具体公众进行的过程,千差万别的公众具有不同的特点和需求,也只有采取不同的有针对性的服务才能赢取公众的满意。其基础是了解公众,即大到了解不同公众的具体文化背景(包括其风俗、习惯等);小到了解公众的具体服务需求;并以此来实施个别的、具体的、特殊的服务。

(三) 确立和传播组织在行业中的个性形象定位

即确立自身有特色的整体形象,以此区别于行业中的其他同类组织,并通过传播让公众知晓和认同。

(四) 营造一种有特色的和谐环境形象,以烘托组织个性

在传播媒介的意义上,环境中的一草一木都是传播的载体,都在一定程度上展示组织的形象。商业服务业组织的环境是最直观地展示在公众面前的组织形象的一部分,也是传播的有效媒介。

(五) 多形式的沟通

尤其是日常的沟通渠道理应畅通。比如投诉接待、咨询建议等,这既是满足公众的倾诉需求,也是很好地把握公众要求的信息和传播组织形象的良好契机。

三、政府公共关系

政府是权力组织,它对社会行使管理、保卫和服务等职能。它既拥有超越普通组织和公众之上的一定的权力,本身又依赖所属社会的人们的政治上的、思想上的和经济上的支持和帮助。在任何一个民主社会中,与最庞大的社会公众通过传播、沟通的方式保持良好的关系即政府公共关系,是维护社会稳定和发展的必需,也是政府本身改革和发展的必需。在政府工作中运用公共关系的手段,具有独特的、不可替代的作用。当然,政府代表着地域或国家,有时政府公关也可视作地域或国家的公共关系。它一般包括以下一些要求:

(一) 确立良好的政绩形象,这是政府形象的基本点

政府必须为人民即公众办实事、谋实惠和实利,这是人民对政府的基本要求。缺少政绩的政府公共关系活动会被视为掩饰自己的无能或无为,难以真正获得良好的人民对政府的信赖关系。从人民的角度而言,政绩必须明确而可信,即可能的话,应该把政绩定性化和定量化。所谓"每年为人民办十件实事"的做法,既明确了政绩,又概括地进行了传播,可谓是良好的公共关系策略。

(二) 树立过硬的政府官员个人形象

由于政府拥有特定的权力,这种权力的实际使用者是政府官员,所以政府官员,尤其是首脑们的个人形象一定程度上直接影响和代表着政府的形象。人民对政府官员们具有廉洁、素质高等的要求,因此政府官员的形象内容包括他们的个人阅历等背景资料、他们的经济状况和他们的工作表现等。把官员的非个人隐私的情况透明于社会理应是政府公关的当然内容。

(三) 突出传播政府工作或所在地域、国家的特色定位

这是一种有时效的特色定位。它要求政府具有相应的工作规划,它既包括长远的也包括短期的特色目标和定位。政府在这里代表着地域或国家,政府公关也可理解为地域或国家的公共关系。在日益密切的地域和国家交往中,如果某一政府不想让自己被其他区域或国家淹没的话,必定要突出自己的特色、特性,这是一种传播的策略。但这并不是说除了特色之外其他方面都不好,而是指有效传播和发展自身的需要。就像在国际舞台上,维也纳、威尼斯、巴黎等地区具有不可替代的传播影响,但这并不妨碍其综合性的发展。

(四) 多形式的对话、沟通促进彼此的理解

这是指密切双向沟通的渠道。既是双向,必包含下情上达和上情下达两个方面。前者指政府主动地、有计划地倾听公众即人民的呼声;后者是及时地向人民传播政府的有关信息。前者理应是后者的基础。对于人民的知晓需求,政府应当满足;人民要求一定程度地参政议政和实施对政府的监督,政府必须提供从信息到方针、政策的配合。良好的政府公共关系建立在相互沟通达到彼此了解、理解的活动之上。当然,沟通的具体方式是十分多样的:从直接的沟通方式如接待日、谈话、热线电话、座谈会、咨询等,到间接的沟通如信箱、发布会、公告、报刊文章、民意征集等,主动的、经常的和专业化的双向沟通是政府公共关系的基本活动内容。

四、事业、社会团体公共关系

事业组织是适应社会公共需要而主要由政府设立的非营利性的专门性机构,比如学校、医院等。社会团体是由具有某些相同背景的社会成员自愿组合而成的互益性组织,比如各类协会、学会团体等。它们都属于非营利性的社会组织,并且一般都具有明显的个性而区别于其他组织。因此事业、社会团体公关要求:

(一) 确立一种高水平的有特色的职业形象和道德形象

这是具体的事业或社会团体组织生存的基本依据。因为它们担负着崇高的社会道德感和职业认识的高水准,来满足社会的需要。所以,确立和传播组织的职业特性形象是博取公众理解和支持的基本形象,也是组织得以安身的公关工作的保障。

(二) 积极参与相关社会活动,以提高自身的知名度和美誉度

事业或社会团体组织一般不会也不适宜通过广告或其他直接宣传的方式来传播自身的形象,组织通过参与相关社会活动,在承担为社会服务的责任的同时,也告知了公众自身的特色和信誉形象。可谓是两全其美的公关形式。

(三) 通过与组织相关的权威人物形象来传播组织形象

由于事业或社会团体组织的职业特色高水准,普通公众就难以了解和理解其形象。但若通过某些权威人物来传播组织形象就显得直接、生动得多,因为权威人士的社会影响和地位是被公众普遍认同的。

当然,以上这些只是主体型公共关系的基本要求,它们的具体化将呈现为丰富多彩的具体公关实践。

五、社会公众人物

社会公众人物也称社会性个人,他们与一般人的不同,主要在于他们有较高的社会知名度,是广受公众关注的人物。社会公众人物以社会明星或社会热点人物(如有影星、歌星、球星、畅销书作家、探险家、重大事件主角等)为大宗,而不少高级政客(如议员、政府内阁成员等)及社会活动家(如慈善家、热心社会公众事务的活动家等)也属此列。

由于以上这类人物社会身份特殊,社会声誉高,社会影响大,他们的一言一行、一举一动往往很自然地广受媒体及公众的关注,因此,公众对他们的期望也就比一般人要高。公众不仅期待他们在所属职业领域中表现优异、出类拔萃,而且对他们的待人处事也提出了更高的道德要求。从社会公众人物自身出发,为了促进自己的事业进一步发展,为了延续、扩大、提高自己的知名度,他们也大有必要有目的地去争取公众与舆论的支持。正是在此基础上,社会公众人物有意识地主动开展公共关系活动,就成为理所当然的一件工作了。

在西方国家,社会公众人物公共关系活动的开展已经由来已久。如美国影坛著名童星秀兰·邓波儿当年以天真活泼、淘气可爱的银幕形象风靡世界,征服了亿万影迷的心,成年以后,她一方面仍从事演艺活动,另一方面则有效地利用了自己创造的社会声誉与形象,成功地充当了民间亲善与和平使节的角色,受到所到国家与地区人民广泛而热烈的欢迎。此外,如球王贝利、拳王阿里。篮球巨星乔丹等,也都以各自不同的方式,成功地开展了公共关系,赢得了广大公众的青睐。在我国,随着改革、开放的深入,社会公众人物的公共关系也有所开展,并取得了一定成绩。比如当年华中、华东一些省区遭受特大洪灾时,一些歌星自发组织了一场名为"爱的奉献"的大型义演,所获款项皆捐赠灾区人民;又如一些球星、影星、笑星等对救助失学儿童的"希望工程"积极支持,捐赠了不少钱款。

与其他主体公共关系相比,社会公众人物有着自身的特殊性,他们在具体开展自身的公共关系活动时,应经常告诫自己做好以下几点:

(一) 多参加社会公益活动。

社会公众人物不仅仍要做好本职工作,在可能的情况下,还应争取多参加一些社会公益活动,如扶助孤老事业、挽救失足青年、资助失学儿童等,他们的社会声望将有助于社会公益活动的推进。

(二) 严格要求自己,时时维护自己的形象。

社会公众人物应该十分珍惜自己的名望,不要娇惯自己,更不可自恃特殊而骄横跋扈,切忌闹出罢演、漏税、做假广告之类的风波,而要时时刻刻做遵纪守法的楷模、待人接物的表率。

(三) 要善于与媒体打交道。

社会公众人物的成功离不开媒体的宣传以至炒作,但弄得不好,媒体也可能搞得你灰头土脸、名誉扫地。如 2000 年 8 月,美国共和党总统候选人小布什在一次集会上悄悄骂了某记者一句,结果遭到媒体铺天盖地的批评,民意支持率也骤然下降。因此,在尊重事实、恪守新闻规范的前提下,社会公众人物应积极配合媒体的采访、报道,以更好地传播有关信息及塑造美好形象。

第二节　对象型公共关系

公共关系亦可直接称为公众关系,相互了解、理解和配合的组织与公众的关系,即良好的公众关系是对象公关的主要目标。尽管在面对具体公众的对象公关过程中,由良好的公众关系还会推导出更直接地影响组织发展的目的。比如良好的社区公众关系会形成一种直接影响组织发展的社区环境;而与政府公众之间的协调关系,能为组织争取到适宜的政治、法律、政策的环境和行政上的支持等。良好的公众关系影响到组织生存和发展的具体条件,其对于组织的意义可谓很大。对象型公共关系也由此体现出相当大的必要性和重要性。

组织面对许多的公众,就一定时期而言,他们对组织的作用有主次之分。从长期发展的角度来看,任何公众都是重要的。

组织所面临的公众是一个大的群体,包括许多具体类型的公众。而公关活动不一定针对公众整体,可能针对某一种或几种类型,或针对某一类型的某一部分公众而展开。这里主要介绍公共关系工作中常见的目标公众对象。面对不同对象,公共关系策略和技巧也应有所区别,只有这样,才能取得理想的公共关系效果。

一、员工关系

世界上人是第一宝贵的,只要有了人,什么人间奇迹都可以创造。西方的企业家们早就认识到了这一点,因而,他们把雇员看成是企业的财富。

员工,是指组织中的职员和工人。员工关系是指组织在管理过程中形成的人事关系,其中包括组织机构里上下级之间的关系,各个职能部门、科室、班组之间的关系,以及内部员工之间的关系。

(一) 员工是组织的资产而非成本

员工是组织的主体,是组织赖以生存和发展的细胞,他们的思想和情绪无时无刻不影响着组织机制的运行,组织的存在价值和发展目标,组织向社会提供的优质产品和服务,都要通过他们身体力行去实现。日本的一位经理说过:"一群人在一起工作,其效果并不总像数学公式一加一等于二那样简单。两人协力的结果,可能三倍,甚至五倍于个人的力量。相反,如果不互相协力,效果可能是零。"因此,成功的组织能够激发群体中每一个成员的智慧和潜能,把各种分散的力量聚成一股强大的合力。可见,良好的雇员关系是组织凝聚的粘合剂。

员工是组织形象的设计师和创造人,是组织与外部公众接触的触角。他们每天工作在生产经营的第一线,他们的衣着、风貌、举止、言行,都是组织形象的体现和象征。他们和蔼可亲的态度,热情周到的服务,正直诚实的美德,将给组织带来无穷的效益。因此,每一个员工都是组织中"兼职的"公共关系人员。良好的雇员关系有助于培养员工的主人翁责任感,使人人珍惜组织的信誉和形象,从根本上改善和提高组织的素质,使组织真正做到内求团结,外求发展。

由此可见,现代公共关系首先是促使组织把自身的工作做好,然后才是对外沟通传播。要把自身的工作做好,首先需要内部员工精诚团结,共同努力。因此,协调员工关系,培养员工的认同感和归属感,增强组织的向心力和凝聚力,就成为公共关系工作的起点。

(二) 处理雇员关系的技巧

1. 加强双向沟通,实现信息共享

信息沟通是指信息在人与人之间,组织与组织之间,通过语言、文字、图形以及感情、态度等形式的传递。世间人际关系的紧张往往产生于误会,而大多数的误会又是由于人们彼此之间缺乏有效的沟通。员工作为组织的一分子,如果对组织的情况不了解,特别是对与自己利益相关的信息知之甚少,便会产生猜疑、烦恼、对抗的心理和行为,从而造成人们之间的隔阂、争斗和内耗。实行信息共享,既是为了形成良好的人际关系,也是为了求得员工在认识上和行为上与组织的根本目标保持一致。

组织内部的信息沟通是多流向的,既有纵向信息传递、横向信息传递,又有立体交叉式信息传递。纵向信息传递是指组织内部上下级之间的双向信息交流,即通常所说的"上情下达"和"下情上达"。纵向信息交流可以使组织的意图和职工的要求达到和谐的统一,从而形成上下一心、同心协力。为此,组织应该充分利用各种传播形式,如组织的杂志、小报或通讯、简报、墙报、广播等等,向员工们介绍本组织的盈亏情况,领导层的人事变动,奖金、红利或福利政策,以求得到员工的理解和支持;介绍本组织在生产、技术、质量、销售等方面的困难,竞争厂家的挑战与影响,以及外部对本组织的评价和反应,以求增加员工的危机感和紧迫感,增强员工的斗志和对本组织的忠诚;介绍组织领导和先进人物的工作业绩,以求增加员工对本组织的信心和光荣感;介绍企业的新产品、新技术和新设备,以求培养员工在信息时代的激烈竞争中保持不败的信念。另一方面,还需要将员工的情绪、意见、牢骚、要求、流言或建议,及时归纳、整理,反映给领导层或有关部门,作为决策和工作的依据。

横向信息传递是指组织内部各部门、各层次之间的平行信息交流。横向信息交流可以沟通各部门之间的信息,拓宽管理人员的视野,支持彼此的工作。员工之间的交流,可以增进友情,团结合作;管理人员之间的交流,可以协调职能、互相支持;领导成员之间的交流,可以彼此体谅、贯彻政策。横向交流的方式很多如郊游、联欢、体育活动、舞会等,都可以加强员工之间的情感交流。日本人每工作 25 小时,就有 1 小时用于在工作之余同团体内部其他人员交际。他们认为,工作后的活动可以解决工作上的冲突。

交叉式信息传递是指组织各界人员,不分上级和下属,都以群体一分子的平等身份进行交往。这是一种开放式的交往,它可以打破部门的界限、职务的隔阂,在组织中从上到下创造一种相互理解、相互信任的和谐气氛,使组织充满活力,富有朝气,从而达到"人和"的境界。

2. 建立企业文化,增强组织内聚力

企业文化,是指一个企业组织及其员工所具有的一整套价值观念体系。它包括相互联系、相互依存的两个方面。就"软"的一面来看,就是指员工的思想意识、精神风貌和价值观念;就"硬"的一面来看,就是指决定企业价值观念的各种具体活动,如技术活动、福利活动和娱乐活动等。企业文化是一种无形的管理方式,它可以使人们改变原来只从个人角度建立的思想意识,树立一种以企业为中心的共同价值观念,从而在潜意识中对企业产生一种强烈的向心力,培养良好的集体意识。具有强烈集体意识的企业成员会对企业所承担的社会职责和企业目标有深刻的理解,从而自觉地约束个人行为,使自己的言行与企业整体联系在一起。这样企业的各项工作就能有机地联系起来,合力运转。可见,内聚功能是企业文化最显著的一种功能,它把员工的意志和行为引向同一目标,并为这个目标而协同动作。同时,具有优秀企业文化的企业,向社会展示了它良好的管理机制、经营素质和企业风貌,无形之中向市场提供了可以信赖的信息,这就使企业塑造了良好的整体形象,树立了良好的市场信誉。

因此,有人将企业的经济与文化作为同一共同体的两个侧面来分析。把企业文化看作相对于经济的另一只"看不见的手",它能通过明确的经营宗旨、深层次的意识行为准则、公开的和悄悄的暗示,渗透人们的心理,聚集人们的先进意识,取得人们的共识,指导人们的行为,在企业深层的精神文化层面发挥凝聚人心的特殊功能。

3. 掌握用人之道,加强组织的向心力

组织的员工是"社会人",而不是"经济人",他们生活在复杂的社会机体中,除了要求满足经济方面的需求外,还受到社会环境、社会组织和家庭的影响,追求友谊和爱情,要求生活得充实、愉快,渴望实现自我价值和受人尊重,因此,在卓越的中外企业中,都非常注重满足员工的精神需求。

聚力必聚心,聚心必先尊重人,搞好雇员关系,必须要从确立个体价值入手,使团体中的每个成员都能在团体的环境中充分展示自己的个性,追求和实现个人的价值。这样才能加强每一个成员的向心力,通过许许多多的个体活动,去追求和实现组织的整体目标。

4. 创造"和谐氛围",协调引导非正式组织

在组织中一般存在着一些非正式组织,如同乡会、同学会、兴趣团体等等。非正式组织是一些自由、松散的人际活动圈子,是以感情为纽带,以共同利益的追求为目的而自发聚合形成的组织。因此,比起自上而下正规化的组织系统来,其联系

交往更亲密、更有效、更富于弹性。非正式团体在组织管理和公关工作中一方面具有积极作用，可以发挥沟通意见、稳定情绪、互帮互学的效应；另一方面也有不可忽视的副作用，容易传播流言蜚语，带来"哥们儿义气"，削弱正式团体的控制力与影响力。因此，要发挥非正式组织积极的作用，避免消极的影响，就要靠公关人员的引导、协调和疏通。

公共关系人员与非正式组织打交道，首先要重视"舆论领袖"的作用，因为"舆论领袖"在非正式组织中有号召力和影响力，他们的言谈往往会获得他人的尊重和信任。因此，要利用他们的威信引导这些团体，使他们的行为趋向与组织保持协调和一致，成为正式组织的有效补充。其次，要避免非正式组织的消极作用和破坏作用，就必须加强同非正式组织成员的感情联系，和他们交朋友，使他们信服，而不是被压服。压制只能使他们产生对立情绪，甚至转化为对抗关系。只有利用情感交流和信息沟通，才能形成良好的工作情绪和气氛，形成和睦的人际关系。最后，要注意防止组织内部小道消息的蔓延，因为小道消息的传播会对正式组织的信息传播造成干扰和破坏，从而影响组织的统一和一致。

二、消费者关系

(一) 消费者关系的重要性

消费者关系即企业与本企业产品和服务的购买者、消费者之间的关系，在现代社会，泛指一切物质产品和文化产品及服务的供应者、生产者与购买者、消费者之间的广泛联系。在激烈的市场竞争中，越来越多的企业努力探寻有效的经营途径，忠诚地以服务顾客为准绳，确定以市场顾客为导向的经营哲学。美国学者的调查表明，每有一名通过口头或书面直接向公司提出投诉的顾客，就有约 26 名保持沉默的感到不满意的顾客。这 26 名顾客每个人都会对另外 10 名亲朋好友造成消极影响，而这 10 名亲朋好友中，约33％的人会再把这个坏消息传给另外 20 个人。换言之，只要有 1 名顾客不满意，就会导致 26＋(26×10)＋(26×10×33％×20)，即 2 002 人不满意。因此，现代企业家清醒地认识到："顾客满意"就是经营。让顾客回到经营的起点上来。

"顾客至上"的经营意识，其核心是使顾客满意。"顾客满意"集中表现在顾客重复购买的程度，这种"重复购买"，不仅仅体现在由顾客满意而产生的个体直线效应上，更重要的是体现在由一名顾客的满意而产生的"2 002 名顾客"的群体网状效应上。顾客就是上帝，顾客就是效益，谁拥有顾客，谁就拥有发展的机会。

(二) 处理消费者关系的技巧

1. 塑造为顾客服务的形象

当今世界上经营卓著的组织，不论它们从事的是机械制造业，还是高技术工业,或者是生产汉堡包的食品业和迪斯尼娱乐园那样的游乐场所,都以"服务业"自居努力塑造为公众提供优质服务的形象,以争取社会各界的信任和支持。

2. 提供优质的配套服务

在现代人的消费心理中,产品本身的使用价值固然重要,但产品所体现的审美价值和附加价值将是左右其购买行为的最后抉择。顾客购买"产品",实质上是在购买他从"产品"中期望得到的一系列利益和满足。美国市场营销学家里维特教授说过:"未来竞争的关键,不在于工厂生产什么产品,而在于其产品所提供的附加价值:包装、服务、广告、用户咨询、购买信贷、及时交货和人们以价值来衡量的一切东西"。如果企业只注重提供有形的物质产品本身,而忽视精美的包装、真实通达的广告、广泛耐心的咨询、迅速完备的维修等多种服务,那么,它所提供的产品就不是完整的产品,而是残缺的产品。这样的企业对顾客和社会不负责任,在未来的竞争中,必定会失去顾客的信赖,最后陷入生存危机。因此,良好的消费者关系在于把对顾客的诚意贯穿在售前和售后服务的整个运营链条中。

3. 对消费者实行科学管理

对消费者实行科学的管理,即把广大而又松散的消费者组织起来,使他们改变盲目被动的消费习惯,形成积极的、自觉的、科学的消费意识,使他们成为企业产品的主要消费者。这种方法也被称作消费者系列化。这是一种蓄水养鱼的方法,它通过消费教育、消费引导和完善的销售服务,培养对本企业的拥护者、爱戴者,培养本企业稳定的顾客队伍和稳定的市场关系。

消费教育的形式很多,主要包括:为顾客和公众编辑发行指导性手册和刊物,举办操作表演会或实物展览会,帮助用户、顾客认识和熟悉新产品的性能、技术等;举办培训班,培训销售人员和顾客掌握使用和保养产品的知识;向报纸、杂志、电台、电视台提供有关新产品的介绍资料;开设咨询服务中心等回答公众的问题。

要建立企业与消费者的稳固关系,必须先筑塘蓄水,然后将千万条游进塘里的鱼儿奉养起来。上海新兴服装商厦就是采用了这种方法。他们平时非常注意搜集顾客信息,建立顾客档案,维系同顾客的联系。每当换季时节,商厦都为它的顾客寄去印制精美的问候卡和彩色时装折页,上面有十几种该店新近推出的时装精品图片。这种走进人心的问候和富有人情味的软性推销,的确是一种挡不住的诱惑。所以,消费者系列化是一种长期的较高层次的公关活动。所谓"蓄水"就是要坚持不懈、锲而不舍地投入爱,进而使企业与消费者的关系犹如"鱼水之情"。今后的市场竞争实际上就是对消费者的竞争,得人心者才能得到市场。

4. 与消费者保持通畅的信息渠道

企业要建立与消费者的良好关系,就必须与消费者保持通畅的信息流,以了解和掌握顾客的消费需求、消费心理和消费习惯,搞好市场预测。

沟通信息的基本手段有：进行舆论调查，利用信息反馈，把有关的反应和信息及时告知企业的有关部门，并协同其他部门，进行全方位的公共关系活动。美国的一家公司，公共关系人员协同企业的领导和有关部门，开设了一所"倾听顾客意见学院"，派专职人员收集、分析、处理来自消费者的意见。美国米利肯公司的经营战略中也包括了这样一些措施：所有的推销人员都要到生产制造部门实习一段时间；举办"如何站在顾客的角度看问题"训练班，为服务部门的人员（如电话总机、发货人员）举办培训班，利用录像、传真等手段向他们介绍顾客生活和工作的实况；公司的高层经理人员也要接受一定的销售训练；全体员工都要通过接受训练来了解消费者使用本公司产品的情况。公司的公关人员还邀请顾客来参观米利肯公司的设施，为顾客放映有关米利肯公司发展历史的电影，以增加消费者对企业的感性认识。公司还在消费者中进行范围广泛内容详尽的调查，调查中特别强调顾客对公司的态度以及对公司各环节做法的反映，包括公司人员接电话的用语是否有礼貌这样的细节也在调查之列。

5. 及时妥善处理顾客投诉

在社会中，消费者同组织发生冲突、纠纷和隔阂是常见的事情。在流通领域中，消费者认为企业在销售产品时，以次充好，以假冒真，刊登名不符实的广告；在服务性企业中，消费者认为服务人员态度粗鲁，服务设施与收费标准不符等。这一切现象都称之为侵犯消费者的权益，消费者或直接投书企业，或诉之于司法机关，或通过新闻传播媒介披露，于是就发生了企业同消费者关系的纠纷。

在处理消费者同企业的纠纷时，首先要做到善于听取消费者的意见，情绪激愤的投诉者往往会采用偏激的态度、尖锐的措词，公关人员应平心静气地听取顾客投诉，尽量让他们倾吐不满、宣泄郁闷，这样会起到"降温"和"灭火"的作用。美国通用电气公司、可口可乐公司和英国航空公司，每年都投资数百万美元努力把顾客的抱怨处理好，而这三家公司恰恰属于国际上生意最为兴隆的公司之列。这些公司的经营诀窍之一，就是遇到不满意的顾客时，即使做不到对他们有求必应，也要尽量向他们充分地解释，使之释然于胸。其具体做法是：设立 800 号码地免费电话系统，进行严格的员工培训，遵守慷慨退款原则，甚至建立可以让消费者发泄怒气的同时，把形象留在录像带上的电话间。这样一来，公司的批评者就会转为忠实的支持者。如今，"平息怒气、和气生财"已经成为国外企业协调顾客关系的最主要手段之一。另外，不论顾客采用何种批评方式，都要以他们所提的意见为线索，对事实的真相做调查，在查清事实的基础上，与消费者充分交流意见，求同存异，达成谅解。纠纷的处理和解决，要努力使顾客满意。对顾客的承诺一定要及时实施。同时，还要将解决的结果通过新闻媒介加以传播，这样，就有可能把不利于企业的舆论引导到有利于企业的方向上去。

三、媒介关系

(一) 媒介关系的重要性

媒介关系,也称新闻界关系。新闻传播媒介是以传递新闻信息为主要特征的信息传播工具,报纸、杂志、广播、电视是新闻界最主要的实体。新闻媒介是组织与社会公众联系的最主要渠道,也是组织最敏感、最重要的公众之一。

对于公共关系人员而言,新闻界公众是具有双重身份的特殊公众,它既是公关人员赖以实现公关目标的重要媒介,又是公关人员必须尽力去争取的重要公众。新闻媒介有着不可忽视的特性,它传递信息迅速、影响力大、威望度高,可以左右社会舆论,影响和引导民意,对社会的经济、政治局势的变化具有不容忽视的作用。因此,在欧美被看作立法、司法、行政三大权力之后的"第四权力"。任何组织和个人都不敢轻视新闻媒介这一重要舆论工具。正可谓:"得之者锦上添花,失之者名誉扫地"。

新闻媒介对于组织的发展具有举足轻重的作用:

1. 新闻媒介是塑造组织形象的"把关人"

新闻媒介充当着公众的卫士,它们常常利用手中的宣传工具,利用舆论的力量维护着公众的利益;新闻媒介通过记者对组织的采访,收集经济新闻,对企业的生产、经营活动和产品质量进行褒贬评价,从而影响组织形象;通过引导社会舆论,扩大组织影响,提高组织知名度。由于舆论对社会组织的发展有着不可低估的影响,因而,通过新闻媒介传播的舆论,可以给社会组织扬名,也可以给社会组织毁誉。由中国新闻文化促进会牵头,全国各大新闻机构参与的"中国质量万里行"活动,使假冒伪劣产品在社会上曝光,成了过街老鼠,从而保护了生产名优产品的厂家,维护了消费者的权益。

2. 新闻媒介是组织与外界沟通的中介

它可以为组织发布广告,介绍新产品,传播新技术;为组织召开新闻发布会,扩大补全影响,提高组织知名度。特别是现代化大众媒介形式的多样化,已使公共关系活动的宗旨能通过不同方式传递给公众,加之新闻传播已成为现代生活的主要信息渠道,人们通过它们来理解、支持社会组织时会更自然、更便捷。但是另一方面,公共关系活动对大众媒介的使用必须通过新闻界人士的协助才能办到。因此,与新闻界人士建立广泛而良好的关系,是成功运用大众传播媒介的必要前提。

3. 新闻媒介对于组织具有反馈信息的功能

新闻媒介可以帮助和监督企业的经营,对企业内部的管理人员、销售人员以及广大员工都起着鼓舞士气和教育警戒的作用。因此,任何企业和社会组织都应该重视新闻界这种批评监督的作用,把舆论的反应作为一种参照系数,来矫正、修改自己的言行。

(二) 与媒介处理关系的技巧和方法

1. 尊重新闻界的职业特点

新闻界人士也是组织的公众之一,组织在其他公众中的相互尊重、平等、互相促进等宗旨,也应在新闻界关系中表现出来。组织要与新闻界建立良好的关系,必须注意各自不同的基点。公关人员同新闻记者的目的和职守并不相同,有时甚至是矛盾的。在这种情况下,就必须尊重新闻界的职业特点。新闻界的职业特点是重视新闻报道的客观性、及时性和公正性,而不受其他势力所左右。尊重新闻界的职业特点,就必须尊重新闻记者地位的独立性,而不能把新闻媒介纯粹看成是宣传企业的工具,诱使或强迫它们报道有利于本组织的消息,而拒绝采访和报道不利于本组织的消息。否则就等于轻视新闻媒介的社会地位,是得不到它们的合作与支持的。

2. 加强与新闻界的合作与联系

良好的新闻界关系,应是一种相互合作的关系。在实际工作中,公关人员和新闻记者总是互为中介的。一方面,公关人员需要通过记者把组织的信息及时准确地传递给公众;另一方面,新闻记者也需要通过公关人员来了解有关组织的信息,发掘具有新闻价值的素材,丰富新闻报道的内容和品种。组织在平时就应积极主动地与新闻界保持联系,有意识地了解新闻报道的重点和新闻界的动向,向新闻界介绍企业的特点和成就,以便及时提供对方需要的、具有新闻价值的消息。为了更好地配合新闻界的工作,组织的公关人员应该做好如下工作:

(1) 熟悉和了解各种媒介的特点和新闻体裁的形式。这样就能有针对性地提供符合传播规律的新闻稿,提高稿件的采用率。同时,还应努力协助新闻媒介的工作,如帮助它们找到合适的采访对象,提供必要的摄影环境和录音条件等。

(2) 主动、及时地向新闻媒介提供组织的信息。创造机会展示自己,借此扩大组织的影响。组织可以安排熟悉新闻界和新闻业务的人员专职负责与新闻界的联系,经常搜集新闻界的各种动态信息,并能掌握组织的全面情况,准确地回答记者的问题,真正成为组织的"对外发言人"。

(3) 建立与新闻界的友谊关系。组织可有计划地邀请新闻界人士参观本组织,举行记者招待会以增进新闻媒介对组织的了解,让它们对组织的情况和发展心中有数,在组织发生重大新闻时,特别是出现危机情况时,能以公正、客观的立场采访和报道组织的消息。还可举办与新闻记者的联谊活动,包括座谈会、讨论、晚会、舞会、联欢会等等,促进了解,增进友谊,为相互之间的合作奠定良好的基础。特别是当新闻媒介遇到困难时,组织应全力相助。要树立一个思想:帮助新闻媒介就是帮助自己。

3. 真实传播组织信息

新闻界的大忌就是新闻失真,在组织与新闻界的交往中,要特别注意真实地反映信息,做到不隐恶,不溢美,实事求是,新闻界也客观地报道组织的信息,这才是真正的合作与支持。有时组织也会出现一些对形象和名誉不利的"家丑",如决策上的失误、经营管理上的缺陷、产品质量上的问题,对此不能采取遮遮掩掩的态度,而应主动与新闻界沟通,充分利用新闻媒介对社会舆论的影响,把事实真相如实地反映出去,并把自己的改正措施公之于众,争取社会公众的谅解与支持,从而把组织的声誉损失减少到最低限度。

四、政府关系

(一) 建立与政府的良好关系的重要性

政府是国家权力的执行机构,是对社会进行统一规划和管理的"大管家"。在政府这个庞大的"保护伞"下生存、发展的社会组织,总是要和政府发生着千丝万缕的联系。政府对社会组织的存在和发展有着举足轻重的作用和影响。作为国家权力的执行机构,政府通过对政策的制定和执行,制约和影响着社会组织的活动,例如在经济领域,企业在诸如税务、财政金融、外汇、审计和统计。海关与贸易进出口管理、物资与能源的监控和调配、干部和人事、价格和市场管理、环境和生态保护、商标和专利、产品鉴定和商品检验等等方面都要服从政府的管理。政府作为最具社会影响力和经济实力的社会组织,它对某些社会组织的支持、援助和赞赏,往往能使其获得优越的竞争条件和有力的发展环境;而对某些社会组织的批评、制裁,往往也会在社会上造成极大影响,因此,任何社会组织都不能忽视与政府的关系。协调社会组织与政府之间的关系,是公共关系人员开展外部公关的一项重要内容。与政府建立良好的关系,常常会给社会组织带来意想不到的效益。

(二) 建立良好政府关系的技巧

1. 与政府部门沟通信息

组织的公共关系人员应熟悉政府的法令、法规和政策,随时注意其变动和变化趋势,研究其适用范围,注意其变通性和灵活性,并提供给决策部门作参考,使之成为组织决策的依据,使组织的一切活动都保持在政策法令许可的范围内,并随时按照政策法令的变动来修改组织的政策和活动。公共关系人员可以通过汇编国家各级有关政府部门下达的各种文件、颁布的各种法令,通过密切注意代表国家和地方政府的各种新闻媒介动态、同政府主管部门建立密切联系等方式收集信息。

另外,公关人员还应及时将组织的发展动态通报政府主管部门,协助发现及纠正政策执行中出现的偏差和失误,同时争取政府的指导和帮助。如果政府的政策与下面的情况不符,亦应及时反映,以求融通。组织应向政府有关部门传达的信息有：组织的基本情况和发展变动；组织的经济地位和技术地位及其对社会发展的影响；组织缴纳的税金及承担的其他社会责任和义务；组织遵纪守法情况；组织在执行政府计划过程中遇到的困难、发现的问题；组织需要政府部门在哪些方面提供帮助和支持等。

2. 与政府人员广为联系

处理政府关系，需要熟悉政府机构的内部层次，还要与各主管部门的工作人员增进友谊，保持良好关系。这样可以减少"踢皮球"和"公文旅行"的现象，提高办事效率。同时，在某个环节发生障碍时，能及时发现问题并设法予以疏通。

3. 扩大组织在政府部门中的信誉和影响

要赢得政府的支持，就要争取政府有关部门领导人对本组织的重视；这就需要把握一切有利时机，扩大本组织在政府部门中的信誉和影响，使政府了解组织对社会、对国家的贡献和成就，如利用新厂房落成、新生产线投产、企业周年庆典、新技术新产品问世等机会，邀请政府主管部门领导及党政要人出席组织的重大活动，主持奠基仪式或落成剪彩，参观新设备、新产品，通过各种专题活动，提高政府部门对本组织的信心和重视程度。组织还通过新闻媒介向公众介绍组织的情况，借社会舆论来影响政府部门的决策。此外，组织还可以同社会知名人士、社会团体的领袖、专家、学者等保持密切联系，让他们了解并理解本组织，通过他们的力量来争取政府部门的支持。

第三节　目标型公共关系

在公共关系实务中，我们往往是依照公关活动的目标来确定相应的活动方案的。而公关活动的具体目标又是由组织所面临的主要的、优势的或迫切的问题来规定的。这种以具体的问题和目标为导向的公共关系实务类型就是目标公共关系。目标公关就是围绕组织的目标运用公共关系手段实施的管理。因而目标公关离不开对组织资源的运用，资源的特点和有限性也就一定程度上规定了公关活动的手段或方法，使具体目标公关活动呈现出种种特殊之处。把握每一类目标公共关系的目标、手段、适用范围和运用技巧是实施有效公关的基本要求，而不管某类公关的名称是侧重于哪一方面。出色的目标公关还需在基本技巧之上，展示其创造性或独特性。主要的目标公关类型有这样几类：

一、建设型（开拓型）公共关系

建设型公共关系是社会组织初创时期或新产品、新服务首次推出时期，为开创新局面进行的公共关系活动模式。目的在于提高美誉度，形成良好的第一印象，或使社会公众对组织及产品有一种新的兴趣,形成一种新的感觉,直接推动组织事业的发展。建设型公共关系活动的重点是宣传和交际,实施的重点是主动向公众介绍自己,主动接近各方朋友,尽量地使更多的公众了解企业、关注企业、接近企业,以取得公众的信任和支持。

建设型公共关系可采用的方法很多,一般包括开业广告、开业庆典、新产品试销、新服务介绍、新产品发布会、免费试用、免费品尝、免费招待参观、开业折价酬宾、赠送宣传品、主动参加社区活动等。特殊情况下,建设型公共关系活动包括:主动向社会公众介绍情况,举办大型的公关活动,向社会征集企业名称、徽标,向社会招聘高级人才等。

组织在社会公众中的影响和一个人一样,如果总是一成不变,守着一种固定的形式,显示不出新的活力,树立不起新的形象,那么随着时间的推移,就会被公众所淡忘。因此对于一个组织来说,必须时刻注意公众中的自我形象,以种种努力来引起公众的关注和社会的重视。

开展建设型公共关系活动应把握的原则:

1. 选择有利时机

对于建设性公共关系来说,选择时机十分重要,公司挂牌、商场开业、产品上市、都要注意研究公众的需要,选择有利时机,让企业在公众中有良好的"第一印象",对企业先产生兴趣,再转为理解、支持的态度和行动。这种模式一般适用于:企业始建,新产品、新服务推广初期,更换厂名店名,改变产品商标或包装。

2. 选择恰当地点

根据产品的特点或公司的性质,或目标对象的不同,选择有利的场所,突出新产品或新形象的特点,让人过目不忘。

3. 练好内功

不管是为了一炮打响来个开门红,还是为了开拓的新局面,赢得新市场,都必须首先在产品规格。质量、花色品种、外观设计等服务项目以及服务态度的改进上下功夫。这是组织建立新形象的基础工作,这个工作做得不好,开创新局面将成为一句空话。

4. 掌握分寸

为了让组织迅速获得公众的认同,或者让新产品新服务迅速占领市场,必须通过各种传播媒介大力宣传组织的新情况、新进展、新产品、新服务,以便让公众了解组织,理解组织。但是又不能显示出过多宣传的痕迹,宣传中应掌握分寸,以诚相待,不宜自我吹捧、言过其实,以免引起公众的反感。因此在宣传策略上,建设型公共关系的重点应该放在"新"上,以崭新的姿态、崭新的形象出现在公众面前,给人以新鲜感、新奇感,以新取胜,以新博得公众的好感。

二、维系型公共关系

维系型公共关系是指社会组织在稳定发展期间,用来巩固良好形象的公共关系活动模式。目的是通过不间断的、持续的公关活动,巩固、提高与公众的良好关系和组织形象,使组织的良好印象始终保留在公众的记忆中。其做法是通过各种渠道和采用各种方式持续不断地向社会公众传输各种信息,使公众在不知不觉中成为组织的顺意公众。一方面通过各种传播媒介和传播活动,以较低的姿态把组织的各种信息持续不断地传达给各类公众,使组织的良好形象始终保留在公众的记忆中,一旦有需要公众就可能首先想到你,接受你的产品和服务,与你合作,为你带来利润和好处;另一方面,开展各种优惠服务吸引公众再次合作。

维系型公共关系的特征,是以渐进而持久的方式,通过针对公众的精心设计的活动;潜移默化地在公众中产生作用,使组织的形象进入人的长期记忆系统,为实现组织的公共关系目标铺平道路,追求水到渠成的效果。它虽然不能迅速形成社会影响力,然而一旦见效,就能在公众中成有利于组织的心理定式。

维系型公共关系是针对公众心理特征而精心设计的,具体可分为"硬维系"、"软维系"两种形式。

"硬维系"是指那些"维系目的"明确,主客双方都能理解意图的公共关系活动,其特点是通过优惠服务和感情联络来维系同公众的关系。比如许多西方航空公司明确宣布,凡乘坐我公司航班多少次以上者,公司可提供免费旅行一次,目的是同顾客建立较长期联系。有些国内外厂商还利用一些节日、纪念日,向长期客户赠送一些小礼品,搞一些联谊活动,来加强感情联络,发展厂商与顾客之间的关系。"硬维系"一般用于已经建立了购买关系或业务往来的组织和个人。具体方式灵活多样,可利用各种传媒进行一般的宣传,如定期刊发有关组织情况的新闻、播出广告、提供组织的新闻图片、实行会员制、提供累计消费折扣等。也可以向常年客户赠送小礼物,邀请用户联谊,定期或不定期发布提醒性广告,经常在媒体露面,经常派发企业小型纪念品或礼品。

"软维系"是指那些活动目的虽然明确,但表现形式却比较超脱的公共关系活动,其目的是在不知不觉中让公众不忘记组织。一般是对广泛的公众开展的公共关系活动,其具体做法可以灵活多样,但要以低姿态宣传为主,如定期广告、组织报道、提供组织的新闻画片、散发印有组织名称的交通旅游图等等。保持一定的媒体曝光率,使公众在不知不觉中了解组织的情况,加深对组织的印象。

搞好维系型公共关系活动应把握以下原则:

1. 攻心为主

维系型公共关系从某种意义上说是一种"心理战"。一个组织与其公众发生并建立了良好的公共关系之后,随着时间的推移,这种公共关系状态可能向好的方向进一步发展,也可能向不好的方向转化。此时社会组织公共关系目标就是要维系良好的公共关系状态,防止逆转。实现这样目标的公共关系活动实质是使公众对组织产生有利的心理定式,因此研究公众的心理需求是工作的重点。要给相关的公众实实在在的优惠和实惠,在不知不觉中接受企业的产品和服务。

2. 渐进性

维系型公共关系活动要在公众中造成对社会组织有利的心理定式,即使公众在不知不觉中形成对社会组织的好感。有关组织形象的信息对公众的刺激强度不够、过弱,刺激强度过大、过猛,都不利于形成这种心理定式。通过渐进性的积累,保持适中的信息刺激度,最有助于形成这种心理定式。对这个"度"的把握,是维系型公共关系的艺术。因此,开展维系型公共关系活动,在方法上必须注重"细水长流",而不是大张旗鼓的活动,不是集中人力、物力、财力去"打歼灭战",去追求一举成功。它争取公众的主要手段是通过传播媒介不断向公众"吹风",让组织的有关信息不时传到公众的耳朵里,使组织的形象经常呈现在公众的面前。

3. 保持超脱姿态

从侧面看,维系型公共关系活动要让公众在不知不觉中形成对组织的好感,因此开展维系型公共关系活动要在"超脱"二字上下功夫,不论是硬维系还是软维系都要表现出一种高姿态,表现出"醉翁之意不在酒"的味道,使公众在心理上乐于接受。

这个广告,没有任何说教,以其不可抗拒的情感力量令无数旁观者怦然心动。没有宣传自己的企业的画面和文字,在公众心目中却形成了对印象广告公司的良好印象。

三、社交型公共关系

公关实务除了传播相关信息以外,还有一项重要的工作,就是保持与强化那些对组织的发展和进步具有关键制约意义的"关键性公众"或"重要公众"的多方面联系。这些"关键性公众"或者是相关媒体中占据关键岗位的媒体工作者,或者是直接管辖和操纵行业组织的上级主管部门,或者是重要的公众群体中具有倾向性领导能力的"舆论领袖"和"公众核心人物"。一个组织的公关职能部门必须对自己的此类关键性公众了然于怀,"重点盯防",通过极为有效的——主要表现为社交性公关来保持与他(她)们的密切联系,在他(她)们的"三寸头脑"空间中印存、保持、强化本组织的良好形象。

社交型公关主要通过人际间的交往沟通活动来达成。活动的具体方式与手段多种多样,但目的却是相同的,这就是保持与本组织重要公众的密切联系,畅通双方的信息沟通渠道,时刻取得他(她)们对组织各项工作的指导、帮助与配合,以便为组织的生存与发展创造一个至关重要的内、外部空间与环境。

社交型公关实务模式的主要形式与手段常见的有这样几种:保持组织上层人士、公关部门主管与上级部门主管人士、重点媒体单位主管人员、供应商和经销商之间良好的个人交际关系;娴熟使用各类人际社交手段(舞会、宴请、参观、游览、招待演出、礼宾仪式、馈赠等),加深双方的了解与情感;通过对普通公众群体中具有显著领导与示范作用的"舆论领袖"和"公众核心人物"重点访谈(座谈)与请教指导,获得这些关键人物对组织的理解与支持,并进而为组织各方面公关实务的开展创造一个良好的环境。社交型公关要取得长久的成功,就必须注意以下原则:

1. 事先"筑路"、保持联系的原则

维系那些对组织的发展与成长可能具有关键意义的"重点公众",不应该抱着一种"平时不烧香、临时抱佛脚"的侥幸念头,而应该事先就铺好路、搭好桥,奠定良好基础,平时就维护好组织同这些"重点公众"间的信息情感沟通"管道"。只有这样,才能不断获得有关信息,取得他们的帮助与指点,才能在关键的时候借助以往铺架的"渠道",把相关信息迅速地传递过去,取得这些"重要公众"的理解、信任与支持。

2. 相互了解、及时交流的原则

维系好同这些"重要公众"的关系,还需要通过平时积极主动的信息双向沟通与联系才能达成。单纯的吃吃喝喝并不能保证这些公众能在关键时刻为你"挺身而出",因为他们并不是为组织所"收买"的,更不是组织能够随心所欲地驱使的人物,只有通过积极充分的双向信息沟通活动,使他们了解、理解并支持组织的基本理念和文化精神,达成了事业上、工作上的共识,才有可能真正获得这些公众的无私帮助和大力支持。

3. 互帮互助、共同支持的原则

组织与组织之间、人与人之间只有形成了一种无害于第三者的互帮互助、共同支持的密切关系,才能做到"毋相忘、长相守"。这就要求一个社会组织经常要把自己的"重要公众"的"冷暖"放在心上,要切实地为他们做点事、帮点忙,才能赢得他们对你的真正"回报"。一个组织只会"索取"、不会"投入",又怎能真正与自己的对象公众交上朋友呢? 又怎能真正获知他们对组织的意义与评价,并在关键时刻获得他们无私地援助呢?

四、公益型公共关系

所谓公益型公关,是指社会组织通过持续不断地参加能够提升本组织公关形象的社会公益活动的工作模式。由于公关工作的主要目的是在不同的社会公众中建立并维护、加强组织的良好形象,因而各类社会公益慈善活动是极为理想的提升本组织公关声誉与形象的工作模式。

公益型公关工作种类很多,形式灵活,公关人员可以根据自己特定时期内的公关目标与计划,选择合适的公益活动项目。通常一个组织的公益型公关工作的基本模式包括:冠名与赞助;倡导与发起;响应与参加;基金会组织;行业调查等。其中公关性的经费赞助活动最为常见,倡导与发起具有先进理念、潮流、引导力的社会活动(甚至是运动)最见功力,而基金会组织、慈善事业常为人们所称道,而冠名支持的环保运动、绿色运动最符合当代潮流。这些活动都能够给组织带来良好的声誉,都能为组织承担社会责任、实现其引领社会先进潮流与思想提供一个活动的"舞台",都能在政治与文化领域中为组织的发展拓展空间,提供极大的帮助。

为了较好地达成公益型公关工作模式的系列公关目标,就必须遵守以下几个重要原则:

1. 积极参与的原则

积极参加各类社会公益活动乃是一个组织所应承担的社会责任,也是社会组织借以塑造自己的社会形象的重要形式与途径,所以社会组织应委托其辖下的公关部门,积极投入到各种与自己的组织身份、形象、资产相匹配的社会公益性活动中。

积极参与社会公益事业与活动,不仅能够显示组织的社会责任心,还能获得受益于公益活动的社会大众的爱戴与信任,获得新闻传播媒介的广泛报道,获得上级主管单位与协作单位的好评,获得同行业其他组织单位的钦佩,实在是一件八方叫好、功德无量的好事,对组织的公关形象之时树立与维护深化有着极重要的意义。

2. 诚实负责的原则

既然组织认定了参加社会公益性活动是一件好事,就应该本着诚实负责,言而有信的责任心来做好这项工作。组织一旦做出了某种承诺,就应该负责任地将其兑现,千万不能说大话使小钱,丧失了组织的信誉。组织在决定参加某一公益性活动后,应该清晰自己的职责,指派专人负责、专款落实,对公益性活动的计划、目标、阶段、款项、结果都应了然于心,并以诚信负责、严谨周密的态度做好自己的本职工作,提升组织的良好社会形象与声誉。

3. 组织配套的原则

组织参加社会公益性活动,一是为了显示自己的社会责任,二是为了提升组织的公关形象,而为了达成第二个目标,就应该围绕着每一个专项社会公益性活动来配套展开相应的公关宣传活动,形成一个系统化的公关工作系列,以争取利用参加公益性活动所带来的机遇,把组织的社会良好形象推向一个新的高峰。一般来讲,组织配套原则是指把每一项社会公益性活动都有机地纳入全年度的公关工作计划中来,并根据具体的情况,使公益性活动能为组织的其他公关活动产生相应的附加效果,襄助其他公关活动,达成较好的"合力"效果。

4. 量力而行的原则

积极地参与社会公益性活动,向社会大众表明自己所承担的社会责任这都是对的,但是,组织应该遵循量力而行的原则,根据自己的实际力量和可能性来选择合适的社会公益性活动,不能打肿脸充胖子,超过了自己的实际能力来承诺不可能完成的义务,这就会造成尴尬的局面,甚至有时事与愿违,反而会损害组织的名声。比如,报刊上曾出现过某公共基金机构状告某些企业承诺捐助后,以无力支付为由,迄今还没有承兑自己在报纸上的公开诺言,而这些企业则声称因为经营问题,企业现已无力承担先前做出的承诺,因而不能承兑已做出的诺言。显然,此事见诸与报端,对这些企业的社会形象和公关声誉有着极大的损害。更有些企业为了捞取社会名声,先是在大众传媒上响应政府号召,承诺向一些救灾、环保、扶贫单位提供无偿援助,但事过境迁,宣传风头过去以后却再也不想兑现自己的承诺,被人家拿出登报响应捐助的铁证,向司法机关诉告,引起了广泛的社会谴责和大量新闻媒体的负面报道,给自己的公关工作带来了很大的损失。

五、日常事务型(服务型)公共关系

日常事务型公关也可简称为日常公关,它强调在组织的正常运行过程中,任何时候和每一项事务中都需要贯彻公关意识和公关行为,形成整体的协调的公关策略。由于日常公关涉及组织的所有员工和所有过程,所以也就是我们强调和推崇的全员、全程和全方位的三全公关。它强调全体员工在任何时候、从事任何组织工作中都重视运用公共关系的意识和行为。它的目标因而是双重的:一是通过双向沟通手段的广泛运用,达到发现和消除各种影响组织形象或公众关系的隐患或漏洞的目标,即堵漏作用;二是通过日积月累的沟通,促进组织的渐进性发展,即渐进作用。所以,日常事务型公关的主要特点在于其广泛的渗透性。严格的日常公关会渗透于组织的每一个人、每一时间、每一事务、每一场所,它可以表现为平淡、细小的沟通举动,也会体现出具有较大影响的活动风范。对它的作用却不能低估,三全公关对于组织良好形象和良好公众关系的建立和维持具有重要的意义。

要达到三全公关的境界,需满足这些具体的要求:

1. 培训和强化全体员工的公关意识

明确而强烈的公关意识是实施日常公关行为的前提,这即是所谓思想指引人的行为。具有明确的重视公众的公关意识,才可能有相应的言语、表情和姿势等行为表达重视顾客之意,即会有真正的"顾客第一"的公关行为。相反,如果没有公关意识,其所谓的公关行为也会"变味"。就像在日常交往中,我们有时会见到带着冷漠的表情,说着"欢迎光临"的热情话语的行为。其传播的热情意义不能到位,很难说不是意识不到位的责任。全员公关需要全员具有明确的公关意识。

2. 鼓励多样的公关行为

在建立明确的公关意识的同时,管理者理应鼓励全员展开多样的公关行为。这些行为必须遵循公关的意识及其具体化的原则。比如双向沟通、公众第一、塑造形象等意识和原则,可以展示为各种各样的公关传播行为。大到管理者的决策咨询、协调统筹过程中的沟通行为,小到一般员工处理相互之间的关系及其与公众的关系中的沟通行为。无论管理者如何的全面、细心,所谓百密必有一疏,多样的公关行为才能真正做到预防疏漏,并促进组织的发展。

3. 把基本的和重要的公关行为规范化、制度化

组织的管理者必须在理论分析和员工们的多样的公关行为实践基础上,总结出一系列基本的或重要的或能直接影响组织形象的行为。再经过对这些行为的规范化之后,把它们固定化为制度。由于员工之间是有差别的,不同的人对于公关意识的确立,对于公关行为的悟性是不同的。所以,一定的公关行为的制度化是必需的。

从公关意识到多样的公关行为再到制度化公关行为,全员公共关系会呈现一个良性循环和发展的过程,它们相互依赖并相互影响和促进。全员公关的具体活动方式是很多的:通常的日常密切沟通,比如人际交流、小礼品、贺卡、宣传资料等,都是有用的方式;比较大的方式是各类群体传播或大众传播,比如专题活动、组织自控媒介的传播活动和一些广告、新闻性的传播活动。全员公关不仅可以起到于细微处见组织精神的作用,而且往往能达到润物细无声的良好传播效果。

全员公关的服务理念,只有正确的思想,才能带来正确的行动。如果组织的员工没有"公众第一"、"顾客至上"的意识,就不可能向公众提供真诚服务,也不可遵循"持续长久"、"及时处理"等原则,对组织的公关工作需要全员公关、全程公关和全方位公关等现代经营理念也不可能真正予以理解。所以,做好日常事务上的公关活动最基本的还是要树立顾客至上、公众第一等基本正确理念,并通过艰苦长期的教育、企业文化的熏陶和严谨周密、奖罚分明的制度来保证这些理念在员工心中"扎根发芽"。

此外,还有一个重要的目标型公关类型就是矫正型公关,对于矫正型公关的类型介绍会在第十一章"危机管理"中详细介绍,在这里就不赘述了。

案例分析

"开漆大典"

美国长岛铁路公司沿线的车站显得有些陈旧了,公司决定对所有车站进行一

次重新油漆。为了使长岛公司更富有人情味,创造与乘客融洽、和谐的工作气氛,他们决定,车站油漆什么颜色,由公众来决定。于是,公司登出广告与启示,要求常坐长岛铁路公司列车的乘客与铁路沿线的居民来投票,选择车站理想的颜色。有关公众纷纷踊跃响应,来电来函,对车站的颜色发表自己的意见。

长岛铁路公司的这一举措,很快引起了新闻界的注意,各新闻媒介纷纷前来采访并进行报道。至此,长岛铁路公司认为时机成熟,便在其中心车站举行了一个隆重而热烈的"开漆大典",当众宣布公众投票选择的结果,并正式开漆。

是日,中心车站万众聚集,政府要员、社区主管、商会理事及工商人士等应邀到场。鼓乐声中,最后选定颜色的木板上的帷幕在一片欢呼声中被揭开。接着,一桶这种颜色的油漆被抬出来,当地政府要员第一个拿起漆刷,在中心车站的墙上刷下第一笔,这意味着长岛铁路公司车站正式开漆。

如此隆重而富有新意的"开漆大典",理所当然地引来了一大批记者,随着他们的报道,长岛铁路公司的名声不胫而走,知名度很快得到了提高。

在发达国家,企业必须与24种公众打交道:股东、雇员、顾客、社区、一般公众、消费者、竞争者、原料供应者、批发商、代销商、经销商、公务员、金融机构、报界、慈善团体、宗教团体、劳工、工会、学校、政治团体、政府、公共服务团体、同业团体、工业界等。所有这些人集合起来称为该企业的公众。上述案例中,长岛铁路公司所面对的公众就有:乘客、铁路沿线居民、新闻媒介、政府、社区、工商界等。

据传,美国纽约长岛铁路公司,原先和乘客关系紧张,一度声誉大降,旅客对公司的服务强烈不满,写来的抱怨信,每周就有200多封。后来,新上任的公司总经理决心"洗心革面",重建信誉。除上述举办"开漆大典"外,还装修车箱,增设空调车,改善行车时间,以诚实态度对待差错,用出租雨伞等措施方便顾客,以及广邀各界人士参加。公司125周年庆典,使公众对他们的态度发生了很大变化。长岛铁路公司还曾为此荣获《公共关系新闻》杂志颁发的"年度成就奖"。从这个意义上可以说,公众对组织形象的评价具有权威性。

案例思考

1. 从三种类型的公关的角度看,本案例采用了哪些组织的公关类型?
2. 本案例主体在本活动实施中的成功之处。

简答题

1. 主体型公共关系的类型。
2. 主体型公共关系的内容。
3. 对象型公共关系的类型。

4. 对象型公共关系的内容。

5. 目标型公共关系的类型。

6. 目标型公共关系的内容。

第十章 公共关系的执行程序：RACE 模型

学习目的

1. 明确公共关系调研的意义和方法
2. 掌握公共关系策划设计的方法和技巧
3. 认识公共关系的传播实施
4. 了解公共关系检测评估

引导案例

一张照片引发的大生意

1964年,《中国画报》的封面刊出这样一张照片:大庆油田的"铁人"王进喜头戴大狗皮帽,身穿厚棉袄,顶着鹅毛大雪,手握钻机刹把,眺望远方,在他背后,远处错落地矗立着星星点点的高大井架。

当时,由于各种原因,大庆油田的具体情况是保密的。然而,上述由官方对外公开播发的极其普通的旨在宣传中国工人阶级伟大精神的照片,在日本三菱重工财团信息专家的手里变成了极为重要的经济信息,揭开了大庆油田的秘密。其一,根据对照片的分析,可以断定大庆油田的大致位置在中国东北的北部。其依据是:唯有中国东北的北部寒冷地区,采油工人才必须戴大狗皮帽和穿厚棉袄。又根据有关"铁人"的事迹介绍,王进喜和工人们靠肩扛将百吨设备运到油田,表明油田离铁路线不远。据此,他们便轻而易举地标出大庆油田的大致方位。其二,根据对照片的分析,可以推断出大庆油田的大致储量和产量。其依据是:可从照片中王进喜所站的钻台上手柄的架式,推算出油井的直径是多少;从王进喜所站的钻台油井与他背后的油井之间的距离和密度,又可基本推算出油田的大致储量和产量。又根据新闻报道王进喜出席了第三届全国人民代表大会,可以肯定油田已出油。其三,根据中国当时的技术水准和能力及中国对石油的需求,中国必定要大量引进采油设备。

于是,日本三菱重工财团迅即集中有关专家和人员,在对所获信息进行剖析和处理之后,全面设计出适合中国大庆油田的采油设备,做好充分的夺标准备。果然,不久中国政府向世界市场寻求石油开采设备,三菱重工财团以最快的速度和最符合中国要求的设备获得中国的巨额订单,赚了一笔可观的利润。此时,西方石油工业大国都目瞪口呆,还未回过味来呢。这一事例表明,公共关系具有信息搜集、信息管理的职能。公共关系活动的基本目的,就是通过双向的信息沟通,有效地达成组织与公众之间的信息交流。信息管理已成为公共关系工作的一项主要功能。据报道,三菱重工财团总公司每天使用的信息处理纸带竟可绕地球1周,其信息意识和信息处理的技术、速度等可见一斑。因此,出现中国大庆油田的照片在其手中变成经济信息,又变成巨额财富这样的故事也就不足为奇了。

第一节　公共关系调查(Research)

公共关系调查是指运用科学的方法,有计划、有步骤地去考察组织的公共关系状态,收集必要的资料,综合分析相关因素及其相互关系,以掌握组织的情况,解决组织面临的公共关系问题的一种实践活动。公关调查作为公关工作程序的基础步骤和首要环节,对组织的整个公关活动具有重要意义。

一、公共关系调查的作用

(一) 准确地进行形象定位

公关调查可以使公关人员准确地了解企业在社会公众中的形象定位。企业的形象定位是企业在公众中形象的定量化描述,通过形象定位,可以测量出企业自我期望的形象与其在公众中实际形象的差距,公关人员可针对这个差距策划有效的公关活动方案,由此也可以大大加强策划的目的性。

(二) 为决策提供科学依据

公关调查的首要任务就是及时地为组织提供决策依据,并能有效地预测和检验决策的正确性。要保证组织的决策正确,调查是最好的方法。只有了解了公众的要求和愿望,才能作出符合公众要求和愿望的决策,从而使企业在公众的心目中树立良好的形象。

(三) 及时地把握公众舆论

公关调查可使公关人员及时地把握公众舆论,并适时地调整公关策略。公众舆论是公众对企业的一种表层的认识,是自发产生并处于不断扩大或缩小的动态之中的。积极的公众舆论有利于塑造企业良好的形象,消极的舆论则有损于企业的形象,甚至会造成企业形象危机。通过公关调查,监测公众舆论,能使企业及时扩大积极舆论,缩小消极舆论。

(四) 提高公关活动的成功率

在开展某项公关活动之前,必须对现有的人力和物力条件做充分的调查,必要时还要做现场考察。通过调查,公关人员对所要开展的公关活动的客观条件有了足够的了解,这样,才能保证公关活动有充分的准备和切实的计划,并取得好的效果。

(五) 调查本身也是塑造形象

公关调查从企业方面来说是以搜集信息为主要目的,但在客观上,开展调查活动要同调查对象进行广泛接触,所以调查人员也同时向公众传播着企业的形象信息,恰当的调查本身也会赢得公众对企业的好感。因此,从某种意义上说,公关调查本身也是一种传播,也有塑造企业形象的作用。

二、公共关系调查的基本程序

一般来说,大型调查的程序可分为 5 个步骤,见图 10 - 1。

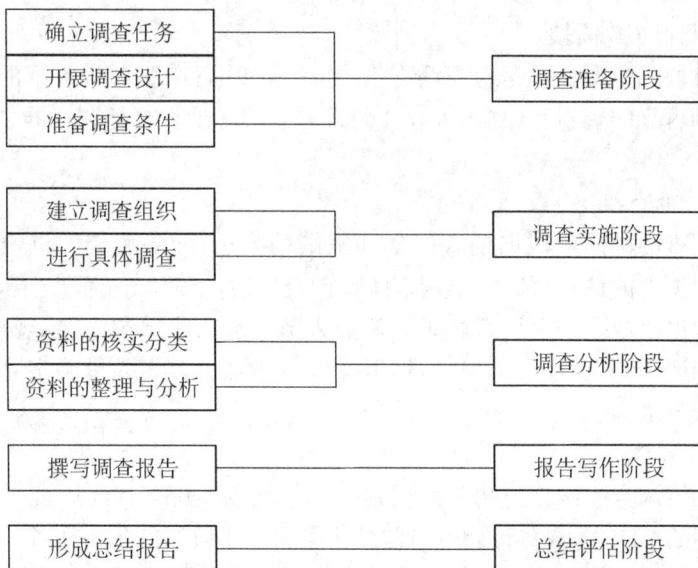

图 10 - 1　公共关系调查程序图

(一) 调查准备阶段

调查准备阶段是公共关系调查的基本阶段的首要环节。公共关系调查能否满足公共关系工作所需公共关系信息的要求,在很大程度上取决于调查准备的工作内容与工作量。调查准备阶段的工作主要包括三项。

1. 确立调查任务

确立调查任务,即确定公共关系调查主要内容和目标。在公共关系调查实施前,公共关系调查者要通过对社会组织面临的现实的公共关系问题的探讨,根据社会组织公共关系工作对公共关系信息的实际需求,确立具体、实在的公共关系调查任务,使公共关系调查真正做到有的放矢。

2. 开展调查设计即对调查方案进行设计

公共关系调查设计的任务较多,主要包括以下内容:

调查的目的、意义和研究课题;调查研究范围和分析单位;研究类型和调查方式;调查对象的选择方案或抽样方法;调查内容、调查指标和调查项目;调查的场所、时间和进度;调查所需的经费和物质手段的计划与安排;调查人员的选择、培训和组织。

3. 准备调查条件

公共关系调查在考虑到社会组织公共关系工作的实际需要的同时,还必须以一系列的条件保证。因此,准备调查条件是公共关系调查准备阶段的一项重要工作。调查条件主要涉及人员条件、经费条件和物质条件。

(二) 调查实施阶段

这个阶段的主要任务是组织调查人员,深入实际,按照调查方案的要求,系统地收集各种可靠的资料和数据,听取被调查对象的意见。这是调查的主要阶段,其步骤如下:

1. 建立调查组织

负责调查的部门应根据调查任务和范围的大小,配备调查人员,建立调查组织。建议规模大的调查可以建立调查队或调查大组,下面分为若干小队或小组;规模小的一般可以成立一个调查小组。调查人员一般为本单位人员,规模大的调查又可临时抽调一些在校生、下岗人员、退休人员参加。调查人员确定之后,需要集中进行学习与培训。

2. 进行具体调查

进行具体调查阶段是公共关系调查唯一的现场实施阶段。因此,根据公共关系调查方案的要求,采取各种调查方法搜集资料是本阶段的主要任务。

公关调查的资料可分为两种:一是原始资料,二是现成资料。

原始资料也称第一手资料,即调查者深入现场实地调查所搜集的资料,它是公共关系调查搜集的重点;现成资料也称为第二手资料,即经过他人搜集、记录或整理的资料。有时为了减轻负担,避免重复劳动,也要适当搜集一些现成资料。

为了确保资料搜集工作的顺利进行,真正搜集到真实、准确、全面、丰富的资料,公共关系调查者必须有效协调各种关系,争取多方支持。

(三) 调查分析阶段

调查得来的大量信息资料往往是分散的、零星的,有些甚至是片面的、不真实的,其本身说明不了什么问题,必须系统地加以整理分析,经过去粗取精、去伪存真、由此及彼、由表及里的研究,才能客观地反映被调查事物的内在联系,揭示问题的本质和各种公共关系现象的因果关系。该阶段的主要工作步骤如下:

1. 资料的核实与分类

对于调查所得的大量信息资料,在利用时首先要核实真实性和可靠性,一经发现存在问题,应及时予以订正、删改和补充。经核实校订的资料,应按照调查提纲的要求进行分类,并进行编号,以便查找和使用。

2. 资料的整理与分析

第一步,调查资料的整理。

这是根据调查研究的目标,对各种原始资料进行审核、分类、汇总,使之系统化、条理化的过程。公共关系调查资料整理的工作内容主要包括:按照真实性、准确性、标准性的要求对调查资料进行审核;按照科学性、实用性、渐进性、相斥性的原则对调查资料进行分类;按照条理性、系统性、精练性、规范性的要求对资料进行加工。

第二步,调查资料的分析。

是指运用一定的科学分析方法对公共关系调查资料的内容进行深度加工的过程。

分析过程中运用的方法很多,一般可概括为定性分析法和定量分析法两种。在这一过程中,调查者可以通过对已整理的公共关系调查资料进行由此及彼、由浅入深的测算、比较、推理、判断,发现隐匿于大量调查材料中的某些重要信息,揭示隐藏在大量调查材料背后的某些问题,并依次提出社会组织公关工作的若干对策措施,形成公共关系调查的深化和提高过程。公共关系调查能否真正出成果以及公共关系调查的成果究竟具有多大的作用,在很大程度上取决于这一过程的工作。

(四) 报告写作阶段

在公共关系调查中,当完成了调查资料的整理分析后,一般还要撰写调查报告。所谓调查报告,是指用来反映公共关系调查所获得的主要信息成果或初步认识成果的一种书面报告。它是公共关系调查成果的集中体现,也是公共关系调查成果的主要形式。

调查报告的写作要求包括以下几点:

第一,确保调查报告内容的真实性和客观性。在调查报告中,确保调查报告内容的真实性和客观性是最起码的要求。这一要求的实质含义是调查报告写作必须以调查所获得的信息资料为依据,包括要以信息资料为依据确定主题,要以信息资料为依据说明问题等,决不能弄虚作假。

第二,确保调查报告体例的系统性和完整性。系统性是指调查报告体例的内容应有条理,能全面且合乎逻辑地安排和表达;完整性主要是要有概要、正文、结论、建议和附件等要件。

第三,确保调查报告表述的准确性。调查报告的语言与一般文体有所区别,它主要要求准确、方便阅读。准确即指行文要把握分寸,恰到好处地将事实表达出来。

(五) 总结评估阶段

这一阶段是公共关系调查的最后阶段。在公共关系调查过程中,公共关系调查者经过精心策划准备、广泛搜集资料,并对资料进行认真的整理分析,至此,公共关系调查便要转入总结阶段。总结评估阶段是公共关系调查的一个必不可少的重要步骤。

1. 评估指标

调查成果评估一般通过两个指标进行,一是调查成果的学术价值,二是调查成果的应用价值。

在学术价值方面,主要应对公共关系做出客观的评价,以及对所有提供的事实资料和数据的完整性、真实性、可靠性等做出客观的评价,以及对所提供的理论观点和研究结论的科学性、合理性、创新性等做出客观的评价。

在应用价值方面,一般要根据公共关系调查成果的采用情况、公共关系调查成果对公共关系科学运作的实际指导作用和取得的实际效益做出具体的评价。

2. 评估方法

评估方法大致有 4 种情况:调查人员自评、成果应用者评估、同行专家评估、组织领导的评估。公共关系调查工作应尽可能实施上述的 4 种评估,或做有上述 4 类人员参加的综合评估。

三、公共关系调查的主要内容

公共关系调查的内容主要包括企业形象调查、公众意向调查、传播媒介状况调查、公共关系活动条件的调查。

(一) 企业形象调查

企业形象调查包括自我形象调查、实际形象调查和形象差距比较分析三个基本环节。

1. 企业自我形象调查

自我形象即企业自我期望形象,是指一个自我期望建立的形象,它是企业公关

工作的目标。自我形象的确立应将主观愿望与实际可能结合起来。科学合理的自我形象的确立,应从以下几个方面进行调查:

领导层的公关目标和要求;员工的要求和评价;企业实际状况和基本条件,营销状况、人事组织状况等。

企业的自我形象目标可用知名度与美誉度来表示,根据企业的性质和面临问题的特殊性,又可将其具体细化为次一级的指标。

2. 企业实际形象的调查

就是运用各种调查方法了解企业在公众中享有的知名度和美誉度,以及各项具体细分指标所达到的状况。知名度和美誉度反映了公众对企业的态度和总评价。

企业形象定位法利用知名度和美誉度两个指标,通过描绘企业形象定位分析图(见图 10 - 2),就可以确定企业在公众心目中的总体形象。

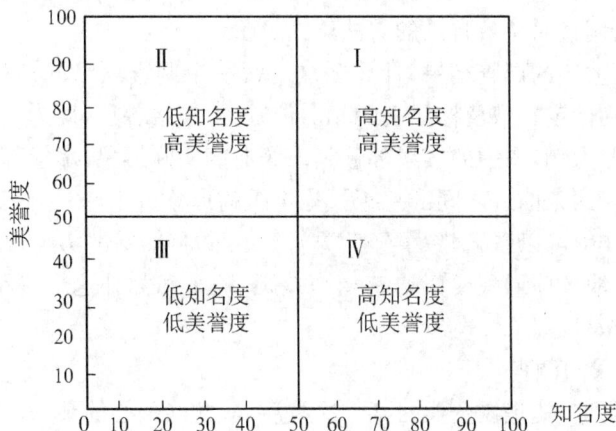

图 10 - 2　企业形象定位分析图

图 10 - 2 中横轴表示知名度,纵轴表示美誉度。整个图划分为 4 个象限:象限 I 表示高知名度、高美誉度;象限 II 表示低知名度、高美誉度;象限 III 表示低知名度、低美誉度;象限 IV 表示高知名度、低美誉度。根据测试结果,公共关系部门可以初步了解到企业存在的问题,找到公共关系工作的方向。

3. 企业形象差距比较分析

形象差距比较分析,是将企业的实际形象与企业的自我期望形象相比较,找出两者之间的差距,以便采取针对性的措施,加以弥补。弥补或缩小这种差距便是下一步设计形象和建构形象要做的工作。可运用形象要素差距图(见图 10 - 3)将这种差距显示出来。

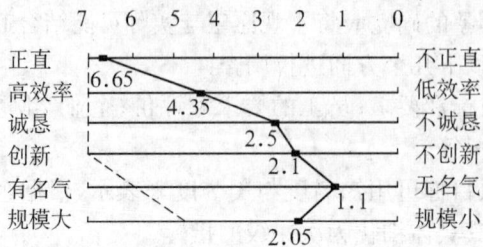

图 10-3　形象要素差距图

　　首先是采用语义差别分析法，将有关企业形象的各要素逐一列出。以企业为例，包括经营方针、办事效率、服务态度、技术开发能力、人员素质和企业规模等诸方面，在每一方面用正反相对的形容词来表示两个极端，在两个极端中间根据需要设置若干个有差别的档次。比如就企业的经营方针，可用正直和不正直表示两个极端，中间可设置相当正直、稍微正直、一般、稍微不正直、相当不正直等不同程度的评价档次，请调查对象就自己的看法给出评价。

　　然后，根据上述的调查结果，计算公众对每一个调查项目的评价的平均值，将各个平均值分别标定在数值标尺上的相对位置上，连接各点，即为企业的形象曲线图。以上述企业为例，图中的实线部分是该企业的实际形象，虚线部分是该企业的自我期望形象。两条曲线之间的差距就是组织的形象差距。

　　从图 10-3 中可以看出，除了经营方针这一项形象要素实际评价与自我期望值接近以外，其他各项形象要素均有相当差距，缩小和弥补这个差距，即是企业的公共关系的工作目标。

（二）公众意向调查

　　公众意向调查，就是在企业的某一决策后，就共同关心的某一问题对公众进行的单一的指标调查。公众是公共关系工作的客体，也是组织开展公共关系工作的对象，它构成组织公共关系工作的微观环境。

　　1. 公众意向调查与企业形象地位调查的区别

　　企业形象调查主要是为了了解公众对企业的整体印象，而公众意向主要是为了解公众对某一具体问题的意见和态度。前者的调查内容涉及企业形象的各要素，而后者不一定涉及企业形象要素。比如，调查公众对企业产品改型换代的意见属于公众意向调查，不属于企业形象调查。

　　2. 公众意向调查的内容

　　公众意向调查必须将相关公众状况调查作为工作的重点。具体的调查内容如下：

　　1）公众构成情况调查

　　任何一种公共关系活动都很难全面地影响所有的公众。开展公众构成情况调查有利于确定公共关系工作的基本范围和重点对象,避免盲目地开展公共关系活动。公众的构成情况调查的主要内容包括内外部公众的构成情况:如内、外部公众的数量构成、空间构成、特征构成、需求构成、概念构成、与企业的联系状态构成,对企业的重要性构成,对企业的依赖性构成等。

2)公众需求情况调查

企业是为人的需求而存在的,为人的需求而发展的。要有效地开展公众关系工作,必须做好对公众需求的调查工作,以掌握公众需求信息,不断设法满足公众的合理需求。公众需求情况调查主要涉及两个方面。

第一,公众的物质需求情况。如公众对改善物质生活环境的需求、公众对获得优质物质产品的需求、公众对获得各种有形服务的需求。

第二,公众的精神需求情况。如公众对企业接纳的需求、公众对合法权益的需求、公众对获得满意服务的需求、公众对获得重要信息的需求、公众对获得企业重视的需求等。

3)公众评价情况调查

任何公众关系工作的开展,必须基于对实际社会形象的清楚认识。所谓形象,实际上就是公众对企业各种评价的综合。因而,企业开展公共关系调查,必须注重收集公众对企业的评价性信息。公众对企业的评价如下。

第一,对企业产品的评价。如对产品的内在质量的评价、对产品外形评价、对产品价值的评价等。

第二,对企业服务质量的评价。如公众对企业服务项目、服务方式、服务措施、服务水平的评价等。

第三,对企业管理水平的评价。如公众对企业管理机构及办事效率评价、对企业经营创新和管理革新的评价、对企业管理效率的评价等。

第四,对企业人员素质的评价。如公众对企业领导人、中层管理人员、专业技术人员、一般工人、公共关系人员及特殊人物的评价。

第五,对企业外向活动的评价。如公众对企业外向宣传活动、社会公益活动的评价等。

3. 公众意向调查结果

公众意向调查结果可以用舆论测量模型来表示。舆论测量模型是用来反映在某一调查问题上各类公众意见分布的数学模型,具体表现为舆论测量模型图(见图10-4)。

舆论测量模型图的绘制,大体可分为三步。

(1)舆论指标测定。舆论指标测定即测定对某一调查问题的各种意见占所调查总数的百分比。

（2）绘制坐标图。坐标图用直角坐标系表示。横轴代表各种意见分布,纵轴代表持此意见的公众数量。

（3）勾画曲线。即将持各种意见的公众数量投点于坐标系中,然后将各点连线。

如果将多次调查的结果投点于舆论模型图上,便可以得到舆论随时间变化的趋势,见图10-4。

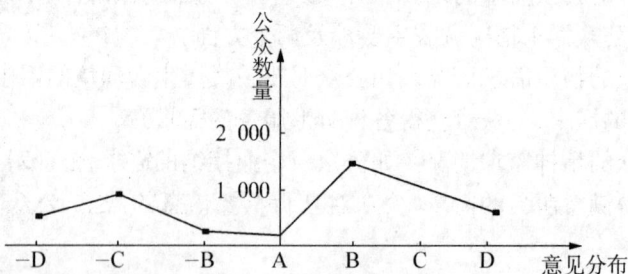

图10-4　舆论测量模型图

注:A代表无所谓态度;B代表比较满意;-B代表比较不满意;C代表满意;-C代表不满意;D代表十分满意;-D代表十分不满意

（三）传播媒介状况调查

公共关系工作的本质是企业与相关公众之间的双向信息交流活动,它需要有效地利用传播媒介来进行。而要有效地利用传播媒介来开展公共关系工作,必须以对传播媒介状况信息的把握为基础。传播媒介状况调查的主要范围如下。

1. 大众传播媒介情况调查

大众传播媒介是公共关系信息传播的支柱性媒介,它们跨越空间大,影响范围广,传播效率高,深受企业组织的重视。对大众传播媒介情况进行调查的基本内容如下:

第一,大众传播媒介的分布情况等。如地域分布情况、行业分布情况、类型分布情况、数量分布情况等。

第二,大众传播媒介的功能作用情况。如涉及大众传播媒介功能作用的范围、传播内容、传播效果、传播者的威信等方面情况。

第三,大众传播媒介所需信息的情况。如一定时间内大众传播媒介的报道中心、新栏目的开辟、编辑和记者需要的内容等方面的情况。

2. 专题活动媒介情况调查

在现代社会中,专题活动已成为一种重要的社会信息交流通道,是现代公共关系工作中一种集体特殊作用的信息传播媒介。掌握有关专题活动媒介的情况可以决定企业是否参加某种专题活动,或参考某种专题活动自办有关专题活动。专题活动媒介情况调查的主要内容如下。

第一,专题活动筹办情况。如某次专题活动是由何种企业机构主办的,将在何时何地举办,拟办活动的主题、内容、规格、参加活动的人数及估计影响等。

第二,专题活动效果评价情况等。如某次专题活动的经验教训与利弊得失,经济效益与社会效益,主办单位的自我评价,参与活动者的印象,权威人士的看法,局外人士的见解,新闻媒介的报道情况等。

(四) 公共关系活动条件的调查

包括主观条件调查和客观条件的调查。主观条件是指在开展公关活动时,企业自身能够提供人力、财力等条件。客观条件既包括企业环境又包括开展公关活动时的自身物力情况。

四、公共关系调查的方法和技巧

(一) 公关调查的方法

公关调查的方法很多,分类方式也很多,常见的分类方法主要有以下两种。

1. 根据调查对象包括的范围分类

根据调查对象包括的范围不同,公关调查可以划分为全面调查和非全面调查。

1) 全面调查

全面调查又叫普查,它是对调查对象的全体进行无一遗漏的逐个调查。普查的特点决定它一般在较小规模的公关调查中运用,较大规模的公关调查一般不采用普查方法。

2) 非全面调查

非全面调查包括重点调查和典型调查。

(1) 重点调查。重点调查,就是从调查总体中选出少数重点单位进行的调查。

(2) 典型调查。典型调查,就是在调查总体中有意识地选择一些具有代表性的单位进行的专门调查。它的目的是通过对少数有代表性单位的调查,借以揭示调查总体的特征和发展变化规律。典型调查是一种比较科学又省时、省力、省钱的非全面调查方法,所以,它在公关调查中被广泛运用。

2. 根据取得调查资料的具体方式分类

根据取得调查资料的具体方式不同,公关调查方法可划分为一手资料取得法和二手资料取得法。

1) 一手资料取得法

一手资料取得法包括观察法、访谈法和信函调查法。

(1) 观察法。

观察法,是调查人员深入现场对调查对象的情况直接观察记录,取得第一手资料的调查方法。这种方法的特点是调查人员不直接与被调查者进行问答活动,而是凭借自己的感官和有关辅助工具来收集资料。

(2)访谈法。

访谈法也称访问法,就是由经过专门训练的调查人员走访受试者,由调查人员根据调查内容向受试者口头提问,再记下答案。访谈法是调查人员同被调查者直接接触,通过有目的的谈话来收集资料的一种调查方法。谈话方式一般多种多样,既可采取个别访问的形式进行交谈,也可以采用座谈会的形式进行交谈,还可以采用电话采访的形式进行交谈。

(3)信函调查法(或问卷调查法)。

信函调查,是将预先设计好的调查表邮寄给被调查者,由被调查者根据要求逐项填写调查表后寄还的一种调查方法。

2)二手资料取得法

二手资料取得法,即文献研究法。文献研究,是一种收集、分析、整理现成文献资料的调查研究方法。运用这种方法主要是进行文献资料的收集,以及文献资料可行性的论证。其优点在于利用现成的资料,节省人力、物力、财力。

根据以上的分类情况来看,普查、重点调查、典型调查只是调查的方式,主要用来确定调查对象的范围;收集资料的具体形式是观察法、访谈法、信函调查法和文献研究法。由此可以看出,调查方式与具体形式是相互交叉的,各种调查方式均可在某种具体形式的调查中运用。

(二)公关调查的抽样技术

在公关调查中,由于人力、财力和时间的限制,要想进行普遍的调查几乎是不可能的。所以,常常要进行抽样,以便以较小的投入得到较大的有效产出。

抽样方法就是从调查总体中抽取样本的方法。总体是指所要调查对象的全部;样本是指从总体中抽取出来调查的那一部分。抽样方法可分为两种类型,即随机抽样方法与非随机抽样方法。对于公关调研来讲,更多的是使用随机抽样方法,这就是在抽选调查对象时,必须保证总体中的每一个被抽选的对象被抽中的机会均等。科学意义上的抽样都是随机抽样方法。其具体方法主要包括简单随机抽样、等距随机抽样、分层随机抽样、整群随机抽样、多级随机抽样。

第二节　公共关系分析策划(Analysis)

一、公共关系策划的含义

公共关系策划是组织为实现形象战略目标而进行的谋划、构思和设计公共关系活动方案的过程。

公关策划是在公关调查基础上进行的。组织在公关调查过程中充分收集各种公关信息，包括政府决策信息、新闻媒介信息、立法信息、产品形象信息、竞争对手信息、消费者信息、市场信息、企业组织形象信息、流通渠道信息等，并在分析组织现状和实际可能的基础上进行公关策划。

二、公共关系策划的程序

（一）确定目标

确定目标即确定本次公关活动要达到或实现的目标。公关目标的内容很多，且不同的公关活动目标也不同，要根据具体情况而定。

公关目标的内容可以包括：提高组织知名度和美誉度；使组织与公众保持沟通，并完善其渠道；依据社会环境的变化趋势，调整组织行动；妥善处理公关活动中的纠纷，化险为夷；帮助组织提高产品及服务的市场占有率等。

确定目标时注意的事项包括：公共关系目标应与组织的整体目标相一致；公共关系目标应有一定的灵活性；公共关系目标应按重要程度和执行的先后顺序排列；公共关系活动目标应尽可能具体化。

（二）确定公众

确定与组织有关的公众即确定目标公众。应选择与组织的信念和发展利益相同、相近，或利益关系特别重要的公众作为目标公众。因为他们对组织的支持和信赖程度直接关系到组织的生存和发展，因而应考虑他们的权利和要求。这就需要做必要的公众分析研究。

在进行公共关系策划时，对目标公众的分析应包括以下内容。

（1）目标公众分属于哪些不同的社会组织和社会群体？他们居住在什么地方？他们中谁是意见领袖？

（2）目标公众的共同利益要求及特殊利益要求是什么？

（3）目标公众习惯读什么书刊？喜欢收看什么电视节目及收听哪些广播节目？

（4）目标公众对本组织的看法如何？他们对本组织感兴趣的原因是什么？

（5）目标公众与本组织目前关系如何？

对这些问题分析得越透彻，公共关系目标就越有针对性，策划就越有可行性。

（三）设计主题

公共关系活动的主题是对公共关系内容的高度概括。它提纲挈领，对整个公共关系活动起着指导作用。主题设计是否精彩恰当，对公共关系活动的成效影响很大。公共关系活动主题的表现形式是多种多样的。它可以是一个口号，也可以是一句陈述或表白。

公共关系活动的主题看上去非常简单,但设计起来并非容易。设计出一个好的活动主题,必须做到以下几个方面。

(1) 公共关系活动的主题必须与公共关系目标相一致,并能充分表现目标。

(2) 表述公共关系活动主题的信息要独特新颖,表述上也要有新意,词句能打动人心,具有强烈的号召力。

(3) 公共关系活动主题设计要适应公众心理需要,主题形式要富有激情并使人感到亲切。

(4) 公共关系活动主题设计简明扼要,易于记忆。

(四) 选择时机

我国自古以来,就有"机不可失,时不再来"的名句,"机"的含义很广,从普遍的意义上来看,凡牵涉事情成败的关键因素,都可以称作"机"。对公共关系策划来说,更加需要刻意捕捉"天时"、"地利",充分选择合适的时间。

1. 组织的内部时机

(1) 组织创办或开业之际;

(2) 组织更名或与其他组织合并之际;

(3) 组织推出新的服务项目或新的产品之际;

(4) 组织快速发展但声誉尚未树起之际;

(5) 组织获得新的荣誉之际;

(6) 组织出现局部失误或遭受某方面误解之际;

(7) 组织遇到突发事件或危机事件之际。

2. 组织的外部时机

(1) 重大的社会活动和社会事件出现;

(2) 企业或社会突发性灾害爆发;

(3) 国家与地方政府新政策出台及新领导人上台;

(4) 公众观念和需求发生转变;

(5) 国际国内政治经济大环境大气候转变。

(五) 预算经费

公共关系活动的经费预算,应根据组织的类型和规模、公共关系活动的目标和要求而定。一般来讲,包括以下内容:

1. 经费预算内容

组织公共关系活动所需要的经费开支主要包括以下几项:

(1) 劳务报酬。包括公共关系人员及相关人员的业务报酬。

(2) 行政管理费。如房租、水电费、电话费、办公费等。

(3) 传播媒介费。包括开支在报纸、杂志、广播、电视、网络等上的费用。

(4) 器材费。包括开支在制作各项印刷品、纪念品、摄影设备和材料、美工器材、电视录像设备、展览设备和用品等的费用。

(5) 实际活动费。如举办记者招待会,召开座谈会,举办大型活动,组织展览和参观费及其他应酬费、赞助费及人员活动费。

(6) 其他应急或机动费用。

2. 经费预算的主要方法

(1) 按销售量抽成法。即按本组织过去(或将来)的总体销售量或纯销售额,拨出一定百分比款项作为公共关系活动经费。

(2) 目标作业法。即按目标和工作计划详细列出完成公共关系任务所需各项活动经费,以最后核定金额作为预算的极限。

(六) 形成方案

形成方案是公共关系策划中的关键环节,它使公关策划由确定目标与公众、设计主题、预算经费等策划准备阶段进入实际策划阶段,即计划编制阶段。它是以上几个阶段的具体化和操作化。

(七) 审定方案

1. 优化方案

公共关系活动方案的优化过程是提高其合理性的过程。一般从三个方面去考虑:增强方案的目的性,增加方案的可行性,降低耗费。通常采用以下方法:

(1) 重点法。对一个方案进行优化时,要先分析目的性、可行性、耗费三个方面,把影响最大的方面确定为重点,再依次突破薄弱环节,使方案整体优化。

(2) 移植综合法。在基本确定某一方案后,将其他方案可以移植的优点部分综合到被选定的方案中,达到最优化。

2. 论证方案

论证方案一般是由有关领导、专家和实际工作者对方案的可行性提出问题,由策划人员答辩论证。方案论证包括:对目标进行分析;对限制因素进行分析;对潜在问题进行分析;对预期结果进行综合效益评价。

方案进行过论证后,必须形成全面的报告。报告内容包括:综合介绍、公关活动的计划书和方案论证报告,然后提交有关领导审批。当然,一项公关活动的策划内容,有时也会根据情况酌情增减,并非完全按照上述程序进行,这是允许的,也是可能的。

(八) 撰写计划书

撰写计划书是将策划过程及其结果与策划相关的主要内容经过整理加工并转化为书面形式,形成反映最终策划成果的书面文件。

撰写计划书是为了将策划的各个工作环节和形成的初始文件进行整理加工，使之系统化、规范化、完善化。其过程为：首先撰写写作大纲，列出各章的标题和要点等主要内容；其次经过检查进行补充调整，使之内容全面、顺序合理、结构严整；再次是对要点进行说明或阐述，使之成为策划方案的初稿；最后在初稿的基础上加以润色推敲，使之简洁明了、重点突出、文字流畅。

公共关系策划的计划书具有非常重要的价值，主要体现在：它是策划者思维水准的具体体现；它是公共关系行动的说明书；它是公共关系活动的实施指南；它是评估公共关系活动的依据和标准；它是策划者脑力劳动的结晶，是极富保存价值的备忘录。

三、公共关系策划的方法和技巧

(一) 创造性思维的方法

创造性思维在公共关系策划中得到了广泛的应用，其理论已成为公共关系策划的理论支柱。创造性思维方法在公共关系策划中也成为自然采用的方法，并贯穿于公共关系策划的全过程。这里就几种常用的创造性思维方法做一介绍。

1. 理论思维

理论思维是指策划者依据科学理论，是理性认识系统化的思维活动方式。理论思维具有科学性、系统性和间接可行性等特点。它作为一种基本的思维活动方式，在公共关系策划活动中应用很多。理论思维是以科学理论和专业知识为依据展开的思维，是一种高层次的思维。它运用逻辑推理，预见和把握未来事物的发展变化规律，可以在一定的时空范围内预测未来，从更深的层次研究策划对象。因此，这种思维方法往往会使制定的策划方案更加符合实际，切实可行。

2. 求异思维

求异思维是指策划者独出心裁，从正常事物的反面进行思考的一种思维活动方式。求异思维的特点在于敢于否定人们已经习以为常、司空见惯的现象，敢于向传统的思维观念提出挑战，甚至对权威的、公认的理论提出疑问。求异思维敢于打破常规、刻意求新，"不唯书，不唯上，只求实"，充分发挥自己丰富的想象力和创造力，设计令人叫绝的公共关系方案。

3. 直觉思维

直觉思维是指策划者在社会实践中，通过亲自观察而受到启发，使外界事物在大脑中产生感觉的一种思维活动方式。直觉思维具有直接性、生动性、具体性等特点。策划者主要通过直觉领悟、猜测和想象等形式来阐明问题、解决问题。它主要依赖于存贮在头脑中的知识和经验，使大脑形成一种一旦接受外部信息就很快作出直觉判断或思维决策的能力。例如，法国地理学家魏格纳在观察世界地图时偶然发现,美洲大陆东部突出部分(巴西)和非洲的西海岸凹进去的部分(喀麦隆)拼在一起基本吻合,并且地貌十分相似。于是,他首次提出了"大陆漂移说",引起了世人瞩目。可以说,许多创造性发明都是通过直觉思维获得的。

4. 形象思维

形象思维是指策划者依据现实生活中的各种现象来阐明问题或解决问题的一种思维活动方式,具有形象性、概括性等特点。具体说来,形象思维就是对现实生活中的各种人、物、事进行选择、分析、综合,然后进行艺术加工提炼而创造出来的新的意象。

5. 逻辑思维

逻辑思维是指策划者根据科学的原理,按照科学的程序和规则,运用概念的判断推理来阐明问题和解决问题的一种思维活动方式。逻辑思维是具有严密科学性的思维活动方式。它必须按照客观规律进行判断、推理。其推理形式主要有类比法、归纳法和演绎法。运用逻辑思维进行创意策划,成功率相对来说比较高。

6. 联想思维

联想思维是指策划者由某一事物联想到另一事物的思维活动方式。事物都是相互联系的,世上没有毫无联系的事物。因此,联想也是开发人的创造性思维的一种方法。

(二) 公共关系策划的技巧

公共关系策划应遵循一定的程序,但它最大的特点是:它逼迫你不断创新。在公共关系策划领域中,这句话应被每一位策划人员奉为经典。第一个说女人是鲜花的是天才,第二个说这话的是庸才,第三个便是蠢材。正因为公共关系策划的这个特点,所以,想要找一个现成的模式可以在公共关系策划工作中加以参照、模仿便成为一种多余。不过,虽然无法照搬,但通过对前人的经验加以总结,仍然可以学到不少值得借鉴的技巧和一些值得注意的宗旨。

1. 借势发力法

所谓借势发力法,就是指借他人之势来扬己之名。北京长城饭店的经典公共关系活动可说是这一类型的典范,详见第五章"案例分享"。

2. 以攻为守法

以攻为守法是在组织与外在环境发生整合困难时所进行的调整和策划手段,表现为主动积极地出击以达到保护自己的目的。在具体公共关系活动中,有许多是用于自我保护的,即通过公共关系活动与运作来保全组织。在这种背景下,以攻为守法的策划思路是很有启发性的。

3. 以诚换诚法

以诚换诚法是在组织产生形象偏差时,与公众进行协调的公共关系策划方法。

俗话说,人心都是肉做的,人之所以成为人的重要因素之一就是人具有情感。因此,我们在公共关系策划中就应当注意用真诚来赢得公众的谅解和支持。公共关系手段中像防御型公关手段的运用,完全是以诚换诚法的成功。

4. 借题发挥法

借题发挥法是依照某一种态势,因势利导地推出公共关系策划的方法。如1987年9月13日,四川省泸州曲酒厂生产的泸州老窖特曲酒在泰国曼谷第二届国际饮料食品展览会上荣获金鹰杯奖,继1915年国际巴拿马金奖后再获殊荣。该厂公关部当即策划刮起一阵"老窖旋风",内容包括彩车迎奖、人民大会堂庆典、打出"十年四百年泸州老酒飘香,七国际金牌不倒"的口号等,这一策划的成功之处就在于抓准了时机。对于公共关系策划人员来说,节日、纪念日等都是极好的公共关系活动机会,应当善于利用这种机会推出公关绝招。

5. 异中求同法

异中求同法是将两件本来不相干的事情联系起来,从而提高新闻度和可宣传性。如深圳赛格集团公司将原准备于1988年1月8日开业的时间提早了2天,原因是中央领导人1月6日正好在深圳视察,于是请领导人前来剪彩。本来,作为深圳的一个企业,最多只能在地方报做一报道,但由于中央领导人的剪彩,提高了这一事件的新闻度,国内许多大报纷纷报道,这对于提高刚刚开业的赛格集团的知名度是十分有益的。异中求同法可以将两件事情进行组合,也可以将两种手段进行组合,通过组合出新、出奇,从而产生良好的公关效果。

6. 轰动效应法

轰动效应法普遍运用在同行之间的公关竞争中。轰动效应产生的关键是别出心裁、与众不同。要做到这一点,必须有严密的计划,能抓住活动的关键点,有礼有节,注意时机。其实,轰动效应的产生不光靠强有力的宣传,而经常靠"奇"取胜,像有些"亮丑"展览、"亮丑"记者招待会等防御型公关手段的实施,都属于此类。

7. 弘扬优势法

弘扬优势法是针对本企业、本组织,甚至是组织代表人的优势来进行公共关系策划的手法。例如,有些电扇厂在商店里展出转动的电扇,并标明此扇从某年某月某日起转动;有些哑巴卖刀,虽不能叫卖,但起劲地表演"削铁如泥",以弘扬优势,争取人心等,均包含着弘扬优势法的内容。

8. 弥补缺点法

弥补缺点法是指通过巧妙弥补自身缺点的办法,使自己的形象更趋美好。如年龄过大的里根,用海军少壮派行礼的姿势来显得年轻;尼克松用花格子狗来抹去人们对他受贿的传言;西铁城石英表公司针对该表样式美观、走时准确但不牢固的传言,专门搞了一次活动,将该表从低空飞行的飞机上抛下来,过往行人拣起表来一看,竟完好无损,于是一传十,十传百,西铁城表不牢固的传闻,不攻自破。

由于公共关系策划需要不断创新,因此,公共关系策划的谋略也就不可穷尽。以上提到的八种技巧只是其中很少的一部分。当你积累起一定的策划经验以后,就会明白策划之道无一定之规,它的要义就是见机而作,常思常新。

第三节 公共关系沟通实施(Communication)

一、公共关系实施的原则

公共关系的策划方案审定形成计划书后,便进入公共关系活动的实施阶段。公共关系实施结果,很大程度上取决于沟通的效果如何。公共关系活动实施的成功与否,所传播信息的影响程度和范围直接关系到组织的形象和效益,同时实施过程本身也能丰富公关人员的经验,增长公关人员的才干。所以,必须重视公共关系活动的实施。

为保证一般公共关系活动实施过程的顺利进行,有效实现公共关系目标,应遵循以下几个原则。

(一) 计划性原则

凡事都应有计划,公共关系活动也不例外,而且还要求有周密的计划。组织者要对活动进行通盘考虑,将公关活动纳入组织的整体规划,使活动中的一切策略、技巧都要和组织的公共关系目标相一致,为实现公共关系目标服务。公共关系目标,一般都是在充分的调查研究和科学的预测基础上制定的,不会因客观环境的变化失去它的合理性。

(二) 灵活性原则

公共关系活动是一种创意性、灵活性、艺术性都很强的实践活动,所以,在公共关系活动实施过程中,既要坚持原定公关策划方案的计划性,又要加强检查和监测,随时根据公众的反响,以及公关活动中各种因素的变化机智灵活地做出反应,及时修正原方案的具体内容,使活动的实施具有灵活性。如果不随机应变,只是机械地照搬预先设计的程序,往往会错失良机,使公共关系活动半途而废。

(三) 严密性原则

公共关系活动的成功实施,依靠实施方案的有效落实,所以,制定目标实施方案要尽量具体化。应根据公关目标的要求,尤其是变化了的客观环境的要求,对活动的时间安排、地点选择、对象确定、程序控制、内容构思、形式采用、人员分工、费用支付等详加斟酌、认真研究,制定更细致、更详尽的具体方案,确保目标实施方案的严密性和有效性。组织的公共关系活动不同于拍电影、电视。拍电影、电视时能拍三、四组镜头,最后再重新编辑,但是公关活动每一次都是现场直播,机会只有一次,一旦出现失误就无法弥补,所以绝不能掉以轻心。

(四) 完整性原则

由于公关工作的阶段性和多样性,在开展活动的过程中往往会出现过分重视整个计划中的某一阶段或某一方面的工作而忽略整体目标的现象,甚至影响整体目标的实现。产生这种现象的原因在于对整个公关工作的统筹协调不够。这种情况虽然能较好地甚至出色地完成公关的局部工作,但却会影响整体目标的实现。因此,在公关活动实施过程中要强调整体协调,即各个环节之间、部门之间及实施主体与其公众之间应相互配合,不发生矛盾或少发生矛盾;当矛盾产生时,也能及时加以协调和解决。具体地说,要做好以下几项工作:

(1) 协调好各个部门之间的关系,特别是宣传、供销、广告等部门之间的关系,避免互相脱节、互相牵扯甚至互相矛盾的现象产生。

(2) 协调好各个项目之间的关系,各个项目在实施过程中既相互区别,又相互关联,要做到顺利过渡,就必须精心协调。

(3) 协调好人员、物资与运输的关系,在公共关系活动中,人员的调度、物资运输是一门技术,可以用图表形式将人员、物资和运输之间的相互关系明确地呈现出来。

二、公共关系实施的程序

一般公共关系活动的实施程序如下所述。

1. 确定负责人员及实施者

组织的公关活动面向多层次、多领域、多类型的传播媒体及各类公众,并与之开展信息沟通、观念分享和关系维护等活动。因此,组织应设置公关部,由公关部负责人主抓全面宣传事宜,并指派专人负责广告联络、媒体联络、公关协调、美工及摄影等。如广告联络实施人员负责组织的整体形象设计、产品包装、广告投放、宣传品的印制等工作;媒体联络实施人员负责新闻稿的撰写与编辑,稿件发布与追踪,发掘各种宣传资源,与媒体保持不间断的联系和有效的沟通等。

2. 准备资料

公关人员在宣传活动开始之前要准备有关的宣传资料,如对于组织内的高层管理人员的任命、慈善助学活动、新产品的推广、技术上的新成就、员工获得荣誉等有价值的新闻事件,准备文字、图片和影视资料,撰写、绘制和印刷各种供不同媒介选用的新闻稿等。同时,公关人员还应提前设计、制作各种宣传品,如组织标识、传单、小册子、大型画册、广告词、主题词、目录、海报、条幅等。另外,在宣传品设计上要突出本组织的公关意图、活动主题、组织标识与代表色,主题词;当然,在设计制作组织标识和宣传品等工作中如能导入 CI 工程，那么宣传活动就会更加有效。

3. 选择传播媒介

公关活动的实质是针对目标公众进行信息传播活动。要想使这种传播活动取得最大的效果，必须使发出的信息全部或大部分为目标公众所接收，这就需要通过公众对象所惯常使用的传播媒介或渠道来传递信息。因此，公共关系活动目标一经确定，就要明确传播媒介。面对众多的媒介，应该如何选择和使用才更加有效和经济，是公共关系活动成功的关键。所以，公共关系人员必须慎重考虑传播媒介的选择。

第一，俗话说："尺有所短，寸有所长。"由于各种传播媒介各有鲜明的特点和一定的适用范围，同时又具有各自的局限性，因此，公关人员必须对各种传播媒介进行深入、全面地了解，并根据自己的宣传内容和宣传形式，扬长避短，选择不同的媒介，这样才能取得良好的宣传效果。

第二，根据不同的公众对象选用不同的传播媒介，才可能使信息有效地到达目标公众，并被公众所接受。而公众对象又来自不同的社会阶层，具有不同的经济状况、教育程度、职业习惯、生活方式及接受信息的习惯（如阅读、听广播）等等，因此，每个人受传播影响的程度也是不一样的，应根据这些情况去选择适当的传播媒介。如对文化程度不高的公众宜采用广播、电视；对于喜欢思考的知识分子应多采用报纸、杂志；对于经常加班加点、行踪不定的出租车司机最好用电台广播；一个产品的信息要引起儿童的注意和兴趣，最好制作成电视卡通节目等等。

第三，根据传播的内容来决定传播的媒介，使传播媒介的优势得以充分发挥。如一件比较复杂的事情，需要反复思索才能明白，就应该用印刷媒介，这样可以使人从容阅读，慢慢品味；对于一些大型公共关系专题活动的盛况，采用电视、电影等具有视听结合功能的传播媒介，既有色彩又配以解说员生动的声音，其效果就大大优于报纸的文字说明；为扩大商标的影响向社会征求设计稿件，可利用新闻或广告；而要回答某个消费者的投诉，只需采用面谈、电话或书信等方式。

4. 确定活动的时间、地点及范围

活动时间选择的是否恰当，直接影响到公共关系活动的总体效果。选择恰当的活动时间也就是在最能强化公共关系效果的时间内，把所要传播的信息及时传播出去。一般来说，以下一些时间是开展公共关系活动的理想时机：节假日；重要纪念日；开业之际；新产品、新服务项目开发之际；社会组织转产、合并、合资、迁址之际；组织社会公共福利活动之际；产品畅销之际；社会组织荣获重大荣誉、证书之际；领导人、重要外宾参观社会组织之际；发生重大责任事故之际；采取重大决策措施之际等。这些时间是社会组织发展过程中的关键阶段，敏感度高，在这些非常时刻，适时地开展相应的公共关系活动，容易引起公众的注意和好感，形成公共关系的轰动效应,从而获得良好的公共关系效果。当然,最佳的宣传时间对于公共关系人员来说是一种不可控因素,必须在长期的实践中不断摸索。

确定公关活动地点,最好安排在组织所在地或公众熟悉且有好感的地方进行,并且交通要便利。一般情况下离公众越近的事情,越能引起公众的兴趣。宣传范围的确定要视组织的活动目标、主题、经费等因素综合考虑。

5. 建立信息反馈系统

在公关活动中,组织应设专职机构和人员收集各类与公关活动有关的信息,诸如国家政策、法规、经济、技术、资源、竞争者、消费者、社会公众等方面的信息。公共关系人员必须对收集到的信息资料进行认真的整理、分析、处理,及时总结并将情况反馈到组织决策者那里,用于指导组织的公关活动,调整活动策略,以适应各种客观环境的变化,保证公关活动效果。如注意哪些因素的变化会影响到组织的公关活动,是如何影响的,会影响到哪些方面,哪些因素的影响是至关重要的,应采取哪些措施来调整公关活动等。根据信息反馈对决策方案进行的修正补充,甚至更换等情况,应及时返回到信息反馈地及反馈人员,以调动其执行新的决策和反馈信息的积极性。

6. 设计灵活机动的经费预算和应急预案

公关宣传活动成本较高,开支的项目一般有劳务费、宣传费用(广告费、印刷费、文具用品费)、实际活动费用、调查研究费用、培训费用、各种赞助费、音响器材租用费、电话通信费、交通费、礼品茶点费等,所以应在整个公关活动实施前作出必要经费的预算。在公关活动预算中,应留有机动性较强的活动经费,以便在计划外的重大公关活动举办时应变自如,避免因费用的限制而使工作陷于被动。

在宣传活动开始之前,公关人员须检查各方面的准备工作,分析研究可能会产生的不利因素,以及出现意外状况时的对策。总之,意外事件的应急预案在实施公关目标时是必不可少的。有了应急预案,公关负责人在意外事件发生时就能得到实施人员的帮助。这种帮助不仅仅体现在提出合理化的建议、作出合理化的选择,而且体现在他们全力支持的行动上。因此,公关负责人应根据每一个实施人员的实际工作能力,考虑他们在应急预案中可能作出的努力。应急预案经组织高层领导批准后,公关负责人应以书面的形式明确每一位实施人员的职责。这样,就能做到职责分明、临危不惧。

三、公共关系实施中的障碍

公关方案的实施目的在于实现组织和公众之间的双向沟通。但在沟通过程中存在不少障碍因素。影响公共关系实施的因素是众多而复杂的,但主要有两种类型:实施主体障碍和实施过程的沟通障碍。

(一) 实施主体障碍

主要是来自实施主体(组织)自身的影响因素,产生这种障碍的主要原因有:

(1) 实施人员障碍。要排除来自实施人员的障碍,关键是选择优秀的实施人员并进行严格的培训,建立一套有效的激励机制和约束机制。

(2) 目标障碍。在做公共关系目标策划时,一定要征求各方面的意见,形成目标共识;要对目标进行可行性论证,切实确立明确和具体的目标。

(3) 创意障碍。要减少创意障碍,关键在于提高组织策划水平,充分利用组织内外的专家,集思广益,应用创造技法。

(4) 预算障碍。经费预算要了解开支标准,反复测算,并留有充分的余地。尽管如此,有时还是会出现超支,但对必要的支出追加经费也是应该的。

(5) 实施方案障碍。公共关系实施方案要由实践经验丰富、管理能力和责任心强的人员来设计,同时要多征求实施者的意见,力求达到科学、适用、有效、节约,才能克服这方面的障碍。

(二) 沟通障碍

这是在公共关系计划实施过程中组织与公众之间的传播沟通障碍。公共关系计划实施的过程实际上是传播沟通的过程。实施过程中的传播沟通并不是一帆风顺的,常见的沟通障碍主要有:

(1) 语言障碍。语言是一种极复杂的工具,要准确有效地使用并非易事,不同国家、不同民族有着不同的文字,也会造成文字障碍,对于文盲半文盲的公众,文字也会造成障碍。

(2) 习俗障碍。习俗是在一定的文化历史背景下形成的具有固定特点的调整人际关系的社会因素。常见的习俗障碍有违反道德、礼仪、习惯、传统、风俗等。

(3) 观念障碍。观念是由一定的经验和知识积淀而成,在一定条件下为人们所接受、信奉并用以指导自己行动的理论和观点。常见的观念障碍有保守观念、封建观念、自私观念、极端观念、片面观念等。

(4) 心理障碍。心理障碍是指人的认识、情感、态度等心理因素对沟通过程的障碍。常见的心理障碍有消费心理、交际心理、政治心理、工作心理等。

(5) 机构障碍。由于组织层次不合理,如机构臃肿或结构松散而造成的信息传递失真或传递速度减慢等问题。

另外,公共关系方案是在一种复杂多变的社会环境、市场环境中实施的,因此,环境中的各种因素会从正面促进和反面制约来影响实施工作,包括一些重大的突发事件也会影响公共关系的实施。同时,公共关系实施障碍还有来自实施环境的各种制约因素、对抗因素和干扰因素等。

总之,在公共关系工作的实施过程中,只有努力减少和克服以上所提到的种种障碍,才有可能做好公共关系的实施工作,这是公共关系实施过程中需要高度重视的环节。

第四节　公共关系检测评估(Evaluation)

一、公共关系评估的意义

公共关系评估就是根据特定的标准,对公共关系策划、实施及效果进行检查和评价,以判断其优劣的过程。它在整个公共关系策划实施过程中都具有重要作用。可以说,评估控制着公共关系实务每个活动及环节。

公共关系评估的重要作用表现在以下几个方面。

(一) 公共关系评估是改进公共关系工作的重要环节

它对一个社会组织的公共关系工作具有"效果导向"的作用。任何一项公共关系策划在实施后都面临着两种结局:成功或失败。但无论是成功还是失败,其经验与教训都将成为下一次公共关系活动改进的基础。

(二) 评估是开展后续公共关系工作的必要前提

没有这种对原有公共关系工作的评估,就不能进行新的公共关系策划。这是公共关系工作连续性的一种表现。

(三) 评估能有效地鼓舞士气

一般来说,内部员工很难对组织的公共关系活动有全面而深刻的了解和认识。开展评估工作,能使他们认清本组织的利益和实现途径,以便将自己的本职工作与实现本组织的战略目标紧密地联系在一起,变为一种自觉的行动。同时,评估也使组织的领导人看到开展公共关系工作的明显效果,从而使他们更加重视公共关系工作。

二、公共关系评估的内容和程序

公共关系评估是对公共关系工作全面深入地研究,是公共关系"四步工作法"中的最后一步。它在公共关系实践活动中起着不可低估的作用。公共关系评估是改进公共关系工作的重要环节,是开展后续公共关系工作的必要前提,同时,它可以使组织的领导人看到开展公共关系工作的明显效果,从而更加重视公共关系工作。

公共关系评估不是公共关系计划的附属品或计划实施后的事后思考与补救,而是整个公共关系计划的重要组成部分。因此,对评估应该给予足够的重视,对评估的方法、程序等方面应予以充分的考虑和周密的筹划。

公共关系评估涉及公共关系全过程的所有内容,不仅复杂且难度比较大,要取得成功,应该对评估的内容和程序进行较深入地研究。

(一) 公共关系评估的内容

公共关系评估是对公共关系工作全面深入的研究,是公共关系"四步工作法"中的最后一步。它在公共关系实践活动中起着不可低估的作用。公共关系评估是改进公共关系工作的重要环节,是开展后续公共关系工作的必要前提,同时,它可以使组织的领导人看到开展公共关系工作的明显效果,从而更加重视公共关系工作。公共关系评估涉及公共关系全过程的所有内容,不仅复杂且难度较大,要取得成功,应该对以下问题进行较深入的研究:评估的类型、评估的内容、评估的程序、评估的方法和评估总结报告的撰写。

1. 公共关系工作程序评估

公共关系工作程序评估,就是要对公共关系工作的各个步骤的合理性作出客观的估价。公共关系评估是一个连续不断的活动,一旦进入公共关系工作过程,评估活动也就开始了。公共关系工作的评估研究内容及要点如下所述。

1) 调查研究过程评估

调查研究过程评估的要点包括:

➤ 公共关系调研的设计是否合理?
➤ 公共关系工作信息资料的收集是否充分、合理?
➤ 获得信息资料的手段是否科学?
➤ 公共关系调研对象选择是否具有典型性、代表性?
➤ 公共关系调研工作的组织实施是否合理?
➤ 公共关系调研的结论分析是否科学?
➤ 信息的表现形式是否恰当?

2) 计划制定过程的评估

计划制定过程的评估要点包括:

➤ 各项准备工作、沟通协调工作是否充分?
➤ 计划目标是否科学?
➤ 计划实施的总体安排、步骤是否可行?
➤ 日程安排如何?

3) 实施过程的评估

实施过程评估的要点包括:

➤ 信息内容准确度如何? 信息表现形式如何? 信息发送数量如何?
➤ 信息被传媒采用的数量如何? 质量如何?
➤ 接收到信息的目标公众有多少? 成分如何? 他们和组织之间有何种关系?

4）实施效果的评估

实施效果评估的要点包括：

> 了解信息内容的公众数量；
> 改变观点、态度的公众数量；
> 发生期望行为与重复期望行为的公众数量；
> 达到的目标与解决的问题；
> 对社会经济与文化发展产生的影响等。

2. 公共关系活动类型评估

按公共关系活动形式可把公共关系活动划分为日常公共关系活动和专项公共关系活动；按公共关系计划制定时间的长短，可把公共关系活动划分为年度公共关系活动、长期（三年至五年）公共关系活动。

1）日常公共关系活动效果评估

评估内容要点包括：组织的全员公共关系运作；组织内外部公共关系活动的开展情况；全体员工的公共关系意识和行为表现；组织的各部门在经营管理各环节上的公共关系投入；公共关系网络；内部公共关系协调状况；日常的组织沟通；人际协调；组织的外部公共关系：知名度、美誉度；公共关系人员的工作状况；公共关系人员与领导工作配合和沟通，等等。

2）专项公共关系活动效果评估

评估内容要点有：公关活动的计划是否合适；公关活动目标与组织总目标。公共关系战略目标是否一致；公关活动的目标是否已经实现；传播沟通策略和信息策略是否有效；公共关系协调状况如何；对公众产生哪些影响；组织的形象有何改变；公关活动的预算是否合理；组织管理工作成效如何，等等。

3）年度公共关系活动效果评估

评估内容要点包括：年度公共关系计划目标是否实现；年度公共关系计划方案是否合理，实现状况如何；年度内日常公共关系工作成效如何；年度内单项公共关系活动的类型、数量及成效分析；年度公共关系活动的经费使用情况及合理化研究；内外部公共关系的开展及成效；公共关系机构与公共关系人员的绩效；组织的公共关系应变能力，等等。

4）长期公共关系活动效果评估

长期公共关系活动效果评估是对某一长期公共关系项目及公共关系长期工作的成效分析，它是一个总结过程，需要将日常工作评估结果、专项活动评估结果、阶段性工作评估结果一并吸收进来，进行系统分析，从而获得一个总的结论。另外，它还包括对公共关系活动的经历进行客观评估。同时，应将前几种公共关系活动效果评估的内容要点加以归纳整理和分析研究。但是，要特别注重公共关系战略的得失问题、公共关系变动规律问题、公共关系与经营管理的关系问题等。

3. 公众关系状态评估

对主要公众关系状态进行评估研究,旨在通过分析各类公众关系的变化来评估以往公共关系工作的成效,公众关系状态分析应分两步进行:内部公众关系评估与外部公众关系评估。

1) 内部公众关系评估

内部公众关系评估的内容要点是:组织的政策在沟通中被全体员工接受的程度;员工的士气;组织的凝聚力;组织中的各种工作关系处理情况和趋势;双向沟通带来哪些生机和活力;影响员工关系的因素测评;沟通渠道需做哪些改进;传播策略及目标有何欠缺;公共关系能否无障碍地贯穿于各种经营管理活动的各个环节之中等。

2) 外部公众关系评估

外部公众关系评估的内容要点:消费者关系评估,通过把握消费者的态度、行为变化特点,评估组织在与消费者的传播沟通及人际协调方面的工作成效;媒介关系评估,把握媒介公众的态度变化,评估采取的沟通策略及成效;社区关系评估,了解各类社区公众对组织及有关活动的看法;政府关系评估,了解政府的支持情况、组织与政府的沟通效果,以及政府关系的沟通协调策略等。

4. 公共关系机构工作绩效评估

对公共关系机构的工作绩效进行评估,便于清点公共关系机构人员的工作效率、实际能力、策略手段等。定期对此作出评估分析,对于公共关系机构改进工作效率和提高工作水平很有帮助。

对公共关系机构工作绩效的评估主要包括以下几个方面:市场营销分析;广告研究;新闻宣传;专题活动;管理绩效评估等。

上述公共关系评估类型,在内容上互有交叉,只是评估的角度不同。公共关系评估工作可视需要,选取其中一类或几类进行。

(二) 公共关系评估的程序

1. 设立统一的评估目标

统一的评估目标是检验公共关系工作的参照物。有了参照物才能通过比较来检验公共关系计划与实施的结果。即使这一评估目标更多的是定性的而非定量的,仍需制定出一个统一的评估目标。如果目标不统一,则会在调查中收集许多无用的材料,影响评估的效率与效果。这需要评估人员将有关问题(如评估重点、提问要点等)形成书面材料,以保证评估工作顺利进行。另外,还要详细规定调查结果如何运用。

2. 公共关系部门内部取得对评估的一致意见

公共关系部门的负责人要认识到,对于公共关系人员,要给他们足够的时间认识效果评估的作用和程序,并对评估活动的操作形成统一的看法。只有意见一致,公共关系人员才能高质量地完成公共关系活动效果的评估工作。

3. 从可观察与可测量的角度将评估目标具体化

在项目评估过程中,首先应该将该项目的目标具体化。例如,谁是目标公众,哪些预期效果将会发生以及何时发生等等。没有这样的目标分解,项目评估就无法进行。同时,目标分解还可以使公共关系计划的实施过程更加明确化与准确化。

4. 选择适当的评估标准

公共关系目标说明了组织的期望效果。如果一个组织将"让公众了解自己支持当地福利机构,以改善自己的形象"作为公共关系活动的目标,那么,评估这样的公共关系活动的标准就不应是了解公众是否知道当地报纸上哪一个专栏报道了这一消息,占用了多大篇幅等,而是应该了解公众对组织的认识情况以及公众观点、态度和行为的变化。

5. 确定收集证据的最佳途径

调查并非总是了解公共关系活动影响的最佳途径,有时组织活动记录也能提供这一方面的大量材料。在有些情况下,小范围的试验也是十分有效的。在收集有关评估资料方面,没有绝对的唯一最佳途径。选择何种收集证据的方法取决于评估的目的、提问的方式以及前面已经确定的评估标准。

6. 保持完整的计划实施记录,及时、有效地使用评估结果

计划实施的记录能够充分反映公共关系人员的工作方式和工作效果,尤其重要的是反映计划的可行性程度,如哪些策略是有效的,哪些策略是无力的或者无效的,哪些环节衔接比较紧密,哪些环节还有疏漏或欠缺等。

公共关系活动的每一个周期都要比前一个周期表现出更大的影响力,这是运用前一个周期评估的结果对后一个周期进行了调整的缘故。有效地利用评估结果,可以使问题确定及形势分析更加准确,公共关系目标更加符合组织发展的要求。

7. 将评价结果向组织管理者报告,提高对公共关系的理性认识

这应该成为一项固定的制度,它的作用表现为两个方面:一方面可以保证组织管理者及时掌握情况,有利于进行全面的协调;另一方面可以说明公共关系活动始终与组织目标保持一致,并在实现组织目标过程中发挥重要作用。

对公共关系活动进行效果评估,可以使人们对这一活动及其效果有更多的理解与认识,同时,效果评估的成果又进一步丰富了公共关系专业知识的内容。通过具体项目效果评估所得到的资料,经过抽象化分析,可以得到对指导这一活动有普遍意义的思想、方法与原则。

案例分享

"祥云"让世界一起联想
——联想奥运火炬发布传播案

项目主体:联想集团

项目执行:凯旋先驱公关公司

2007 年的 4 月,世人的目光转移到了东方,2008 年北京奥运会火炬样式公布,"渊源共生和谐共融"的"祥云"创意在 388 件有效应征作品中脱颖而出。作为奥运全球赞助商更是火炬设计方的联想集团,为奥运发展史写下了浓墨重彩的一笔。联想力图借此机会在全球范围内提升其品牌形象,达成商业与社会双重价值。如同所有与奥运有关的创意出炉一样,"祥云"诞生的过程的一波三折,也反映出"联想奥运赞助商的身份与火炬设计最终被采纳没有任何关系"。

"祥云"火炬背后是一支 34 人的庞大设计队伍,从最初竞标到最终胜出,整个设计过程经历了一年多的时间。北京奥运火炬外形修长,线条流畅,造型略微弯曲,好似一根纸卷轴。火炬以银、红两色为主,上半部以银色为基色,立体浮雕有红色祥云花纹,顶端正面有"中国印"、"Beijing 2008"的字样和奥运五环标志,火炬下半部全部为中国红色,红色部分的顶端印有"Beijing 2008"字样。火炬的顶端和尾端的截面都呈现出纸卷轴的纹样,看上去像一朵祥云。这支火炬的设计中体现了联想一贯坚持的人本理念,无论是火炬的高度(720 mm)、重量(985 克),还是握柄尺寸(截面 50 mm×40 mm)和握手般的触感,都追求最便捷、舒适的感受,透露出人文关怀。

联想集团 34 人多种专业为背景的设计团队为"祥云"的诞生提供了强大的技术支持。共有来自中国、德国、意大利和法国的设计师参与创作,跨越工业设计、平面设计、材料工程、机械工程、人类学和社会学等十大学科专业。联想集团创新设计中心与北京奥运设计的渊源可以追溯到 2002 年,当时联想参与了北京奥运会会徽的设计竞标,与中标会徽设计理念极其相似的"北"字篆刻印章给北京奥组委和评委留下了深刻印象。

在北京奥组委对外界(包括对赞助商)封锁消息、发布会现场安检严密种种对传播不利的情况下,运用多种传播策略最终在与三星、可口可乐"三足鼎立"情况下引得"风景这边独好",更使得联想突破重围、受到媒体瞩目,并合理传递出"引领探索新世界"的联想品牌理念与超越进取的奥运精神的结合。

项目调研

如何在北京奥组委发布奥运历史上最长的火炬接力路线以及奥运火炬的同

时,吸引众多媒体将笔触带到联想的奥运会火炬接力传播计划上,并能传递联想科技创新的国际化企业领导形象及"引领探索新世界"的品牌理念,事前大量的对媒体"需求"、联想品牌以及两者契合度的调研功课必不可少。

针对媒体的调研

调研重点市场的主流媒体报道需求以及可能的报道角度,我们发现:当奥运会火炬设计与火炬路线同时发布时,火炬将经过的市场的媒体通常对报道这条新闻更为感兴趣。但是,绝大多数国际媒体并不身在北京,且处于不同时区,他们渴求能在第一时间接触到故事的核心。凯旋团队通过调研发现,当时并没有第二家奥运赞助商想到要去吸引海外媒体的注意力。

针对往届奥运火炬发布报道的调研

研究以往国际媒体有关火炬发布对于赞助商的报道角度和故事角度,我们发现:尽管每次奥运会火炬的揭晓都成为世界关注的焦点,但是奥运赞助商、甚至是火炬接力全球赞助商(以往是可口可乐和三星两家)从来不是世界关注的焦点。事实上,这一重大社会事件中对他们本身的提及度就很少,更不会对其品牌想要借以表达核心信息有任何"偏爱"。

针对联想品牌的调研

调查联想品牌在其全球重点市场的认知度以及与奥运赞助商的联合认知度,我们发现联想最好的策略是利用奥运火炬传播和奥运赞助相关的关键事件来提高其全球的品牌认知度。通过分析调研,我们认为以下三类目标受众将是此次火炬发布的核心传播对象。

(1) 社会公众;

(2) 重点市场的 IT 及行业媒体,商业及经济类媒体,奥运相关的媒体/刊物;

(3) IT 专家和中小企业主;

(4) 电脑消费者(奥运/体育迷)。

项目策划

在"点燃激情,传递梦想"口号的映衬下,北京 2008 奥运会火炬接力传递计划路线及火炬按时发布。北京 2008 年火炬接力是北京奥运会的重大仪式之一。以"和谐之旅"为主题,火炬接力活动将在世界五大洲和中国广泛开展。北京奥组委强调"这将是现代奥运史上路线最长、范围最广、参与人数最多的接力活动"。

公关目标

利用北京奥组委发布 2008 年奥运火炬这一重大社会新闻事件,借势发布联想成为奥运火炬接力全球合作伙伴、2008 年奥运火炬设计单位,并传递出联想创新的企业形象。

向世人揭晓 2008 年奥运火炬设计背后的故事。

传播主题

突出联想设计团队的多国、多专业部队协同,先后参与北京奥运会会徽、火炬设计,扣联想作为火炬设计者及奥运火炬传递合作伙伴为主线的传播主题。

核心信息

联想设计团队设计的象征文化、传递和平的"祥云"火炬作品从全球388件火炬设计中脱颖而出,成为2008年北京奥运会火炬。

联想全球领先的研发和创新实力,为消费者提供最新的产品。

作为国际奥委会全球合作伙伴的联想,加入可口可乐和三星,成为北京奥运会火炬接力全球合作伙伴。

公关策略

公关团队制订出方案,将最大限度地利用官方资源以推广联想奥运战略。在官方发布前,各类信息稀缺、国际媒体的特殊性等因素使然,联想要借此把奥运火炬推广计划的触角伸到全球——特别是覆盖到火炬传递沿途的20多个国家和地区,需要做的是几方面策略"多管齐下":

(1) 利用多种创新及突破性的新闻发布方式,如网络视频发布会、影像资料卫星传播等。

(2) 对国际媒体可能的"埋伏"提前做好充分准各,如可能提及的由"火炬传递路线不经过台湾"而引起的"台湾问题","火炬传递将首次登上珠峰"引起的环境、安全问题等。

奥运火炬出炉时间表

2005年12月6日,北京奥组委向全球发出公开征集火炬设计的邀请。

2006年2月28日,北京奥组委共收到海内外设计机构和设计师提交的应征参赛作品847件,其中有效应征作品388件。联想提供了三份方案,即"祥云"、"凤凰"和"长城"。

2006年3月16日,"祥云"设计方案从388件作品中进入前九名。

2006年6月1日,"祥云"进前四。

2006年6月至8月,根据选择最好艺术设计和技术设计方案的原则,北京奥组委执委会审议确定联想设计的火炬外形"祥云"为北京2008年奥运会火炬艺术设计方案,由航天科工集团设计研发的火炬内部燃烧系统为北京2008年奥运会火炬技术方案,两者结合形成北京2008年奥运会火炬的完整设计。

2007年1月,"祥云"方案经国际奥委会批准。

2007年4月26日,2008北京奥运火炬在中华世纪坛向全球公布。

项目执行

共同制定联想火炬设计者发布及火炬接力合作伙伴的双重发布的战略,并通过国际媒体制造在中国以外的轰动式传播效应。

与中国以外的重要国家和市场的一类媒体签订独家保密协议

为减小北京奥组委发布时间(北京时间 20 点)对国际传播带来的消极影响,以及针对分布在全球各地媒体的不同时区问题,凯旋公关团队建议与美联社签订独家保密协议。在此基础上,事前给予美联社背景材料,并安排其对联想相关高层的采访,为火炬发布当晚的深度报道带来可能性。

全球网络视频发布会

在当晚,北京奥运会火炬及火炬路线发布的官方仪式结束后,联想旋即开展针对国际媒体的实时网络视频发布会。联想集团全球副总裁、负责奥运推广的李岚,联想集团副总裁、火炬设计总指导姚映佳以及国际奥委会代表出席了这场发布会。

各国媒体在及时互动的发布会上了解到联想火炬设计背景和过程,联想也为媒体解答了火炬设计、奥运赞助等各方面的问题。

针对全球重点市场的公关活动

在每个国家和地区实施适合当地市场的以奥运火炬推广为主线的市场活动。这 13 个重点国家为:日本、印度、澳大利亚、英国、法国、美国、俄罗斯、韩国、泰国、越南、马来西亚、印度尼西亚和阿根廷。

给媒体提供事前拍摄的火炬影像资料/幕后花絮

请专业摄像团队制作与火炬相关的影像资料,并在火炬发布当天通过卫星信号和网络视频档案库传递给各国/地区的媒体,在第一时间对外传达了联想创新的设计。影像资料包括北京奥运会火炬设计的背景,创作过程的花絮,对联想创新设计中心主要设计师的采访甚至对北京奥组委相关官员的采访。在发布会结束后,凯旋公关各地团队还根据市场和媒体要求,将此影像资料作了更大范围的传播,引起各地相当程度的关注。

发掘出当地平面、电视和网络媒体资源

利用立体式传播模式,使联想奥运火炬设计者和火炬接力全球接力伙伴的身份得到最大曝光度。

防止问题的扩散

尽管奥运会作为一场无国界的运动吸引着全球关注的目光,但与之相关的政治等各类问题也常常使得奥运赞助商陷入被动地位。凯旋公关事前作了详细的调研。针对国际媒体高度关注的台湾问题、环境问题、中国政府问题等制订了公关预案,以及媒体可能提问的联想成为奥运火炬设计单位是否因有政府支持或是否因自己是奥运赞助商等问题,并对联想发言人进行相关议题的培训。

项目评估

通过全方位以及针对国际媒体特征制订的传播方案,联想品牌在国际市场上

得到了空前的传播效果。

联想知名度上升

联想全球 13 家重要市场的一类媒体大量报道这一信息,如《温哥华阳光报》、《阿根廷号角报》、《英国星期日电讯报》、《印度斯坦时报》、《香港经济日报》、《英国泰晤士报》、《纽约时报》、《国际先驱导报》、《今日美国》、《商业周刊》等;联想火炬设计的影像资料得以在英国 BBC 电视台、印度新德里电视台、中央电视台 - 9、香港 ATV 和 APTN 等电视媒体播出。

利用北京奥组委官方发布的信息,联想也取得了优于其他奥运赞助商的声音份额。最终全球 22 个国家的媒体发布了 820 多篇报道,读者覆盖率达 1 亿零 8 千名。据联想第二季度的调查数据显示,经过这一次传播,联想在其重点国际市场的"无提示知名度"提高了一倍多(由 3% 上升至 7%),企业文化和员工士气也得以提升。

重要媒体评论选登

联想发言人鲍伯·佩奇(Bob Page)表示:"成为奥运火炬的设计者将有助于联想在全球范围内的品牌推广。奥运会是联想连接世界的平台之一,我们也希望借此向世人证明联想的电脑能够支持如此大规模的赛事,也能够满足在复杂的、不同环境下的需要。"

——美联社,2007 年 4 月 26 日

作为全球第三的电脑厂商,联想已经在中国市场称雄数年。现在联想正大步走向国际市场。

《商业周刊》2007 年 8 月 3 日

案例思考

1. 本案例体现了本章内容中的哪些原则?
2. 结合"公共关系的目标"一章,说明通过本案例的策划实施实现了哪些公关目标。

简答题

1. 公共关系调查的作用。
2. 公共关系调查的基本程序。
3. 公共关系调查的主要内容。
4. 公共关系调查的方法和技巧。
5. 公共关系策划的含义。
6. 公共关系策划的程序。

7. 公共关系策划的方法和技巧。
8. 公共关系实施的原则。
9. 公共关系实施的程序。
10. 公共关系实施中的障碍。
11. 公共关系评估的意义。
12. 公共关系评估的内容与程序。

第十一章　公共关系实务——危机管理

学习目的

1. 了解危机的正确观念
2. 明确危机管理的含义和基础
3. 掌握危机管理的处理阶段

引导案例

忍一时风平浪静，退一步海阔天空
——"拒让门"给民营航空敲响警钟

2011 年 8 月 13 日下午，上海虹桥机场雨雾弥漫。一架卡塔尔班机称剩油仅够维持 5 分钟发出 MAYDAY 紧急信号要求提前降落，空管部门在 7 分钟内 6 次要求前方的吉祥航空班机让开跑道，该班机竟然拒绝让路，这一行为可说是"创造了世界百年航空史上"的"奇迹"。8 月 29 日，民航华东管理局公布调查结果，称"吉祥航机组在其他航空器宣布遇险情况下拒绝按管制指令进行避让是一起严重违章行为，违反了《一般运行和飞行规则》等相关法规规章，当事机组违背了飞行员应有的职业操守"。民航华东管理局开出罚单：吉祥航空公司 3 个月内将被削减 10% 的运力，其扩大经营范围、设立分公司、购租飞机等事项的申请被暂停受理。当事韩国籍机长也被吊销中国民航航线运输驾驶员执照。

业内专家指其可能是"中国民航史上最严重的处罚令"。8 月 30 日，吉祥航空发表声明向公众致歉，称将坚决执行民航局处理，并将解除与当事机长的劳动合同。自"拒让门"事件从网上曝光起，吉祥的韩籍机长一直备受斥责，当时卡塔尔航空已发出 MAYDAY 的最高级别求救信号宣告遇险，无论是民用航班、军用航班均须立即避让，即使外籍飞行员的准入门槛再怎么低，吉祥的韩籍机长也不可能不知道这一条硬性规定，但为什么还是冒天下之大不韪地在 7 分钟内 6 次拒绝避让呢？航班持续增多且航线密集，但降落通道资源有限，引发了航班在降落时的互相竞争。这种竞争已经成了"行规"，为了及早降落宣称油量紧张的情况不在少数。不排除有这样一种可能，就是这种恶性竞争的潜规则损害了机组之间的互信，吉祥机长怀疑卡航油量并未紧张到 MAYDAY 的程度所以拒绝避让。

再者,与可能造成的卡航坠毁众多乘客失去生命的严重后果相比,吉祥机长失去的只是飞行员资格,这样一比,付出的代价一点也不大。况且,这已经是在事件引起境内外航空界广泛关注以及全国范围口诛笔伐的情况下,才作出的严厉处罚。如果此事没被网络广泛传播媒体大量报道,或许这位机长要付出的代价更小。

另外,吉祥航空是自负盈亏的民营航空公司,成本控制是其获取利润的重要途径。航油成本占航空公司主营业务成本的 42.9%,而国内航油价格一涨再涨,对航空公司的利润产生很大影响。因此,对飞行员设置节油奖金来鼓励飞行员节省航油,是民营航空公司控制油量以降低成本的方法之一。如果吉祥航班避让则需再次排队等候降落,油耗大增,机长的节油奖金就大为缩水,甚至完全没有了。吉祥机长在利益驱使下拒不避让也不无可能。

也许正是在互信受损、违规成本较小以及利益驱使的三重诱因下,吉祥航空的机长做出了"创造百年航空史奇迹"的惊人之举。但无论原因为何,吉祥机长置卡航乘客的生命安全于不顾,都是十分危险的严重"罪行",必须重罚以警示航空业界。

在此事被网络曝光后,吉祥航空并未即时作出回应,即使到此事被媒体广泛报道,吉祥航空仍然只是说"网上部分议论的内容与真相有较大出入",直到调查结果公布才在网上向公众道歉。吉祥航空的态度除了显示其危机公关的差劲,更表明其并未意识到事件严重性的根源。此事几乎引起全民公愤,并不在于机长罕见违规,而在于机长漠视其他航班乘客的生命安全。

吉祥航空本来经营得有声有色,2010 年利润达 4.16 亿元,更计划逐步开拓东南亚和日韩等国际航线。但经此次"拒让门"事件不仅令其扩大经营范围,设立分公司、购租飞机等事项的申请暂停受理,经济上损失严重,品牌形象更是大受打击。这次吉祥航空的"拒让门"给民营航空公司敲响了警钟,在特色经营和成本控制上花心思固然重要,但航空服务的根本仍在于保障乘客的生命安全,切勿本末倒置,让利益排在生命安全的前面。

(来源:《吉祥航空拒让的罪与罚》,《中国经营报》;吴楚茵,《"拒让门"给民营航空敲响警钟》,《南方都市报》,潘培义选编)

第一节　正确的危机观

社会组织在运行中总是会伴随着"错"的发生,它们如同人一样,是有机的生命体,有思维,有行动。因此,现代企业要建立危机管理体系,也就是基于这样一种基本判断:企业也像人一样,不可能不出错。每个企业都有它的优势所在,也都有薄弱环节。"出错"是一定会发生的事,只是早晚的问题。在企业努力开展公共关系工作,向着卓有成效的成功努力的同时,意想不到的危机有时可能会突如其来。企业经营活动中的这些突发性的、带来较大的现实或者潜在的危害的事件就是危机事件。

一、危机的含义与特征

"危机"在汉语中大有讲究,从字面上看,"危机"这两个字是"危"与"机"的组合,一方面它代表着危险的境地;另一方面又意味着大量的机会。西方文化中危机(Crisis)一词来源于希腊语中的 krinein,原始含义是筛选。在《韦氏字典》中解释为一件事物"转化与恶化"的分水岭,是决定性或关键性的时刻,是生死存亡的关头。对组织而言,什么叫做组织危机? 就是组织经营的主要部分或全部遭到严重挫折或困难,给组织的声誉或信用造成严重负面影响的事件或活动,典型的情况是失去控制,或很快将失去控制。对一个组织来说,难免出现这样那样的问题。一旦组织处于危机事件之中,若处理不当,就会给组织造成不同程度的损害直至导致企业的倒闭,如果处理得当,则可以有效预防或者化解,甚至化害为利。

(一) 公共关系危机的含义

公共关系的危机,是由于某些人为或非人为的突发事件及重大问题的出现,打破了组织正常的形象状态,使组织的形象和利益受到损害,甚至遭遇生存危险,从而不得不面临和处理这一紧张事件的状态。

从一般意义上说,所谓公共关系危机,是组织与其公众之间因某种非常因素引起的、表现出某种危险的非常态联系状态,是组织形象严重失常的反应,它会导致组织和公众关系发生变化,使企业的正常业务受到影响,生存和发展受到威胁,组织形象遭受严重损害等。

组织的公共关系危机的出现总是以一定的组织危机事件为标志的。所谓公共关系危机事件,一般是指组织内外环境中突然发生的恶性事件,故又有突发性事件之称。各种突发性事件,依其强度不同,可分为一般突发性事件和重大突发性事件两种。无论哪种,它们都是组织公关危机存在的表征,应当引起组织足够的重视。

(二) 公共关系危机的特征

1. 突发性

一切突发事件都具有突然性。他们一般是在组织毫无准备的情况下转瞬之间发生的,往往给组织公关带来各种意想不到的困难。特别是那些由组织外部原因造成的危机,如自然灾害、国家政策变更等,往往是组织始料未及的并且难以抗拒的。

2.严重的危害性

危机事件的危害极大,会破坏组织形象,影响组织经营,给组织带来严重的形象危机和巨大的经济损失,同时还会影响组织的生存环境。

3.舆论的关注性

危机事件的爆发最能刺激人们的好奇心理,常常成为人们谈论的话题和新闻舆论关注的焦点和热点,成为媒介捕捉的最佳新闻素材和报道线索,,有时会牵动社会各界公众的神经,乃至在世界引起轰动。

二、危机的基本类型和周期

根据萨姆·布莱克所言,危机可分为能预测的危机和不能预测的危机两种。

(一)危机的类型

1.可预测的危机

可预测的危机指因生产或服务的性质而极可能发生的危机如制造汽车、制药或制造设备,"退货"始终是一种可能的危机;化学和核领域,致命的污染和放射物质始终是一种潜在的危险;铁路运输和海上运输也都存在一定的危险性。在这些领域都有可能发生灾难性危机。当然,人们不会因为这些潜在的危机就完全避开这些事物。同时,鉴于人类认识的局限,人们不知道是否真会发生危机,也不知道什么时候会发生危机。

2.不可预测的危机

不可预测的危机是指人们不能预见的突发灾难。可能是洪水、地震之类的自然灾害,也可能是恐怖主义活动、劫机之类的人为危机。

(二)危机发展的周期

危机和人一样,也有生命周期。不同的学者依据不同的标准和视角,划分也不尽相同,有三阶段周期模型,四阶段周期模型和五阶段周期模型。现介绍最普遍和最常用的三阶段周期模型。

三阶段周期模型把危机周期分为三个阶段:

(1)危机的潜伏期。这个时期,危机的征兆已经出现,但由于没有受到重视而被忽略,这个时期是预防危机发生的关键时期。

(2)危机的爆发期。这个时期危机形成并爆发,升级、逐渐降温并最终结束。爆发期中危机事件严重影响组织的正常秩序,使组织处于瘫痪和严重混乱状态。

(3)危机的恢复期。危机产生后,对组织产生的影响会以群体心理的形态继续发挥作用,如何调整公众心理,把组织形象从危机中重新建立起来,是组织公共关系部门需要认真处理的工作。

三个阶段的划分有助于我们清醒地认识危机、把握危机和利用危机,在危机发展的不同阶段采取不同的管理方式,将危机的影响降低到最低,这也是我们在危机管理过程中对危机进行管理的基本处理方法。在公共关系专业中,对危机管理的研究已经上升为学科,是一门研究为什么人为造成的危机会发生,什么样的步骤或方法可以避免这些危机的发生,一旦危机发生如何控制危机的发展和消除危机的影响的学科。危机管理具有使危机对社会组织造成的潜在损失最小化并有助于控制事态发展的职能,它是建立在危机是不可回避的客观存在这个前提上的。

三、如何认识组织的危机

企业公共关系危机事件的出现,具有较大的随机性,不好预测,而且受到不可控因素的牵制,来势凶猛,任何企业都希望与之无缘,但是只要企业组织存在,就可能出现危机事件。日本地震学家有句警语常被公共关系界引用:"大地震经常发生在人们忘记地震的时候。"很多企业都心存侥幸:这种事情不会发生在我头上,实际上,零风险的企业是不存在的,高管制行业(如城市供水、核电站、制药业)、财务变更期(如公司兼并)、高知名度的企业及其老板、上市公司、进步性企业、排名在行业前三名的企业、刚起步的企业、连锁企业等最容易惹上危机。这些危机有时是事出有因,有时是飞来横祸,有时是不白之冤,总之都是以破坏企业组织形象为代价的。

因此,在思想认识上,公共关系人员要高度重视企业公共关系危机管理工作,而要搞好这一工作,就离不开科学的观念。科学的公共关系危机观念,不仅反映了公共关系人员的业务素质,而且也是策略化、实效化、艺术化处理公共关系危机的保障。那么,对待公共关系危机事件,企业经营者和公共关系人员应具备哪些基本观念呢?

(一) 预防是解决危机的最好方法

"预防是解决危机的最好方法",这是英国著名危机专家迈克尔·里杰斯特的名言。它同样适用于公共关系危机。居安思危、未雨绸缪是对待公共关系危机的一条重要法则。众所周知,公共关系危机事件的发生,不仅给组织带来有形的物质财产损失,也会给组织带来无形的形象信誉破坏。因此,公共关系人员在对待危机事件的问题上,应该具有高度警觉的"防火意识",在这种意识的支配下,公共关系人员应该在日常工作中,按照组织的各项规范与制度要求,一丝不苟,使组织远离危机事件。这是公共关系人员对待危机事件的上上之策,是第一道防线。但是由于种种原因有些危机事件是"防不胜防"的。此时第二道防线应及时发挥作用,即果断采取措施,把潜伏的危机事件消灭在萌芽阶段。一般而言,除了一些自然灾害、机船失事、火灾等不可预测危机外,大多数危机事件都有一个演进过程,先由失误而形成危机隐患,有隐患而形成"苗头",有"苗头"而发展为抗争,然后爆发出危机事件。优秀的经营者和公共关系人员不会坐视危机事件的前期酝酿、恶化,等危机事件爆发出来后才着手工作,而是以消除隐患、扑灭"苗头"为首选之责。例如,在我国某市一家皮鞋店曾发生过这样一件事情,一天经理发现不久前进的一批鞋是劣质品,他赶紧让仓库保管员和柜台营业员清点存货。发现已经售出了6双。怎么办?按照惯例,应该是封存库存,与货主交涉办理退货已售出的如有顾客找上门来,则同意退款。但这位经理不满足于这样做,他做出了几条旨在化解危机于萌芽之中的主动出击措施:首先,在店门口贴出启事,公开亮丑,向顾客致歉,恳请购买者前来退换。其次,发动营业员回忆,如有线索,经理携款登门致歉。几天后,先后有5双劣质鞋被换回来了。可是一周过去了,那第六双鞋子仍不见踪影。最后,经理亮出第三招,花钱到市人民广播电台播出"寻人启事"——"由于本店不慎,在进货中混进了一批劣质牛皮鞋,已售出的6双中追回5双,望第六双鞋的买主闻讯后前来鞋店办理退货,本店经理将当面致歉。"这位经理没等公众找上门来就主动出击,使一场可能破坏企业形象的危机事件,不仅及时化解了,而且还有效地树立了自己诚实可信的形象。

(二) 正视问题,认真对待是处理公共关系危机的"出发点"

对待危机事件,公共关系人员理应"洞察秋毫",然而他们不可能"火眼金睛",有些危机事件突如其来,突然爆发出来了。面对公共关系危机事件,任何愤懑、隐瞒、掩盖都于事无补。此时企业最明智的办法是,面对事实,正视事实,实事求是,认真对待,要敢于公开,善于及时地向社会公众开放必要的信息通道,以尽快求得公众的谅解和信任。企业要采取"三不主义"的态度,即对危机事件不回避,对危机事件造成的后果不避重就轻,对自己应该承担的责任不推卸,实事求是地解决危机问题。

美国许多管理成效好的公司都牢固树立了这一观念,他们做到了:

➢ 一旦发现问题,他们就毫不犹豫地正视它。

➢ 一旦他们感到情况不妙,就进行彻底大检查,以便在清理过程中能发现爆发危机的原因。

➢ 一旦他们发现危机来临,立刻通过传播媒介及时向社会各界通报危机的真实情况。

➢ 一旦危机已经来临,他们就集中所有部门的意志和力量去对待它,在任何关系到生死存亡的形势下,没有比求生更重要的了。

实际上,危机事件出现后,其规模有一个由小到大的发展过程,公众态度有一个由轻度不满到严重敌视的变化过程。在此初发阶段,如果能面对事实,面对公众,做出相应的改进措施,企业组织就能赢得公众的谅解,得以重整旗鼓,奋然发展。

(三) 及时果断,处乱不惊,方能化险为夷,安渡"危险期"

危机事件发生后,企业组织可能会"四面楚歌",新闻记者、政府官员、顾客公众等,都会来指责企业组织,一时间可能"风雨俱来",新闻曝光、政府批评、公众意见信等纷至沓来,企业组织压力极大,处于"危险期"。但是"危险期"不可能一直延续下去,总有一个结束。这主要是因为社会在不断变迁发展,新生事物、新的危机事件层出不穷,公众不可能只关注某一社会组织或某一危机事件,他们的关注热点会随着时间流逝而变化。但是在公众关注焦点未转变之前,企业组织如同危重病人一样,处于"危机期",公众高度敏感,措施不当,或稍有不慎,都可能激起公众的群愤之情,严重的还会断送企业组织的生存权。反之,若能及时采取有效措施,及时化解危机,那么企业组织就能迅速赢得公众的谅解,重新获得公众的信任,顺利渡过危难,获得新的生存机遇和发展机会。

处理公共关系危机的第一定理就是:动手越早,危机越小。1996 年美国国庆前夕,一位 82 岁的美国老人竟从百事可乐罐中倒出了一个注射器,这件事迅速成为各媒体的头条新闻。5 天后美国先后有几十个州发生同类事情,公众惊慌加剧,百事可乐暑期销售直线下跌 3%。由于时间发生在星期五,总裁不在总部,等到星期一总裁处理这件事时,事态已近失控。好在接下来,百事在公共关系公司的帮助下,完成了几个漂亮动作,才使百事转危为安。百事最先慰问了那位老人,并带老人参观了封闭的生产车间,告诉老人及随行的记者,在生产线上,注射器和其他杂物绝不可能进入罐中。同时公司总裁在电视上发表演说,对因此事件引起的公众不安道歉;告诉公众百事公司正对此事件进行调查,百事公司是一个负责任的公司,如事件属实公司将做出赔偿;总裁最后再次强调,他坚信百事 99% 不可能发生这样的事。由于百事态度真诚,媒体和公众慢慢站到了百事一边,怀疑有人捣鬼。事实证明,有人把注射器放入老人的可乐罐中,老人一无所知,其他案件都涉嫌敲诈。真相既出,百事马上在媒体上打出"感谢美国"的大幅广告,百事可乐的销量反而比事前上升了 1%。

(四) 通过危机事件处理可以坏事变好事,危机成良机

古人云:"福兮祸之所倚,祸兮福之所存。"从对危机的辩证认识角度讲的就是我们能以危机为契机,精心策划,则不仅能化险为夷,转危为安,而且还能变危机为良机,变坏事为好事。

危机事件既已发生,就要认真处理,利用它来完善企业组织的形象,这是完全可能的。因为危机事件期间,企业组织成为新闻组织报道的热点对象,也是公众议论的热门话题,虽然公众开始是带着恶意来关注企业组织的,但是这毕竟也是一种关注。因此这就为强化企业组织的形象提供了一个机会。这好比一件衣服被不小心烧了一个洞,自然不是值得庆幸的事,但也成为裁缝师施展艺术才能的机会,优秀的裁缝师不会只是简单地把洞补好,他会利用补洞的机会,在洞处补出一朵美丽的鲜花,一个可爱的小动物,从而使衣服变得比以前还好看。在危机事件过程中,我们也要善于变坏事为好事,使本来不利于企业组织的危机事件,演化成宣传企业组织的机遇。

具体而言,"变坏事为好事",应视危机事件的性质不同而确定出不同的目标。常见的情形主要有以下几种。

1. 无中生有的危机事件

如果是无中生有的危机事件,我们不仅要澄清事实,而且还要进一步强化形象,发展形象,通过危机事件的处理,使各方面的社会公众更加信赖企业组织。如一年初夏,大连市民都不敢吃猪肉,因为听人说吃了猪肉会得病,其实猪肉是经过严格检疫的,这完全是公众的误解。但这种情况持续下去,对大型的猪肉零售企业尤其冲击大,如大连商场,作为一家大型商业零售企业,每天销售猪肉十几吨、几十吨,由于人们不敢买肉,营业额大幅度下降。为改变不利局面,他们把市卫生防疫站的领导及工作人员请来对其经营的猪肉进行检疫,再通过电视台的新闻节目进行现场报道,公布检疫情况,商场还推出两次检疫新举措。卫生防疫站经过认真考核在全市指定了4个"放心肉店",大连商场是其中之一。这些做法使商场的猪肉销售走出低谷,重新树起了国营商业企业的良好信誉。

2. 企业自身不当引起的危机

如果确实是企业组织自身不当而引发的危机,企业不仅要主动承担责任,而且要采取果断措施,塑造一种"脱胎换骨"的新形象。古人云:"君子之过也,如日月之食焉。过者,人皆见之;更也,人皆仰之。"人是这样,一个企业也是如此。企业的发展过程中,因为工作不负责、失误而造成对公众的损害,只要能"闻过即改",仍然能赢得公众的理解与信任———种基于企业组织新形象之上的理解与信任。这年6月,刚刚成立6年,准备在海外市场上大展拳脚的中华自行车公司遇到了麻烦。负责爱尔兰市场销售的负责人紧急向公司通报:爱尔兰一位12岁的小姑娘骑着中华自行车(童车)摔伤。总经理听到汇报后,紧急赶赴爱尔兰处理此事。经过调查,发现导致小女孩摔成轻伤的主要原因有两个:一是在崎岖的路面上骑车,二是该童车的前轮胎钢圈变形。虽然该童车已售出一年多,保修期已过,但中华自行车公司必须承担轮胎钢圈质量而造成的责任。此时当地的媒体已把"中华自行车质量事故"炒得沸沸扬扬,人家有充分的理由表示对经济欠发达、改革开放不长时间的中国产品质量的怀疑,更密切地关注着中国人对于此事件的处理,中华自行车的海外销售代理公司也开始怀疑:与中国的企业合作是否稳妥。中华自行车辛辛苦苦培育出的爱尔兰、英国等地的市场开始动摇。公司总经理在慰问伤员及其家长后,立即做出如下决定:一是承担伤员一切医疗费并给予一定赔偿;二是一个星期内将4 000多个爱尔兰用户所购买的该型号童车的钢圈全部更换(仅此一项公司用去港币100多万元)。这两项承诺立即在当地引起强烈反响,"认真的中国人"、"勇于承担责任的企业"等文章屡屡见诸报端,受伤的小姑娘及其家长对此事的处理结果深表满意,经销商们信心大增,销售市场销售回升。中华自行车并未就事论事,仅仅满足于做好"善后"工作,而是在企业内部掀起一次"小题大做"、举一反三、深刻反省自我的活动。公司提出:"不熟练掌握操作技术是员工之耻;不坚持控制产品质量是管理者之耻;不跻身先进行列赢不得消费者的满意和赞赏是公司之耻。""三耻"强烈地震撼了每一个公司员工,雪"三耻"赢得消费者的心,占领欧美市场成为中华自行车公司申坚定信念和自觉行动。中华自行车公司的"雪三耻"活动开始全面进行。一年后,中华自行车在爱尔兰的销售量增长了整整 10 倍。5 年后,深圳中华自行车(集团)股份有限公司一举登上"全国最大百家机电产品出口企业第一名"的宝座。总之,让每个企业以积极正确的心态去面对不可知的命运,并在"危机"突如其来时能作出正确决策,是企业公共关系危机管理的最终目标。企业组织只有树立以上四个公共关系危机观念,才能更好地处理危机,重塑企业形象。

第二节　危机管理

比尔·盖茨经常说,微软距离破产永远只有 18 个月。这句话可以成为对危机客观存在清醒认识方面的一种经典命题。而我们可以认为,危机管理是公共关系工作的重要内容。

公关危机使每一个正常生存与社会结构中的社会组织都可能遭遇的一种非常规形态,它既可能对社会组织造成巨大危害,也有可能在组织强有力的正确反馈下形成良性的"反弹公关",把组织的公关形象更为鲜明的推广到社会各类公众的脑海中,使社会组织的良好公关形象能够"更上一层楼",在新的高度上更大范围的赢得社会公众对自己的依赖和尊重。公关事件活动的经验告诉我们,公关危机事件对一个社会组织的公关部门而言常常是一把"双刃宝剑",即可能给组织带来"灭顶之灾",也可能使组织"出人头地",更为社会公众所理解爱戴,它既可能在一瞬间毁灭组织形象,也可能在公关高手的沉着应对下成为公关形象的又一次成功展示,两种结果都决定于组织领导层和公关专业人员对公关危机的认识和危机管理的方式上。

一、危机管理的定义

危机管理是为了预防危机的发生,应付各位组织可能出现的危机情境,减轻危机损害,尽早从危机中恢复过来所进行的信息收集与分析、问题决策与预防、计划制定与责任落实、危机化解处理、经验总结与企业调整的管理过程。危机管理的目的在于在危机未发生时预防危机的发生,而在危机真的发生时,采取措施减少危所造成的损害，并尽早从危机中恢复过来。由此可知，危机管理是个系统概念，包含的内容广泛，涵盖了危机发生前的预防与预警，危机发生时的危机处理与善后、危机过后的总结分析与改进。

危机管理是一种应急性的公共关系，是立足于应付企业突发的危机。当意外事件发生时，企业陷于困境，便可以通过有计划的专业危机处理系统将危机的损失降到最低，同时还能利用危机带来的反弹机会，使企业在危机过后树立更优秀的形象。越是在危急关头，才越能昭示一个优秀企业的整体素质和综合实力，危机管理做得好，往往可以使危机变为商机，公众将会对企业有更深的了解、更大的认同，优秀的企业也因此脱颖而出。因此，在危机面前，发现、培育进而收获潜在的成功机会，就是危机管理的精髓；而错误地估计形势，并令事态进一步恶化，则是不良危机管理的典型特征。危机管理，是全方位的，是系统的，是为企业更长远发展而进行的战略思考，而不是就事论事，仅仅针对于某一次的单一危机。这点是企业管理者应该认识到的。

二、危机管理的基础

（一）组织弱点分析

很多企业尽管可能是行业的翘楚，但是或多或少地会存在薄弱的地方，善于发现自身的弱点是现代企业的必修课，连微软这样的知名公司都声称离破产只有 18 个月，我们的企业呢？这时企业需要反思，哪些薄弱问题可能会导致企业陷入危机？企业可以从企业内外部，如企业董事会成员、离职或退休的员工、政府官员、社区居民、新闻媒体、行业分析人士等处获得相关信息，这样，企业就可以准备两张表，第一张表包括那些最有可能发生的弱点/潜在危机，各项目按先后顺序排列，以红色、黄色和绿色三部分加以区别。

在分析这两个表的基础上编制第三张组合表，要特别注意那些被认为是既可能发生，又会对企业造成最大损害的弱点/潜在危机。首先从前两张表中同时被列为"红色"的弱点/潜在危机开始归纳，接着是在一张表中被列为"红色"而在另一张表中被列为"黄色"的弱点/潜在危机。下一步，记下前两张表中同时列为"黄色"的弱点/潜在危机，然后是"黄色"和"绿色"的弱点/潜在危机，最后归纳在前两张表中同时被列为"绿色"的弱点/潜在危机。这样就把所有可能的薄弱方面按先后顺序排列出来，企业会直观地看到哪些薄弱环节应该进一步加以明确和防范。

（二）进行预警分析

企业危机预警分析，是对企业危机风险进行监测、识别、诊断与评价，并由此作出警示的管理活动。在企业组织内部，预警对象包括企业的领导者、管理人员和全体员工，预警的目的是引起他们对危机的了解和重视，以便于他们做好必要的应对准备。在社会组织外部,预警的对象是与可能出现的危机密切相关的公众,预警的目的是通告他们危机信息,以便于他们及时离开危机险境,有效避开危机危害。

(1) 危机风险监测。危机风险监测是指对社会组织系统中已经或可能出现的危机风险进行监视和预测,收集各种反映危机风险的信息、信号,这是一项非常重要的工作。进行企业危机风险监测,要根据不同企业的具体情况,把最可能引发危机的影响因素或最可能出现危机的实践领域作为重点对象。要采取有效的监测手段,对监测对象的活动过程进行全过程的关系状态监视,对大量的监测信息进行整理、分类、存储,建立监测信息档案,形成系统有序的监测信息成果。

(2) 危机风险识别。危机风险识别是指根据危机风险监测收集的危机风险的有关信息,在比较分析的基础上,判断危机风险的实际存在状态。危机风险识别必须在把握通用的状态识别指标和专用的危机状态识别指标的基础上,进行综合分析,反复研究,多方判断,对危机迹象识别进行方向和数量方面准确有效的描述,以达到对危机全面而深入的把握。

(3) 危机风险诊断。危机风险诊断是指对已被识别的危机风险进行基本成因分析和发展趋势预测,为危机预控提供根据。这是危机预防的十分重要的环节。由于危机风险发展趋势是建立在准确的危机风险成因分析的基础上的,因此必须深入、具体、客观地分析危机产生的原因,运用科学的方法,以保证预测结论符合逻辑,准确有效。

(4) 危机风险评估。危机风险评估就是对危机发生的可能性的大小和危机造成的潜在影响进行衡量,使危机管理者能更全面、更准确地预测和管理危机风险。其核心是进行危机的损失性评价,即可能的危机对企业的公共关系、经营管理、相关公众、社会环境将造成的危害。

(三) 实施预控对策

企业危机预控是指根据预警分析的活动结果,对企业组织可能出现的危机事态进行早期矫正与控制的管理活动。发出危机警示并不是危机预防管理的根本目的,对危机进行有效的预控才是危机预防管理的根本目的。预控对策的活动内容如下。

1. 思想准备

企业的每一个员工都要从思想上做好应对各种危机的准备。这就是我们通常所说的要具有"防火"意识。在日常工作中,企业员工尤其是管理者、领导者要在高度警觉的"防火意识"支配下,尽力协助、指导有关部门科学地设计生产工艺、科学配方,把好原料质量关,搞好生产调度安排,加强企业的安全保卫工作和财务管理,完善售后服务制度等等。要使组织的员工具有应对各种危机的思想准备,关键是要开展各种危机教育,让全体员工都了解危机的特征和危害,使全体员工都具有一种危机感,并由此增强他们的危机意识,帮助他们形成优化自身行为、预防各种危机的思想。

2. 组织准备

这是指为预控对策行动开展的组织保障活动,具体体现在:第一,设置危机管理机构。危机预防管理与特定的危机处理不同,特定的危机处理是一次性的,而危机预防管理是日常性的,这是由于危机在现代社会组织中广泛存在的特性所致的。危机预防管理的日常性,决定了危机预防管理不能只是应急,而应该不断地长期进行。因此,在企业中,设置危机日常管理机构是非常必要的。危机日常管理机构的设置,不仅可以由其承担危机风险的日常监测、识别、诊断、评估和预警、预控工作,而且可以向组织内外公众表明企业组织认真负责的管理态度。危机管理机构一般由职位较高的组织者、公共关系部门负责人组成,他们必须具备市场推销、业务推广、售后服务,人事、管理、技术以及善于与人沟通等方面的特长,彼此之间应该配合默契,成员组成的原则是领导主持,专家依据需要参与,优势互补。第二,建立危机管理制度,约束组织成员的公共关系行为,保证组织危机管理方针、政策、措施的有效实施。建立危机管理制度很重要的一个方面是确定危机发生时共同遵守的准则,如危机发生时尽量不要混淆事实真相;不要做无谓的争论;不要小题大做;不要在事情未弄清之前随便归罪于别人;不要在实施沟通计划时偏离企业的政策;等等。第三,训练危机应急队伍。一般应抓好以下几件事:一是进行旨在提高应对危机事件能力的培训;二是进行危机事件的应对策略的培训;三是进行各种企业危机处理案例库的建设,让企业从中吸取经验教训;四是进行综合性的预防演习,这种演习不但可以检验危机管理预案的可行性程度,修正不足,还可以提高企业组织的反应速度,强化企业组织自身的行为。

3. 条件准备

危机的预防和危机事件的处理都离不开必要的物质条件。准备好各种物质条件,为危机的预防和处理提供必要的物质保证,是危机预防管理阶段的一项重要的基础工作。在危机管理中,一般需要准备的条件大致可以分为三类:第一,危机管理经费的准备。危机管理离不开充足的经费支持。第二,危机管理设施的准备。预防管理阶段,一般应有开展危机监测的各种工具和危机信息处理的各种工具。在危机事件处理中,所需的硬件设施也是比较多的,这些硬件设施同样平时就要有所准备,并要安排有关人员学会其使用操作,这些硬件设施主要包括:复印机、传真机、能收发电子邮件的计算机、连通内线和外线的多部电话机、移动电话、数码摄像机等。第三,危机管理信息资料的准备。每一个企业需要有重要的内外公众的基本情况、企业基本状况等能随时取用的书面材料,这些资料要归类存档,以便于查询,使企业尽快地解决危机。

４．基础工作

预防企业危机的基础工作是十分重要的。危机"病毒"是普遍存在的,它环绕在企业周围,每时每刻都会对企业构成威胁,任何企业想战胜危机,超越危机,就必须努力增强自身的"免疫力",苦练内功,夯实基础,正所谓要打造转危为安的方舟,就必须有厚积薄发的底蕴,企业只有做好各项基础性工作,才能保证企业的效率高、质量优、服务好、效益大,才能增强企业对环境的适应能力和竞争能力,使企业管理系统有序地进行,减少和消除企业所存在的"危机"。为此企业要不断强化危机意识,全面提高员工素质,加强与各类公众沟通,建立"揭短露丑"的信息反馈系统,严格执行科学的管理制度,保证良好的产品质量和服务质量,及时理顺公众情绪,防止因一些枝节问题引发企业危机。

第三节　危机管理的阶段

一旦危机发生,根据公共关系危机管理的处理程序,可以按照前文将危机划分的三个阶段来进行。

一、危机潜伏期

"凡事预则立,不预则废",企业要想有较强的"免疫力",就必须加强危机的预防。预防是企业危机管理的重要组成部分。由于危机是企业的突发事件、偶然事件,一般都是突如其来,从天而降,首次发生,无章可循的,如果没有强烈的危机意识和有效的危机预防措施,企业很可能会束手无策,在迟疑和犹豫之中坐失良机。因此,进行有效的危机预防不仅可以使企业提高警惕,还可以使企业提高危机来临时快速反应的能力。

(一)制订企业危机处理计划

危机处理计划应该是危机动态管理行动的指导原则。因此,危机处理计划在结构上应有下列的项目安排:目录封面要清楚注明日期,好让使用者知道此危机管理计划的有效性;指导原则和政策;排定演练计划程序;确定危机管理团队;设立危机指挥中心;后勤补给;危机辞典和沟通政策;危机事前部分和危机解决部分;预警和警报部分;恢复管理部分和后果管理部分。

(二)组建危机管理工作小组

根据需要企业可以调整组织结构,建立矩阵式的危机管理中心。它是灵活多变的组织形式,高层以危机管理委员会的形式存在,由最高领导者担当委员会主席,并从各个职能部门抽取核心的管理骨干担当委员。危机工作小组的目的在于有系统、有计划地收集危机信息、处理危机因素,使危机防患于未然。它的任务包含了危机处理的目标、危机的侦察、危机的辨别、危机的评价等工作。一般在设计危机处理的组织时，应将多学科的专业人才编在处理危机的组织内，而且要根据危机的性质，分为不同的危机编组。危机工作小组的编制要有 6～8 人，在角色扮演上，要设置最高决策者来总揽权责，其他则为总务、公关、保险和法规等。

（三）检测经营环境的危机信号

潜在危机指从企业业绩表象看是处于良好状态的，但已经潜伏着危机的因素。企业潜伏危机是指企业内存在可能危及企业发展的因素，这些因素往往是逐步增长的，是企业内部人为的。只要细心地检测经营环境，大多数潜伏危机都是可以发现的、可防范的内生变量。而企业外在的环境，又称为企业不可控制的变数，是企业生存发展所必需的空间。因此，管理者应该对企业内外环境进行信号检测，如政策法规、经济状况、产业发展的威胁、技术变化、顾客满足度、市场需求度、消费者忠诚度的变化、投入产出、竞争者的经营战略、销售渠道结构的变化等。

（四）制订危机管理手册

由于危机出现多以突发性事件为导火线，因此针对性的危机管理手册是企业的必备工具。企业的性质、组织架构、背景，包括所处的产业业态环境都不尽相同，在管理手册的制订上也要根据组织的不同性质进行合理的调整。一般来说，它应将下列几个问题纳入手册考量：危机手册必须公布，而且要经常重新评估；让所有员工都了解紧急联络网，并按时重估联络网；进行员工教育，加强员工自律、自发性的防卫行动；重大的社会危机要与当地政府商定相互支援体制；事先决定企业陷入困境的运作机制；同行业间的生产融通协定；应急储备和可用物资；应急的备选方案；危机出现时，警报如何发出和发出何种警报。

（五）加强企业日常危机教育

要想有效地解决企业遇到的各种危机，就要对企业危机有透彻而深入的认识，树立起科学的危机观。科学的危机观，不仅反映了企业的业务素养，而且也是策略化、实效化、艺术化处理危机的保障。企业要使每一个员工都从思想上做好应对各种危机的准备，树立全员危机感，其关键是要开展日常的危机教育，让全体员工都了解危机的特征和危害，增强他们的危机意识，帮助他们优化自身行为。企业可将危机理论指导、危机发生情况和相应的处理措施等以通俗易懂的语言编成危机管理计划手册，配发给每个员工。还可以通过各种形式，如录像、幻灯、卡通片等向员工全面介绍应付危机的方法，让全体员工对出现危机的可能性有足够的了解，使其警钟长鸣。

二、危机爆发期

危机发生后，应尽快采取措施。

（一）启动危机应急预案，成立危机处理小组

危机发生后，要迅速判断危机事件级别，并启动危机应急预案，成立由组织主要领导亲自负责、各职能部门负责人参加的危机处理小组，并制定危机传播规划方案和危机公关的方针、政策，明确危机处理小组成员的职责，协调、管理危机公关的流程，开展有效的内部与外部沟通。

（二）迅速展开调查，弄清危机原因

危机处理小组要成立调查小组，查明危机发生的时间、地点、原因、有无人员伤亡和财产损失、造成了什么样的影响，评估危机形势、涉及哪些组织和人员，并采取有力措施，控制事态进一步发展。

（三）指定新闻发言人，进行新闻发布

危机发生后，媒体、社会公众和利益相关者对信息的渴求非常强烈。如果组织不及时发布消息，将造成信息真空，丧失舆论的主导权，对组织的形象和危机的处理极为不利。因此，应当指定一人作为公司的新闻发言人，这个教训源自另一个法则：如果有足够多的管理层相互重叠，那就肯定会发生灾难。新闻发言人向媒体和社会公众传达事件的即时信息、组织的态度、采取的措施、解决的程度，通过媒体来满足公众趋利避害的需求，缓和公众的紧张情绪，取得公众的理解和支持，以此树立组织的良好形象。危机中新闻发言人的原则：

（1）第一时间原则。发生突发危机事件后，组织应该在第一时间发布信息，掌握舆论的主动权及事件处理的主导权，抢占制高点，先人为主，先声夺人，先发制人；不求全，只求快，但必须准。

（2）滚动发布原则。第一时间发布的信息，不一定是全面的。有了进一步的信息，就不断地滚动发布最新情况，对过去由于情况不清晰而发布的不准确的信息要立即纠正，不断滚动发布信息，保持组织是唯一权威信息发布者的地位。

（3）统一口径原则。对外公布的口径只能是一个。从新闻发言人到有关政府部门、第三方专家、其他第三方利益相关者，以及与事件有关并可能接触媒体的人，对外口径必须高度一致，不能提供互相矛盾的信息。沟通口径不一致，沟通就会变成新的危机。

（4）真实透明原则。发生突发危机事故后，组织应该通过媒体第一时间真实透明地传达信息，确保所公布的信息没有刻意掩饰的成分。危机时不能掩饰问题，必须说实话，不能撒谎或说假话。

（四）迅速处理危机，安抚公众

危机发生后，要按照危机处理小组的部署和规划迅速有效地开展工作，确认危机事件中的利益相关者，了解他们的情况，与他们及时沟通，表达组织的关心，积极主动地承担责任，赔礼道歉，赔偿损失，做好善后工作。

这个阶段的危机管理,需要根据不同情况确定工作的优先次序。第一,让一群职员专职从事危机的控制工作,让其他人继续公司的正常经营工作,是一种非常明智的做法。在首席执行官领导的危机管理小组与一位胜任的高级经营人员领导的经营管理小组之间设立一座"防火墙"。第二,及时向公司自己的组织成员,包括客户、拥有者、雇员、供应商以及所在的社区通报信息,而不要让他们从公众媒体上得到有关公司的消息。管理层即使在面临着必须对新闻记者作出反应的巨大压力时,也不能忽视这些对公司消息特别关心的人群。事实上人们感兴趣的往往并不是事情本身,而是管理层对事情的态度。第三,危机管理小组中应当有一位唱反调的人,这个人必须是一个在任何情况下都敢于明确地说出自己意见的人。总之要想取得长远利益,公司在控制危机时就应更多地关注消费者的利益而不仅仅是公司的短期利益。

三、危机恢复期

(一)开展评估工作

在危机恢复期,组织要对危机公关工作进行评估,总结经验教训。要通过媒体、组织内部人员、相关专家、利益相关者、主管部门,了解他们对组织应对危机的评价;了解危机给组织带来的损失,包括有形的损失和无形的舆论声誉损失,如媒体对危机的负面报道为企业带来的损失。针对危机的原因、发展趋势和组织在危机中暴露的问题,采取积极有效的整改措施,改进完善。

(二)适当问责

危机处理后,组织可以针对相应的责任,对由于工作失误导致组织危机产生的个人要进行问责,如内部通报批评、进行检讨、免职、追究法律责任等。

对危机发生后处理措施不当,导致未能及时处理危机或进一步加深危机的行为也要进行问责。如危机发生后,未及时上报上级有关部门,企图隐瞒或谎报;危机发生后,不作为或乱作为,延缓危机的处理等。

(三)修复组织形象

危机过后采取恢复性措施,积极落实整改,消除危机带来的负面影响,恢复组织生存和发展的常态,重新缔结与目标公众和利益相关者的良性互动关系,矫正并修复组织形象。

具体来说,可以从以下几个方面进行:

(1)积极履行社会责任。危机过后,组织可以通过积极履行社会责任来转移公众和媒体的焦点,如开展赞助公益活动、资助希望小学、关注老人生活等都可以提升组织形象。

(2)加强和公众的沟通。危机恢复期的一个重要的工作就是恢复组织与公众之间的沟通,包括利益相关者、受害者、专家、媒体的沟通,可以让他们参加组织的新闻发布会、与公众召开座谈会、组织的领导经常和公众交流、邀请利益相关者组织参观等。

　　总之,要尽一切努力避免使你的企业陷入危机;但一旦遇到危机,就要接受它、管理它,并努力将你的视野放长远一些。对危机管理的最基本的经验,可以用6个字概括:说真话、赶快说。

案例分析

“大白兔”成功突围“甲醛门”

　　2007年7月16日,上海冠生园集团国际贸易公司接到菲律宾经销商来电称,菲律宾食品药品局(BFAD)对从中国进口的部分食品进行检验,被检大白兔奶糖含有甲醛。随后,菲律宾方面将大白兔奶糖从超市下架,并劝市民不要购买,同时要求出口商召回相关产品。此消息由菲律宾GMA电视新闻网公布后,我国澳门、香港和美国、新加坡等多家媒体都作了报道,引起海内外强烈关注,以至连香港、广州部分超市也将大白兔奶糖撤柜。然而,4天之后,上海冠生园集团就成功化解了这次公关危机。整个事件进程如下:

　　2007年7月16日:菲律宾禁售大白兔奶糖,要求召回相关产品。

　　2007年7月18日:冠生园食品公司声明产品合格不含有甲醛。

　　2007年7月18日:上海质监部门调查大白兔奶糖含甲醛事件。

　　2007年7月19日:国际权威机构鉴定:大白兔奶糖不含甲醛。

　　2007年7月19日:大白兔奶糖在香港、广州部分超市下架。

　　2007年7月20日:国家质检总局否认大白兔奶糖添加甲醛。

　　2007年7月20日:我国香港检测大白兔奶糖样品中未发现甲醛。

　　2007年7月21日:新加坡检验大白兔奶糖符合安全标准。

　　大白兔奶糖遭遇“甲醛事件”,堪称危机公关方面一个教科书式的生动案例。一系列的危机公关行动,让我们看到了冠生园公司应对危机的丰富智慧、良好素质、有序管理和层层递进。在突然遭遇“甲醛门”事件后,冠生园公司积极应对,在4天时间内便成功“突围”。专业人士认为,此危机事件的处理可以给其他企业启示:应对危机公关必须主动、及时、统一、权威。

　　主动:3日内完成沟通、检测、媒体公关

　　雷厉风行本身就是积极的信号,等到危机事件出现以后,不要拖,不要满不在乎,应该积极响应,这是非常重要的。“甲醛事件”曝出后,冠生园集团自己主动停顿了"大白兔"产品的出口,并在 3 天内做完了三件重要的事情:给菲律宾方面发函沟通;请权威检测机构 SGS 对生产线的产品进行检测,并得出没有甲醛的结论;召开中外媒体见面会宣布检测结果。不仅如此,冠生园还对菲律宾食品药品机构在既未公布相关检测报告又未得到生产企业确认的情况下,贸然通过媒体发布消息,给"大白兔"品牌造成损害的极不负责行为,理直气壮地声明:保留诉讼法律的权力。

及时:权威机关及时发声,快速消除疑虑

权威出马可以获取公众的信任,来自权威的信息容易说服公众。获知大白兔奶糖被禁售的消息后,上海市质监部门和国家质检总局及时派员在第一时间介入,出具了权威检测报告。特别是国家质检总局局长李长江在 7 月 20 日举办的新闻发布会上的权威发言更是让海内外消费者疑虑顿消。李长江说:"第一,我们没有接到菲律宾政府有关方面的情况沟通;第二,我们同菲律宾驻中国使馆进行联系,想取得这方面的资料,他们表示无法提供;第三,我们经过了认真的检查测试,大白兔奶糖在生产过程中没有添加甲醛。"

统一:媒体报道客观公正,化危机为商机

遇到危机时统一口径非常重要,以免节外生枝。传媒因素是食品安全事件中的一个重要因素,在"危机公关"中是一把双刃剑。这次大白兔奶糖"甲醛门"事件,尽管海外媒体炒得热火朝天,但国内传媒在对待这一民族品牌上,汲取了以往"见风就是雨"的教训,在报道时不是盲目跟风、夸大其词,而是遵循新闻规则,冷静而又客观地在第一时间传递最新的来自权威管理部门和权威检测机构的消息,其实也为"大白兔"这一国内糖果第一品牌树立了正面的形象。

权威:侧面突围,"第三方"鉴定功不可没

由第三方权威部门发布的、具有普遍公信力的数据以及对数据的客观解释性分析是应对国际危机事件中非常重要的一步棋。7 月 18 日,新加坡政府的检验机构从冠生园新加坡经销商福南公司仓库中抽样大白兔奶糖进行检验,检测结果:大白兔奶糖不含甲醛,符合世界卫生组织的安全标准;7 月 19 日,国际公认的权威检测机构 SGS(通标标准技术服务有限公司上海分公司)对大白兔奶糖检测得出结果——未检出甲醛(福尔马林);7 月 20 日,文莱卫生部发表声明,宣布经过该部检测表明,中国产的"大白兔奶糖"不含甲醛,完全可以放心食用。这些"完全一致"的检测结果,让中国产的"大白兔奶糖"含甲醛这一不实说法不攻自破。

近段时间,境外查出中国产品存在质量安全的事件频频发生,从宠物食品、牙膏、轮胎,到现在的大白兔奶糖,甚至连"案发"的规律都极为相似:先是境外媒体曝光,紧接着内地厂家马上通过权威机构进行澄清,再后来大多是子虚乌有、空穴来风,但厂商却损失巨大,甚至遭受灭顶之灾。这次"大白兔"突围"甲醛门"的成功实

践告诉国内企业,永远都要有忧患意识,在平时就要注意培养和学习危机处理的意识和方法,练好基本功。只有这样,才能在关键时刻巧妙地化解危机。

（资料来源:《企业危机公关成功案例——"大白兔"成功突围"甲醛门"》,《上海法治报》)

案例思考

1. 危机公关中主要协调好哪几方面的关系?

2. 在本案例中大白兔在危机处理方面哪些方面做得较好,有没有可以改进的地方?

简答题

1. 公关危机的含义和特征。

2. 危机的基本类型。

3. 危机管理的含义和基础。

4. 如何制定危机管理计划。

5. 危机管理的阶段。

第十二章 例说实务
——公共关系专题活动

学习目的

1. 了解公共关系专题活动的特征和作用
2. 明确各类公共关系专题活动

引导案例

联想二十年
——大联想启动二十年庆典 五大主力子公司集体亮相

"联想大家庭"第一次为自己打出形象广告,联想控股及旗下主力子公司在广告中集体亮相。2004年11月15日,来自联想控股的消息说,日前"联想系"已经悄然启动"联想二十年"系列活动。联想控股有限公司公关外联部助理总经理王桐向新浪科技透露,此次"联想二十年"活动的主题为"纪念与思考",活动明显有别于以往十周年、十五周年庆典。"近期会有一系列活动,但主要以对内为主,不会有对外的热闹场面。"

这一系列活动包括,"11月18日将有个针对教育的捐助活动,联想以社会公益的方式来纪念自己的生日。"到12月份,还将召开"联想二十年"内部纪念大会。王桐说,"此次活动将以纪念联想二十年历程、思考企业未来发展,呈现'联想大家庭'全貌为主要目的,并在内部鼓舞和激励员工。"

"联想经过二十年的发展,如今形成了以联想控股为母公司,旗下五家主力子公司的格局——联想集团、神州数码、联想投资、融科智地(房地产)、弘毅投资。'联想大家庭'是我们内部的说法,不仅说联想控股和其他公司之间的资产关系,还代表各公司同根共生的血脉关系,它们共通的是'联想根文化'。"目前联想不仅仅是IT的联想,触角已经伸至投资和房地产。

期间,"联想大家庭"内部还将开展围绕"联想二十年"的企业文化宣传与推广,而从11月初开始,围绕"纪念与思考"这个主题的广告已经在中央电视台、一些著名财经和大众媒体上进行投放,为期两个月。从1984年中国科学院计算技术研究所新技术发展公司成立,到 1994 年联想微机事业部成立,1996 年联想 PC 成长为中国第一、2000 年成长为亚太第一。再到今天形成以联想控股为母公司,下属五家主力子公司的格局,联想的发展在中国已是凤毛麟角,可圈可点。不过,联想纪念自己二十年的重点仍然是思考。"我们不想刻意去宣传这 20 年如何如何,'联想大家庭'各公司都面临着进一步发展的压力。今年,联想控股营业收入为 403 亿人民币,想成为世界 500 强还有很长的路要走。不过我们都充满信心",王桐说,"我们要更多地去思考下一个十年、二十年如何走。"

（摘自新浪网,http://tech.sina.com.cn/it/2004-11-15/2255459576.shtmI）

第一节　庆典活动

庆典是隆重的庆祝典礼。可用于组织公关专题活动的重要庆典仪式很多,如奠基典礼、落成典礼、开幕典礼、节庆、周年典礼、签字仪式、颁奖仪式等,一些有里程碑意义的事项也可以举行庆祝仪式,如某列车段安全运行一千天,某运动员获世界冠军、打破世界记录,某企业销售额超亿元等,都可以举行庆祝活动。

庆典仪式如果组织得气氛热烈、隆重大方、丰富多彩,将会给公众留下深刻的印象,因为它们向公众展示了企业的综合能力、整体实力、社交水平及文化素质,有助于塑造良好的企业形象。下面以周年典礼为例介绍组织的一般方法和程序。

周年典礼是企业向社会公众的一次"亮相",借此可以扩大社会影响,提高知名度和美誉度,给公众留下美好的记忆,增加消费者公众的黏着度和唤起情感。周年典礼,可以借机由组织推出新的重要举措,发布新的转型信息或设计特别的公共关系事件等。周年典礼的一般工作安排和组织方法如下。

一、拟订出席典礼的宾客名单

邀请的来客一般应包括:政府有关部门负责人、社区负责人、知名人士、社团代表、同行业代表、新闻记者、员工代表及公众代表等。请柬的文字应郑重其事,印刷准确无误,尽可能提前几天寄出和送达邀请,以便对方及早作出安排。

二、确定典礼程序及安排接待事宜

典礼的一般程序为:由主持人宣布典礼开始;宣读重要来宾名单;来宾代表致贺词,致贺词者名单及顺序应事先确定,最好事先告知对方,以便对方有所准备;本单位负责人致答词;剪彩,剪彩人员一般安排负责人和来宾中地位、名望较高的人士。期间可以适当安排一些助兴节目,如文艺晚会或组织内部参观,也可以散发一些宣传资料或赠送纪念品等。另外,要事先安排好负责签到、接待、剪彩、摄像录像、录音,以及布置环境、道路、场地、照明、音响、纪念品订制与发放等细节。有关服务人员要进行必要的培训,在典礼前到达指定岗位,有条不紊的进行工作。

三、事先确定主持人、致贺和答辞人名单,并为本单位负责人拟定开幕词或贺词或答谢词

文稿要求言简意赅,要能起到沟通感情,增进友谊的作用。同时预先准备好新闻参考资料或报道提纲,为前来的新闻记者提供新闻素材。

四、典礼结束后仍要进行一系列礼节活动

最后应做好来宾的送别,感谢致意等,以求善始善终。组织也可万一组织来宾参观工作现场、组织的历史陈列馆等,借此向上级、同行和社会公众了解自己、宣传自己,以提高组织的知名度、美誉度;也可以通过座谈、留言等方式广泛征求来宾意见,这既传播了组织有关信息,让公众了解了自己,又广泛征求了意见和建议。这些意见和建议应尽快综合整理出来,反馈给有关部门和来宾,为今后的工作提供第一手的资料。

周年典礼的形式并不复杂,历时也不会太长,但要办得热烈隆重、丰富多彩,给人留下深刻而美好的印象,却并非易事。举办此类活动的高明之处,在于发明一些适当而新颖的办法。如商场店庆、邀请普通消费者做嘉宾主持人、重大工程由普通公民或劳模代表剪彩等,都是较新颖的方式。只有新颖,才能给人留下深刻的印象。同时在安排活动时,要准备充分、细致、周到、热情、有序。

第二节　展览活动

展览活动是一种复合性传播方式,是一种多媒体交叉混合的传播活动,从口头到印刷媒介、音像媒介,各种手段都运用起来;从人际交流、小群体交流到大众传播,各种交流方式也几乎全用上。综合各种传播媒介和方式的优点,常常会起到互补的优势,取得令人满意的传播效果。

展览活动上的实物展示、专人讲解、现场示范表演等,能给人以直观形象的感受,进而强化记忆,使参观者对所展示的内容留下深刻的印象。

展览活动中,参展单位可直接与参观者面对面交流,并可就共同感兴趣的问题进行深入讨论。展览活动不仅可让公众了解组织,而且组织也可了解自己的公众,能快速了解到公众对本组织各方面的意见。此外,这种沟通又是针对特定对象的

沟通,沟通效果也会较理想。在大型展览活动中,厂家商品高度集中,这大大方便了商业交往活动,提高了经济活动的效率。因此,展览活动经常被用作扩大企业的社会影响、吸引新闻界注意的手段。

一、展览活动的类型

(一) 从举办的空间分

有室内展览、露天展览、室内和露天综合起来的展览。

(1) 室内展览。通常较为精致、贵重的小型展品,都采用室内展出的方式。室内展览的好处是不易受气候影响,展示效果好。但是室内展台租金较贵,布置较复杂,所需费用大。

(2) 露天展览。通常大型机械、设备、运输工具等都采用露天展览的方式。露天展览的好处是较少受展品大小限制,布置展台容易简单,花费少,但受气候影响大,展示效果没有室内好。

(3) 室内和露天综合起来的展览。例如,综合性博览会、工业展览、军事武器展览等,大多采用综合室内露天的展示方式进行,以适应各种不同展品展示的需要。

(二) 从展览的内容分

有综合性展览和单一性展览。综合性展览指的是展品种类或商品种类繁多的展览;单一性展览是指单一种类展品的展览,如瓷器展览、自行车展销、小轿车展销等,这种展示活动在品牌上的竞争十分激烈。

(三) 从展览活动的性质分

有宣传性质的展览和商贸性质的展览。宣传性质的展览只单纯达到与公众沟通的目的,没有直接的商业目的和不产生直接的商贸活动。在这类展览中,非商业性展览在公关活动中已越来越受到国内企业界的重视。商贸展览则是一种通过展示传播活动所进行的直接促销活动,是通过展览而进行的商贸活动。

(四) 从展览的地点分

有静态展览和动态展览。静态展览指的是固定在某一地点的展览。动态展览指的是利用交通工具,如轮船、火车、飞机等所进行的流动巡回展览。这种巡回展览可将展品布置于列车车厢里、轮船的船舱中,随巡回路线,在停靠的码头、车站进行展览。

二、展览活动的策划和组织

策划展览活动的基本原则是:展览主题明确,布局结构合理,陈设美观大方,解说精炼流畅,给人以深刻的印象。基本的组织管理方法有以下几种。

(一) 明确展览活动的主题和目的

举办任何一个展览,都必须首先明确这一展览的主题和目的,并在此指导下精心确定内容,制作展览的实物、图表、照片、文字等,使之更有针对性。主题要围绕展览的目的确定,并写进展览计划,成为日后评价展览效果的依据。

(二) 确定参展单位、参展项目和展览类型

大型展览活动,主办单位或承办单位可以通过广告、新闻发布会或者邀请等形式联系可能的参展单位,并将参展时间、地点、项目、类型、收费标准要求和举办条件等情况告知联系的单位,一方面通过采取各种公关技能吸引参展单位,另一方面为可能的参展单位提供决策所需的资料。

(三) 明确参观者的类型和数量

展览活动在策划阶段必须考虑所针对的公众,参观者的类型将影响到信息传播手段的复杂性和多样性。如果参观者对展出项目有较深的了解和研究,就需要展览活动的讲解人也是这方面的专家,介绍的资料要较为专业化和详细、深入;如果参观者只是一般消费者,则应采用通俗易懂的语言进行直观的普及性宣传。当可能有较多的参观者时,要安排合理的参观秩序,必要时要与公安部门取得联系,得到有效的帮助。

(四) 选择展览时间、地点

展览活动时间的选择一般按组织需要而定,有些展览要顾及季节性,如花卉、农副产品、服装展览等。在地点的选择上,首先要考虑的是方便参观者因素,如交通要方便,易于寻找等;其次,要考虑展览活动地点周围环境是否与展览主题相得益彰;最后,要考虑辅助设施是否容易配备和安置等。

(五) 培训工作人员

展览活动工作人员的素质、展览技能和公关技能的掌握,对整个展览效果有重要影响。必须对展览活动工作人员包括讲解员、接待员和服务员进行良好的训练,同时对展览活动相关内容如接待、介绍、服务、礼仪等公关技能进行专门培训。

(六) 确定展览活动的管理机构,提供相关服务

大型的展览活动,要设立文书、邮政、运输、保险等专业服务部门。国际性展览活动,还应设立处理对外商检贸易的业务部门。一般的展览活动应设置:大会领导组、大会办公室、样品办公室、询问室、广播室、卫生保健室、贵宾接待室、保安处、会议室、谈判或签字室、停车场等。

(七) 成立专门对外发布新闻的机构

展览活动中会产生很多具有新闻价值的信息,需要展览活动负责公共关系事务的工作人员挖掘,写成新闻稿发表,扩大展览活动的影响范围和效果。专门的机构要负责制订新闻发布的计划和组织实施计划,并负责与新闻界进行联系一切事务。

（八）准备展览活动所需的各种书面宣传材料

从主办方和承办方来看,展览活动的宣传材料主要有展览活动背景资料、前言及结束语、参展品名目录、展览活动平面图、展览活动组织机构、日程安排和其他要求等。参展单位应提前做好准备。

（九）编制展览活动费用预算

具体列出展览活动各项费用,并加以核算,有计划地分配展览所需的各项资金,防止超支和浪费。展览活动的费用通常包括:场地费用、设计费用、工作人员费用、联络及交通费用、宣传费用、运输费用等,要根据展览所要达到的效果来考虑这些费用的标准。既要节约,又要留有余地。

（十）选用展览方法和技巧

为了使展览活动办得生动活泼、新颖别致,还需要适当选用展览方法和技巧,如邀请有关知名人士出席,举行别开生面的开幕式,邀请有关文艺团队助兴,以活跃展览活动的气氛,吸引更多公众前往参观。

（十一）做好展览活动的效果测定

展览活动后,要对展览活动的效果进行检测,了解公众对产品的反应,以及对组织形式的认识和对整个展览活动举办形式的看法等,检测是否达到展览的预期效果。检测方法有:举办有奖测验活动、设置公众留言簿、召开公众座谈会、借助记者采访、开展问卷调查等。

案例分享

通用汽车
——上海车展出演中国群英会

项目主体:通用汽车中国公司

项目执行:通用汽车中国公司公共关系部

获奖情况:第六届中国最佳公共关系案例大赛企业形象金奖类

项目分析

相对于国际上其他汽车巨头,通用汽车在中国市场的发展具有独特的战略高度,在帮助中国建立世界级汽车工业的核心理念下,如今已经形成了两个重要的基本支撑——在中国拥有从汽车生产到汽车研发的五家合资企业,同时拥有从国产车到进口车的六个品牌最新车型,这些事实是任何一个汽车厂商无法与其相比的。

如果能充分利用上海车展的国际性舞台,从战略高度上实施一次融企业品牌、产品品牌双重建设于一体的推广策划,以企业品牌统领产品品牌,以产品品牌提升企业品牌,这将是开创性的,是以往任何厂商没能做到的,也将对所有看好中国汽车市场,愿与中国市场共同发展的中外厂商具有重要的借鉴意义。如此内涵丰厚的活动,不仅可以充分体现通用汽车在中国市场无人可比的竞争优势,更将填补历届车展活动的一项空白。

核心目标

抓住一个核心:借助合资企业与最新进口车型、国产车型,充分宣传通用汽车的中国战略,用企业实力为产品品牌搭台,用企业品牌魅力为产品宣传铺路,最终带动通用汽车系列产品品牌形象的全面提升。在本届上海国际车展上所有厂商举行的活动中以及所有传递的信息中,令通用汽车的企业品牌与产品品牌信息脱颖而出。

传播策略

实施分阶段传播,把握报道节奏,层层铺垫,逐步推进。将上海国际车展视为进行通用汽车整体企业品牌宣传的最佳平台,将信息传递的广度、深度、力度有节奏地分布于车展的前期、中期和后期,形成一次环环相扣,步步深入地系列报道。

避免主要信息淹没在车展期间的信息集中轰炸中,3月底,首先向全国主要媒体发放预发新闻稿,告知基本参展情况,埋下伏笔,让媒体对通用汽车的参展情况充满期待;4月初,将泛亚汽车设计中心的概念车鲲鹏提前亮相,展示泛亚的设计实力,同时避开与通用汽车另外两款概念车的宣传冲撞;4月19日,在车展前一天,举行通用汽车中国大家庭群星峰会媒体活动,让媒体在车展前夕对通用汽车此次所有参展的全新概念车、量产车产品形成强烈的视觉印象。

注重点面结合,根据信息内容确定媒体分布,对核心信息扩展报道广度,对重点信息强化报道深度,提高主要信息对媒体的渗透力。事先与核心的汽车、财经媒体进行沟通,根据媒体的不同要求,补充提供背景资料,强化核心信息报道效果。同时,安排北京、上海、广州、深圳的重要媒体对通用汽车中国公司董事长兼首席执行官进行专访,进一步提高核心信息对媒体的渗透力。

有机整合传播内容,在提供给媒体的新闻信息中做到分中有合,合中有分,便于媒体根据自身需要自由进行信息资料组合,从而令来自通用汽车的信息得到最有效的传播。在特别制作的车展新闻资料夹中,将企业、品牌与产品三个方面的新闻资料有序整合,既突出重点,又保持信息的整体感和一致性。

媒介选择

全国一级城市的核心大众媒体;全国一级城市的经济/财经类媒体;全国一级城市的汽车类媒体。

项目执行

活动创意

有机整合通用汽车在中国市场的成就——四家合资企业、六个品牌和十部新车,需要一个能够准确传递既定信息的宏大载体,而这个载体需要有气魄,同时还应具有不可超越性。参考通用汽车在本届车展上的参展主题"驱动未来",通用汽车中国公司最终选择了借用宇宙星系的概念:通用汽车中国大家庭是一个群星璀璨的星系,而进入50周年的中国汽车工业同样宛如一个灿烂星空。在浩瀚而深邃的宇宙空间中,我们将举行一个前所未有的"通用汽车中国大家庭群星峰会",让所有来宾在"通用汽车中国大家庭"的概念下感受企业实力,领略品牌魅力,同时了解每一款最新车型,以企业品牌统领产品品牌,以产品品牌提升企业品牌,凭借企业品牌、产品品牌两个层面的聚合力量震撼来宾,并由此引发媒体对通用汽车中国战略的深度思考。

活动名称

通用汽车中国大家庭群星峰会

新闻主题

三款概念车、四家合资企业、多款最新销售车型

主题释义

通用汽车中国大家庭——经过多年的成功发展,通用汽车已经完全融入中国市场,在中国建立起通用汽车的大家庭,同时也成为中国汽车工业大家庭不可或缺的重要一员。

在这个大家庭中,包含着通用汽车在中国成功的合作和成功的产品:

四家合资企业:上海通用、金杯通用、上汽通用五菱、泛亚汽车技术中心。

六个成功品牌:凯迪拉克、SAAB、欧宝、别克、雪佛兰、五菱。

十款最新车型:本次车展将首度亮相包括三款概念车在内的共10款车型。

现场布置

为充分表达"通用汽车中国大家庭"的概念,我们在活动中营造了一个通用汽车的宇宙空间,通用汽车中国公司和各合资企业的商标如行星流转在需仰视才见的苍穹。用激光灯打出的各品牌车标游弋于来宾中间。

三款概念车被白色的幕布覆盖于舞台中央,宛如宇宙中一种驱动未来的神秘力量,等待着被人们揭示其神秘面纱。两条代表过去和未来的时空隧道连接到会场,一条伸入会场的时空隧道代表通用汽车95年的发展历程,一条伸出会场的时空隧道代表着汽车工业的未来发展。通用汽车中国大家庭的所有成员将聚集在这里,举行一个展示其中国发展成就的空前盛会。

活动内容

● 开场篇——主题发布

开场短片:通用汽车中国大家庭。以凝练的镜头语言回顾通用汽车在中国的发展历程,并介绍出通用汽车中国大家庭的每一个成员公司。"家长"致辞:通用汽

车中国公司董事长兼首席执行官核心发言。

● 现实篇——新车亮相

国产新车亮相:各合资企业高层带自己的最新车型一同亮相(1号人物介绍企业,2号人物介绍产品)。

进口新车亮相:通用汽车中国公司最新进口车型亮相。

● 未来篇——概念车揭幕

概念车短片:概念车与未来。

儿童演唱:《一个崭新的世界》。一队天使般的男孩女孩在暗场中手持烛光从时空隧道进场,在缓缓行进中演唱根据 A Wholly new world 改编的歌曲,表达人类对未来的憧憬与期待。点亮驱动未来的力量:概念车揭幕。在歌声中,孩子们用手中的烛光点亮概念车台周边95支蜡烛,象征着通用汽车用95年的成功经验支持中国汽车产业的发展。利用首度在国内使用的"吸幕"技术,概念车上覆盖的幕布在特技光效和音效的配合下被瞬间吸走,活动在全场惊诧的目光中达到高潮。

● 大团圆篇——群星荟萃

高潮音乐在巅峰时刻戛然而止,一曲撼动人心的抒情音乐随即切入。通用汽车中国大家庭全体成员一同上场走上概念车台。七款新车从时光隧道中鱼贯而入,围绕在概念车台周围。整场活动在四个合资企业、三款概念车、七款最新车型的大聚会场面圆满落幕。

通用汽车中国大家庭各成员(高层)在自己的新车前现场接受媒体采访。

场地选择

为了充分表达"家庭大聚会"的概念并凸显通用汽车在中国的独特优势,活动摒弃了在展览馆或酒店内举行的一般做法,选择在泛亚汽车技术中心新落成的汽车设计室内举行,高大开阔的内部空间为表达整体构思提供了充分的条件。

舞台策划

优秀的策划和设计需要有万无一失的出色舞台效果作为保证,为此,通用汽车中国公司特别邀请了著名大型综艺晚会导演甲丁先生作为总导演,在他的精心统筹下,整个发布会的全过程在45分钟之内如行云流水般顺利完成,10款新车的亮相和各管理层的出场演讲简洁紧凑,一气呵成,充分满足了媒体对于现场视觉效果、信息量和高效率的要求。

项目评估

热烈的活动现场。来自115家媒体的140多名记者出席了4月19日的现场活动,现场搭建的阶梯式观众台座无虚席,几十部摄像机、照相机始终聚焦于舞台,记者们聚精会神地期待着每一部新车和每一位高层以各不相同的方式亮相。会后,承接现场活动留下的高潮气氛,记者们纷纷拥至各位高层,在各款新车前进行现场采访,采访者与被采访者均情绪盎然。

出色的媒体报道。出席活动的所有记者都对通用汽车此次车展活动进行了充分的报道,有些记者甚至连续发出多篇报道。截至 2003 年 7 月,共收集到来自印刷媒体和网络媒体的报道 340 篇,电视报道近 100 分钟,覆盖超过 6 000 万受众。几乎所有报道都提及了通用汽车中国公司希望传达的企业品牌以及产品品牌的核心信息,其中更有 54％的报道引述了通用汽车中国公司新闻发言人的讲话。

良好的媒体评价。上海国际车展结束后,专业调查公司就整个车展活动对参加活动的媒体进行了抽样调查。结果显示,"通用汽车中国大家庭群星峰会"在活动创意、信息传递以及活动执行三个方面以显著优势领先于其他汽车公司,在本届上海车展中独占鳌头,更有 96％的媒体认为"通用汽车中国大家庭群星峰会"是本届上海车展中最成功的公关活动。

极佳的投入产出比。包括活动的现场制作、舞台美术以及人员费用在内的所有开支,通用汽车在本届车展上的整体投入不到 90 万元人民币,但由于邀请到场的所有 115 家媒体对此次活动核心信息的报道率达到 100％,加上许多大篇幅报道和大量的信息转载,致使本次活动的媒体报道量达到了 180 多万美元的广告价值,而此次活动所实现的深化企业品牌的领导地位和强化产品品牌可信度与美誉度的目标,其特殊价值则是难以通过广告价值来衡量的。

（摘自《最佳公共关系案例》,安徽人民出版社 2005 年版,第 135～146 页）

第三节　新闻发布会

新闻发布会,是社会组织为发布有关重要信息而邀请新闻记者参加的一种公关专题活动。新闻发布会是企业借助新闻媒介广泛传播信息的重要方式,特别是有些问题,在非新闻发布不能解释的情况下,通过与新闻记者的双向沟通,利用大众传播媒介传递真相、澄清事实,有利于企业挽回声誉,树立形象。

一、新闻发布会的工作流程

(一) 提出中心议题

中心议题的提出,往往根据企业发生的事件和做出的决策来确定。比如是宣布重大决策,还是公布新的信息;是就某一事件进行解释,还是就某一事件的背景进行介绍,这些都必须首先确定下来,整个发布会即围绕这一中心议题展开。

（二）确定邀请对象

根据中心议题决定邀请对象的范围。如果事件涉及全国,就要邀请全国性新闻单位的记者出席;如果事件的影响仅限于本地,则可邀请当地新闻单位的记者出席;如果事件涉及专门业务,则宜邀请行业或专业性新闻单位的记者出席。邀请的记者覆盖面要广,电台、电视台、报刊、杂志等,各种新闻机构都要考虑到。邀请对象确定后,应提前发出邀请,并通知会议的地点和时间。

（三）选定主持人和发言人

新闻发布会对主持人和发言人的要求很高,因为记者出于职业习惯,大都会提出一些尖锐、深刻甚至很棘手的问题,这就要求主持人和发言人有较高的文化修养和专业水平,并且思维敏捷,口齿伶俐。一般情况下,由主持人介绍会议基本情况和议程,再由发言人作详细发言。主持人应由公关机构的负责人担任,发言人应由组织的高级领导担任,因为他们熟悉企业的整体情况和决策、方针,回答问题具有权威性。

（四）准备会议资料

新闻发布会召开之前,应充分准备会议的有关资料,如主持人的讲话提纲、发言人的发言稿、答记者问的备忘提纲、新闻统发稿、会议报道提纲、所发新闻的有关背景材料和论据材料及有关的图片、实物、影像等辅助材料。

（五）布置会场

新闻发布会的会场,要布置得安静、明亮、整洁、舒适。桌子上要摆好名牌,以分清主次,避免混乱。会场要给记者创造各种方便条件,准备好录音、摄影的辅助器材和电话、电传等。此外,还应做好经费预算和接待准备工作,准备好必要的礼品和纪念品。

二、新闻发布会的注意事项

（1）主持人应充分发挥其主持者和组织者的作用,言谈庄重而幽默,能把握会议议题,掌握会议时间,活跃会议气氛。

（2）发言人讲话应简明扼要,重点突出,清晰流畅,对记者提问要随问随答,回答诚恳而巧妙。

（3）发布的信息必须准确无误,发现错误应立即更正。对于不便发表和透露的内容,应委婉地做出解释。

（4）各位发言人在重大问题上要统一口径,切忌说法不一,以免在记者中引起混乱。

（5）不要随便打断记者的发言和提问,也不能以各种表情、动作表示不满。对各方记者要一视同仁,不能厚此薄彼。

（6）会议结束后，要尽快整理记录材料并认真进行总结，全面搜集与会记者采写的新闻报道并进行归类分析，检查会议效果是否达到预期目的。

案例分享

网络新闻发布会
——中国气象局发言人宋连春谈"气象灾害预警与防御"

2007年8月8日14时，人民网举办了第一次"网上新闻发布会"，邀请中国气象局新闻发言人、预测减灾司司长宋连春做客强国论坛，以气象灾害预警与防御为题与网友进行了在线交流。以下是交流部分内容。

宋连春：各位网友大家好，今天非常高兴和大家一同来谈谈气象灾害预警与防御问题，大家有什么问题我们一起来交流，也向大家学习。

今年以来我国气候异常，极端天气事件频发的原因

宋连春：我想今天还是首先给大家介绍一下2007年我们国家1～7月份天气气候的一个特点。应该说，今年以来我国气候异常，极端天气事件频繁发生，多项气象记录被打破，气象灾害呈现出多灾并发、范围广、强度强等特征。

"一天一地一广仔"：请问嘉宾，国内发生极端的天气气候事件其根源是什么？与全球的气候变化有何关系吗？

宋连春：今年出现极端天气气候现象比较多，这跟全球气候变暖有关。因为根据IPCC第四次科学评估报告，随着全球气候变暖，极端天气气候发生的频率将越来越多。这已经是一个不争的事实，应该说我们国家也是一个全球气候变暖的受害国，全球气候变暖导致大气环流的异常，从而导致了我们气象要素的一些异常变化，造成了一些气象灾害。我们可以预估，未来我国极端天气气候事件将越来越频繁。

"黎莘"：宋司长，今年的灾害天气比较多，造成的损失也比较大。你认为是什么原因造成的？作为减灾司长，你有压力吗？谢谢。

宋连春：这位网友问的问题中提到今年的灾害比较多，应该说，在党中央、国务院正确领导下，各个部门通力协作、积极防御，到目前为止，气象灾害造成的人员死亡和经济损失比去年要轻。这充分反映了我们国家气象防灾减灾的成效。当然跟气象部门的准确、及时的预警和服务也是分不开的。

第二个问题，作为减灾司司长我的确感觉到压力非常大。因为我们气象部门首要任务就是为防灾减灾服务，而我们国家又是一个气象灾害发生频繁的国家，气象灾害占自然灾害约70%，每年平均造成约4 000多人死亡，有近4亿人次受灾，有近5 000万公顷农作物受灾,怎么样去提供准确、及时的气象预报服务,尤其是把气象灾害的预警信息及时发布给社会公众,并且提示或者说告诉大家怎么样去防御气象灾害,减少人员的伤亡和财产损失,我想这是我们每一位气象工作者的责任,也是我作为一个预测减灾司长感到的压力。另一方面,全球气候变暖已经是不争的事,它会影响到我国经济社会发展的方方面面,怎么样去适应、应对和减缓气候变化造成的不利影响,促进社会经济的可持续发展,也是气象工作者的一项重要任务。但是,有关气候变化的科学问题,还需要进一步去研究、探索,这也是我们工作所面临的挑战。

我国今年的典型气候异常,极端天气事件分析

"黎莘":宋司长,听说有热带风暴将在浙江一带登陆我国,将会造成什么样的后果和影响?谢谢。

宋连春:目前有两个热带风暴可能会影响我国。一个是第七号热带风暴"帕布",另外一个是今天上午刚刚生成的第八号热带风暴"蝴蝶"。中央气象台预计,今年第七号热带风暴"帕布"将在今天下午到夜间可能在广东汕尾和福建一带登陆。台风带来的大风和暴雨,将会造成一定的损失。

"杰尼龟":今年重庆和济南的暴雨都有人员死亡,能解释一下原因吗?

宋连春:今年重庆和济南都发生了大暴雨,而且暴雨雨量突破了历史纪录,我们也注意到,近年来,城市强对流天气发生频繁,一个重要的原因是因为城市热岛效应加剧了灾害性天气的程度,这对我们如何防御城市极端天气事件也提出了一个新的课题。

"一天一地一广仔":请问嘉宾,淮河的此次洪涝灾害是不是比以往要更严重?

宋连春:今年淮河7月份降水量处于历史第二位,比2001年、2003年、2005年降水都要大,仅次于1954年。持续的强降水导致淮河发生了流域性大洪水,由于政府及各部门措施得力,人员转移及时,没有出现人员伤亡,这充分说明了我国防灾减灾工作的成效。

"yoyoT490":嘉宾您好,对于北京近两年夏季雷暴增多,气象局是否能给百姓提供一些防雷知识呢?

宋连春:今年北京的夏季雷暴日数的确比常年偏多,我们已经通过广播、电视、网站等媒体向社会公众宣传雷电的防御知识。另外,气象部门专门制作了一批防雷宣传材料,将会在车站、码头、机场、社区、学校等场所分发。

《人民日报》记者:请宋司长介绍一下一些地方在防灾减灾方面做得比较有特色的经验?

宋连春:我国有一些地方在防灾减灾方面工作做得比较出色,比如说,安徽气象局通过手机短信第一时间把气象灾害预警信号发布给全省各级防汛的责任人。

各级政府收到气象预警信息后就会启动相关的应急预案,采取积极的防御措施,减少人员伤亡。

"黎莘":嘉宾,你认为未来人类科学发展发达后,能不能左右甚至按照需要控制天气的发展变化? 有这种可能吗? 谢谢。

宋连春:目前人类还不能做到人定胜天,我们还处在不断认识自然,并与自然和谐相处的一个阶段。近年来,气象部门也积极开展了人工影响天气作业,比如说,人工增雨和人工消雹,在一定程度上减少了不利天气产生的影响。

"jinhuachunmeng":北京六月飞雪是怎么回事? 能介绍或解释一下吗?

宋连春:首先我要跟这位网友朋友说的是,我们气象台站没有监测北京降雪的记录。最近几天,应该说北京强对流天气比较频繁,发生冰雹的可能性比较大。

"黎莘":嘉宾,去年重庆大旱,今年又遭遇110多年不遇的暴雨灾害,我想问的是三峡水库对周边省份气候有什么样的影响没? 谢谢。

宋连春:去年重庆出现了百年一遇的干旱,今年又出现了百年一遇的暴雨,这种旱涝的变化是天气气候自然的一种变化,主要跟大气环流的异常有关。根据中国科学家的研究,三峡水库的建设对重庆的天气气候没有明显的影响。

《人民日报》记者:请问宋司长,目前在防灾减灾方面有哪些最新的科技手段?

宋连春:应该说近几年,气象灾害的监测预警能力有明显的提高,目前我们全国已经建成110多部新一代天气雷达,15 000多个自动气象站。我们有"风云"系列气象卫星,依据这些现代探测手段,气象灾害的监测能力得以提高,建立在数值预报模式基础上的预报水平也有所提高。气象服务的手段得到改进,服务的领域不断拓宽,气象信息公众覆盖率显著提高。

(摘自人民网,http://www. people. com cn/GB/32306/54155/57487/6089314. html,http://www. people. com cn/GB/32306/54155/57487/6089379. html)

第四节　社会公益赞助活动

社会公益赞助活动形式多样,涉及领域广泛,从大型电视剧拍摄、对大型体育赛事等文体活动的赞助,到对奖学金、研究基金等教育科研事业的捐赠;从对老年人、儿童、残疾人等社会福利事业的资助,到公园中的座椅、路灯、阳伞、果皮箱、路标等市政公共设施的赞助。例如,美国 P&G 公司通过赞助肥皂剧,在家庭主妇中培养了良好的感情而声誉大增。因此,这类活动也极为公关人员所重视,并经常地加以利用。

社会公益赞助活动就是组织为某一项事业无偿提供资金或物质支持,以获得一定形象传播效益的公共关系活动。举办社会公益赞助活动是组织承担的社会责任与义务，是融洽社会公众关系的一种有效手段。赞助活动要有理想的效果，事前必须慎重选择、认真筹划。

一、要把赞助活动纳入企业的公关目标和公关计划之中

社会公益赞助活动要根据本企业的实际能力和实际需要来有计划、有选择地进行。

首先，企业要尽自己的社会责任，就需要根据自身能力，集中力量，使自己的捐助支付一个项目，或是对被捐助者有明显的帮助，这样才能确立起捐助者的明显地位，获得目标公众的赞赏。

其次，对具体项目的选择还应依据企业的性质和形象塑造的需要来决定，这样才能使赞助活动与企业公关形象相得益彰，达到事半功倍的效果。如：一个以熊猫为标志的企业，如有需要，就可以考虑从赞助保护大熊猫入手，进而开展赞助保护野生动物，直到保护生态环境等一系列有计划的活动，来塑造自己的组织形象，形成自己独特的个性。

再次，对赞助对象与本组织关系以及赞助方式及效果等问题的研究。赞助研究应从本组织的政策入手，从需要赞助的事业、事件出发，核算进行赞助的成本，分析赞助将产生的效果，以防止赞助活动离本组织整体赞助主题太远，保证在赞助活动中使本组织、公众和社会同时受益。

此外，对于社会公益赞助活动的选择还要注意要有主动性和计划性。组织应积极策划，主动寻找一切可利用的机会，而不应盲目地、有求必应地支持找上门来的活动。

二、尽可能争取一切有利的宣传机会

要把握好支付赞助前审查赞助活动合约的有利时机，尽量争取活动中的一切宣传机会。这是参与赞助活动前最重要的具体工作，也是赞助者掌握主动权的最有利时机。企业应弄清所赞助活动的一切具体细节，所有宣传活动的安排情况。并据此与主办单位，或接受赞助的单位进行商谈，力争把本单位的宣传安排得科学合理。这些问题都得在签约前讨论清楚，并取得双方对宣传计划安排的一致认可。

企业在付出赞助费的同时，应考虑开展相应的公关或广告宣传活动，来宣传这项赞助活动。

三、制订有效的公共关系赞助计划

组织进行某项赞助活动，必须首先要清楚所赞助项目的必要性、可行性和效益性。具体来说，制订公共关系赞助计划时要注意以下几个方面。

（一）明确目标

公共关系人员在制订赞助计划时，必须首先确定通过赞助活动要使组织达到的合理目标。

（二）选准项目

公共关系赞助计划不应该是千篇一律的，公共关系人员应根据不同项目分别进行策划。赞助计划重点应该放在一些可鉴别的特别项目或者特殊事件上，其目的在于增强组织的可见度，积极争取公众的认可。

（三）保证管理部门的参与

组织领导的积极参与是建立赞助计划信誉的重要因素。

（四）确定适度的规模

赞助的规模是组织在受益公众中建立美誉的重要因素之一。因此，在选择了非盈利性的受益公众后，公共关系部门要根据不同的情况来确定赞助的规模，以保证捐赠金额足以支持某一项目，使组织的贡献在公众中明显可见。

（五）保持连续性

要使目标公众在头脑里建立起对赞助组织的感激之情，以及在受益组织中建立起组织的形象，有一个发展的过程，需要一定的时间。因此，社会公益赞助活动贵在坚持，要保持相对的稳定性，逐步树立起企业或组织的形象。

（六）突出赞助的社会意义

在进行社会公益赞助活动时，应注意把赞助活动与纯粹的产品广告宣传区别开来。

（七）注意跟踪评估

社会公益赞助活动结束之后，公关人员还要注意跟踪调查此项赞助的效果。如果赞助活动得到了新闻媒介的广泛宣传，收到了受益方的感谢，获得了重要部门的认可，则说明赞助活动已经产生了有益的影响。

四、审核评定赞助计划

审核评定赞助计划是由领导决策机构的成员或有关方面的专家，对赞助计划或方案进行分析讨论、审查评定，是一种可行性论证。内容包括赞助计划中所包括的具体赞助方式、赞助款额、赞助时机等。

五、赞助计划的实施

实施赞助计划要成立或指定专门机构和人员负责，要与接受赞助方签办一定的赞助手续，比如签订合约等。赞助负责人员应监督接受赞助的一方合理地使用赞助资金；监督接受赞助的一方，通过积极实施赞助计划，达到赞助双方共同获得社会效益和经济效益的目的。

六、进行赞助效果测定和评估

每次赞助活动完成之后，都应对赞助的效果进行调查测定。将赞助结果与计划对照，看完成了哪些预定的指标，没完成哪些指标，找出各自的原因，为今后的赞助活动提供参考依据。

做评估时，可向主办单位有关人员、本单位员工或一般社会公众做一些调查。调查应了解的内容有：是否知道自己的企业赞助了这项活动，对这项活动意义的认识，对本企业在这项活动中所进行的某些重要宣传内容的记忆和评价，对本企业参加这项赞助活动的评价，对本企业在这项活动中的表现提出批评。通过这项活动公众是否加深对本企业的认识等。

这样做既可对赞助活动的成功程度进行较客观的总结，从中吸取一些经验教训，进一步提高公关人员的业务水平，又可以再次增加人们对赞助活动的记忆，达到重复宣传的效果。

案例分享

中国扶贫基金会——"母婴保护120"项目

项目主体：中国扶贫基金会
项目执行：北京东方时光广告有限公司
获奖情况：第六届中国最佳公共关系案例大赛非营利机构公关类金奖

项目背景

中国扶贫基金会成立于1989年3月，是对海内外捐赠资金进行管理的非营利性社会组织。11年来，累计为我国中西部地区的贫困农户募集资金和物资约5亿多元人民币，实施并完成的扶贫项目有8大类200多项。每年有5～6万贫困人口直接得到中国扶贫基金会的帮助。

据我国卫生部统计：2001年全国孕产妇死亡率48.44‰，2001年全国婴儿死亡率16.95‰，其中又以云南、贵州等少数西部不发达地区为甚。而孕产妇死亡率和婴儿死亡率是国际上衡量社会发展水平的重要指标。中国扶贫基金会"母婴保护120"项目，是以保障贫困地区孕产妇分娩时母婴生命安全为目标，以信息化管理和分类补贴救助为特点的慈善公益项目。为了让更多的人知道并来关注这个项目以募集资金，来帮助那些贫困母婴，就需要策划一个匠心独具的大型公关活动来推广这个项目。2003年初，北京东方时光广告有限公司受中国扶贫基金会的委托，寻找具有社会责任感和爱心的中外企业，来资助"母婴保护120"项目。

西门子家电（中国）公司自进入中国以来就将自己视作中国社会的一员。该公司中国区域总裁盖尔克先生说："援助贫困母婴，尊重、呵护生命，每一个具有社会良知的人都会伸出援手。作为与中国有着百年合作的西门子，更加义不容辞。"作为一个负责任的企业公民，西门子全力赞助了此次活动，成为此次活动合作伙伴之一。

项目调查

挑战和机遇

挑战：目前，国内公益事业项目繁多，如何在众多的项目中吸引公众的注意，引起共鸣，筹集到更多的捐赠？"母婴保护120"项目的成功与否首先取决于是否有一个精心而又务实的策划。公益事业与商业运作如何能更好结合，既可以最大程度地达到主办者的目的，又能通过活动进一步提升企业形象，实现双赢，也是目前面临的挑战。

在短短一个月内寻找到国内30名知名的艺术家，推动此次活动顺利并深入地展开，使冰箱从简单意义上的商品提升到具有收藏、欣赏价值的艺术品，为义卖打下坚实的基础，这也是对东方时光公司工作能力的一个考验。

机遇：作为国内非营利组织，中国扶贫基金会需要寻求知名的、有良好社会形象的合作伙伴，共同推广"母婴保护120"项目。西门子家电自进入中国以来曾参与多项募捐项目；同时西门子家电是国际百年品牌，根据国内家电高端产品市场，始终引导公众的消费态度及生活品位。"以冰箱为载体进行创作"无疑打破了目前白色家电业固有的表现形式，带动了家电市场的潮流，吸引更多公众，成为业内绝无仅有的现象、媒体争相关注的焦点。

而对于此种形式的艺术创作，也吸引了国内知名的艺术家对于艺术工作的挑战。

前卫的生活态度，领先的高科技含量，社会的责任感，艺术一家电一慈善就这样完美地结合了。

著名艺术评论家栗宪庭说："换个角度，在消费商品上进行如此大规模的艺术创作，是艺术与商业的一次完美结合，不仅为公益事业作出了贡献，同时开创了后现代主义艺术创作的又一扇大门。"

执行项目的地域

针对接受新兴事物的能力状况，此项目原选定八城市实施，但考虑到艺术冰箱在运输过程中可能出现的问题及对后续活动的影响，最后选定为北京、上海、南京三处。

项目策划

公关目标

推广中国扶贫基金会"母婴保护120"项目,吸引更多的公众关注、参与此项目。

通过对"母婴保护120"项目的捐赠,加强西门子家电公司关怀社会的企业形象,提高品牌的美誉度,同时也为代表先进科技的新品冰箱赋予艺术与人性化色彩。

引导公众的生活态度及品位,打破家电业固有的活动宣传模式,吸引更多人群关注此活动,整个项目的实施阶段,一环扣一环,吸引媒体关注并进行广泛而持续地报道以达到最大化的宣传效果。

目标受众

展示期间:有购买潜力的消费者,并愿意尝试新的生活方式;引导消费习惯,对艺术有较高鉴赏力的年轻人士。

义卖:购买的主要人群——商界领袖、外交官、社会名流、艺术家、艺术品收藏家等上层社会人士,他们具有很高的社会知名度及购买能力。

目标媒体

全国各大城市主流的报纸媒体的新闻版、生活版、家电版;中央级媒体;在家电业界对公众舆论起主导作用的各家报刊和电子媒体;代表一种新的消费观的时尚杂志媒体和电视节目;以新闻形式播出的具有影响力的新闻栏目。

传播主题

集合社会力量,共为母婴平安。

公关策略

为了达到这一目标,西门子家电(中国)公司策划了名为"缤纷空间"2003年中国扶贫基金会"母婴保护120"项目推广活动。

活动分成四个环节:

(1)西门子家电(中国)公司的全国销售总监与全国市场总监在扶贫基金会人员的陪同下,亲自到云南丽江进行项目考察,中央电视台等国家级媒体全程跟踪报道,做前期宣传准备。

(2)邀请知名艺术家参加此次慈善活动。将冰箱从商品提升到具有收藏价值的艺术品,为整个活动制造更大范围的影响力。

(3)艺术冰箱在第一个城市北京展示,通过独特的现场表现形式,与艺术冰箱交相呼应,形成高尚的艺术氛围,吸引各界人士到现场观摩、欣赏,并在现场举行募捐及接受购买艺术冰箱的预定单。同时在三城市的主流媒体上大力宣传,为活动的成功奠定基础。

（4）四城市展示完毕，所有彩绘冰箱在北京举行义卖晚宴，所得款项全部捐赠给"母婴保护120"项目。晚宴突出名人效应、社会效应，使之成为北京当地及中央级媒体的宣传热点。

四个环节，环环相扣，持续宣传，历经10个月的"母婴保护120"项目推广活动始终成为年内的新闻焦点，吸引社会各界人群关注。

项目执行

慈善活动的前期准备工作

当地考察：为了保证此次活动的可操作性和项目本身，西门子家电（中国）公司的全国销售总监与全国市场总监在扶贫基金会的陪同下，亲自到云南丽江进行项目考察，对于当地母婴安全问题深入了解后，他们在原计划基础上又增加了对于此项目的募捐内容。随行媒体包括CCTV-4、《人民日报海外版》、新华社、《经济参考报》等。

慈善活动的创作阶段

由挑选艺术家到完成创作，仅仅1个半月的时间，而这又是整个活动至关重要的阶段。

（1）创作颜料：以冰箱为载体进行创作是艺术界从来没有尝试的课题，颜料是否能着色于冰箱上，艺术冰箱能保持多少年，都是未知数，这也意味着绘画材料决定活动的成功与否，因此他们走访了众多艺术品商店，询问了多名老艺术家，西门子公司甚至派专人到德国取经。在数百种绘画材料中，一一进行了实验，最终花了近1个月的时间实验和摸索，确定了颜料。

（2）邀请艺术家：最初他们认为邀请艺术家环节应该是实施中遇到的最大的困难。首先要邀请一些在社会中具有广泛知名度、具有代表性的艺术家，而这些艺术家往往社会活动较多，没有时间完成此次创作。他们抱着试试看的心态与艺术家们联系，没想到实际进行中，却是最顺利的一个环节。当艺术家得知慈善内容后，主动协助西门子公司寻找国内有影响的艺术家参加，在短短十几天内，就交来两百多份简历和样稿。岳敏君、赵半狄、邵帆、叶恒贵等31名在国内艺术界建树累累的艺术家主动联系要求参加此次活动。

（3）邀请评论人：邀请艺术界的领导者——著名艺术评论家栗宪庭先生题词及为艺术作品评论，使冰箱成为具有收藏价值的艺术品，为活动意义更为深远起到关键作用，在艺术界引起了轰动。

媒体宣传

与《北京晚报》和上海《申江服务导报》合作，开辟了"我最喜欢的艺术冰箱作品"专栏，逐一介绍艺术家及艺术冰箱，以推广介绍"母婴保护120"项目内容。

跟踪丽江之行的记者均已发布了文章，被各大知名网站转载。

拍摄丽江之行与艺术家创作花絮,为电视宣传做好提供素材的准备。同时在展示现场播出,吸引人群,声形并貌,使受众了解活动内容,提高宣传效果。

慈善活动的展示阶段

由于"非典型肺炎"的爆发,原定于2003年4月底在北京、上海、南京举行的展示活动不得不推迟。而在此期间,由于活动方式新颖,前期工作到位,受到多家新闻媒体的关注,艺术冰箱图片频频出现在全国乃至国外的报纸、网站上,消费者纷纷致电何时能亲眼目睹艺术冰箱。在众人的期盼中,2003年8月1日在北京东方广场庭苑新天地举行"缤纷空间"彩绘冰箱展示活动,同时召开新闻发布会。以北京地区活动为例,上海、南京两地实施细节相同,见下表。

城市	展示时间	展示地点	现场观众人数	新闻发布会时间	新闻发布会地点
北京	8.1—8.7	东方广场	过百万	8月4日	东方君悦酒店
上海	8.15—8.18	东方商厦	五十万	8月15日	金陵晚报
南京	8.22—8.24	港汇广场	七十万	8月22日	港汇大厦

现场展示

现场Video:现场4台液晶显示器悬挂在展台的四周,吸引来往的人群,让人们了解活动的内容,倡导募捐行为。宣传片内容如下:《丽江之行——"母婴保护120"项目采访与介绍》和《艺术家创作花絮》。

现场演出:为了配合活动的格调,现场特地请北京歌舞团创作了高格调主题舞蹈,进行现场表演,成为活动的亮点,颇受好评。

现场募捐:现场群众参与募捐的热烈气氛让参加过类似募捐活动的中国扶贫基金会的人员深受感动,面对有点始料未及的良好效果,中国扶贫基金会代表邹志强女士表示:"真的发自心底地感谢每一位工作人员,谢谢你们……"

展示现场媒体宣传工作:在展示前的二周,西门子公司已经充分的作好了传达信息的工作,精美的31台艺术冰箱图片、艺术家对其作品的创作阐述及艺术评论家对作品的评价、活动简介等资料均刻制成精美的光盘,连同宣传片、画册传递到记者手中,使他们更加了解活动的内涵,这对于消息的及时发布、引起更广泛关注起到了积极作用;也方便记者从各自角度寻找新闻点,丰富、深化报道内容,出现了同一媒体在不同的版面多角度刊登的情况,增加了曝光率。活动现场,专业摄影师随时为有特殊要求的记者同步提供电子和菲林照片。

新闻发布会

活动开始,参加此次活动主办各方发言,同时投影仪上播放精心制作的宣传片,《丽江之行——"母婴保护120"项目采访与介绍》和《艺术家创作花絮》。会上,西门子家电中国区总裁、中国扶贫基金会会长、艺术家代表及艺术评论家等 4 人回答了记者的提问。由于记者们对这一既有创意又有意义的活动非常感兴趣,多角度多层面地提出很多问题,现场气氛活跃,并在问答中向各界人士再一次展现了活动的全貌。

在北京、上海、南京三地,总计来自 70 个媒体单位的 100 多位记者参加了活动,发布了 150 多篇相关报道。网站转载有关"母婴保护 120"项目和"彩绘冰箱"的报道中,87％以上的文章刊登了现场的活动图片或彩绘冰箱图片。

邀请了中央电视台的《新闻 30 分》、《中国新闻》等栏目,这两档栏目是国内影响十分广泛深远的新闻类栏目。北京电视台的《北京新闻》、《晚间新闻报道》;上海电视台生活时尚频道;南京电视台新闻综合频道、文体频道、影视频道、信息频道、生活频道均做了专题性的报道。

慈善活动的义卖阶段

2003 年 9 月 6 日在北京嘉里中心举行"缤纷空间"2003 年彩绘冰箱慈善义卖活动。与会嘉宾:邀请了参加此次创作活动的艺术家、艺术收藏家、各界领导、商界成功人士、时尚类媒体的负责人等社会名流参加。

现场:由于西门子公司提前要求,出席嘉宾均穿着时尚,以自助餐的形式自由交流,创造了一个轻松时尚的晚宴氛围。

表彰:会议伊始,中国扶贫基金会对为此次活动作出贡献的主办、承办方进行表彰,同时隆重向参加此次创作的艺术家致谢。

演出:名模身穿盛装穿梭于人群中,前卫而又古典的晚礼服吸引了与会人员的目光,她们与艺术冰箱相得益彰,成功地烘托了现场气氛。

购买:演出结束,与会嘉宾在一边品尝美食的同时,一边欣赏艺术冰箱,并办理购买手续。气氛热烈而友好。

媒体宣传:邀请中央级及北京当地的报纸、电视、杂志等 20 多家媒体参加慈善义卖活动,媒体对于艺术冰箱的归属格外感兴趣,每一个购买者都受到多家媒体的关注,成为后续报道的又一个热点。至此,活动得以圆满结束。

项目效果评估

整个项目历时 10 个月,虽然有非典突发事件的出现,但由于策划巧妙,构思新颖,准备充分,活动远远超出了预期的效果。整个项目在家电、广告业界引起强烈反响,也成为媒体长时间讨论的焦点。彩绘冰箱的图片更成为 2003 年的时尚标志,在报纸、电视、杂志和网络等媒体的覆盖率达到 95％以上。通过此次活动引起了更广泛的人群对母婴生存状况的关注和对中国扶贫基金会的了解,对中国扶贫基金会的工作有了更多的理解和支持,便于基金会今后各项工作的进一步开展。

成功地将公益活动与商业运作巧妙结合,为公益事业的广泛传播和良好发展探索了一条多方合作的崭新模式。

拉近西门子这一国际品牌与中国消费者之间的距离,为西门子的企业形象增添了更多的亲和力。

主办双方对于此次活动的效果满意之余,衷心希望以后能够再次合作。

报道情况

"缤纷空间"2003年中国扶贫基金会"母婴保护120"项目推广活动的成功举办,在业内和媒介都产生了强烈的反响,起到轰动的效应。活动期间,报道的媒体有70家,曝光次数达到150多次,共约22万字。其中,87%以上均以图文并茂的形式刊登,20%以专访形式刊登。电视栏目涉及25家,播出时间3小时20分。

平面媒体中,中央级媒体如《经济日报》、《中国经营报》、《人民日报市场报》、《解放日报》等;地方媒体如《北京晚报》、《扬子晚报》、《新民晚报》、《北京青年报》、《现代快报》、《文汇报》、《上海商报》、《申江服务导报》等都进行了重点宣传,大多数媒体发布篇幅多达半个版面。86%采用了照片形式刊登,40%超过半版篇幅,甚至达到多版的特大篇幅报道。其中包括:中国中央电视台《中国新闻》进行了全程跟踪,不仅在CCTV-1新闻节目中进行多次报道,其他主要新闻栏目也进行了重复报道,CCTV国际频道以专题形式进行了全球覆盖性播出。

上海电视台生活时尚频道《今日印象》多次报道,节目长度达125秒。

南京电视台新闻综合频道、文体频道、影视频道、信息频道、生活频道五个频道滚动播出,时间长度达1 336秒。

上海人民广播电台的《990新闻》栏目中循环报道《西门子家电援为贫困母婴》。

《人民日报市场报》连续三次报道,第一次以专访的形式报道了家电业未来的发展趋势,第二、第三次则以现场活动图片及彩绘冰箱图片为题对整个活动进行报道。《北京晚报》开辟了"我最喜欢的艺术冰箱作品"专栏彩版,连续5次逐一介绍艺术家及艺术冰箱,同时均围绕介绍"母婴保护120"项目内容。

《时尚家居》连续两期2页彩版的篇幅报道:《艺术对冰箱的革命》、《西门子齐邀知名艺术家做"彩绘冰箱"》。

《经济日报》三次报道,图片报道《冰箱业赚钱新门道》。

《中华工商时报》两次半版报道《西门子创意新家电》、《西门子家电扩张版图》。

《中国质量报》半版报道《西门子义卖艺术冰箱为扶贫》。

《消费日报》连续三次1/4版报道《西门子冰箱艺术革命赞助中国扶贫》。

《北京青年报》连续两次半版报道《家电改变艺术主张》。

《北京晨报》三次半版报道《"花脸"扮冰箱》、《冰箱"惊艳"》、《"艺术"爱上家电》。

《北京现代商报》连续四次半版报道《彩色冰箱登堂入室》、《彩绘美人映托彩绘冰箱》。

《经济观察报》报道专访《西门子家电：等待与坚守》。

《文汇报》两次报道《西门子"宽代"冰箱在沪义卖》。

《新民晚报》两次整彩版报道《给冰箱穿花花衣》。

《申江服务导报》三次 3/4 彩版报道《西门子家电援助贫困母婴》。

《上海商报》三次头版报道《艺术冰箱闪亮登场》。

《上海金融报》头版报道《真诚合作爱心无限　西门子的公益慈善事业》。

《现代快报》开辟了"西门子彩绘冰箱缤纷世界"专栏彩版，连续 10 次逐一介绍艺术家及艺术冰箱，同时均围绕介绍"母婴平安 120"行动内容。

《南京晨报》连续 5 次报道《卖善款将全部捐赠母婴平安 120 行动》、《彩绘冰箱来宁义卖》、《五星电器回馈社会扶贫济困再献爱心》、《新华海等五名企认购西门子艺术冰箱表爱心》。

《扬子晚报》新闻版报道《时尚科技主义引导潮流——彩色冰箱来啦》。

《金陵晚报》三次并进行专访报道《盖尔克专访——西门子看好南京》。《江南时报》彩版报道《卖善款将全部捐赠母婴保护 120 行动》。

来自各方的声音

领导反馈：事后以中国扶贫基金会领导的一次谈话来评价此次活动似乎更有说服力："此次活动开创了企业和慈善机构合作的典型范例，通过多种媒介传播，创造了事前所没有预计到的巨大的社会和经济效益。"

著名艺术评论家栗宪庭："换个角度，在消费商品上进行如此大规模的艺术创作，是艺术与商业一次完美结合，不仅为公益事业作出了贡献，同时开创了后现代主义艺术创作的又一扇大门。"

购买艺术冰箱的商界成功人士："通过艺术冰箱这样一个纽带，把人与社会结合得这么完美，真是难以置信！"

艺术收藏家："我相信此次创作不仅在慈善活动获得前所未有的成功，在艺术创作上开创了现代艺术创作的先河，但没想到的是，这种专业领域里的创作方式是由东方时光广告公司来提供架构和创意的，非常惊讶！"

（摘自《最佳公共关系案例》，中国国际公共关系协会推荐，安徽人民出版社 2005 年版，第 325～334 页）

案例思考

1. 本案例属于哪类专题活动？
2. 结合本章内容，谈谈本案例的成功之处在哪里？如何实现的？

简答题

1. 周年庆典的一般工作安排和组织方法是什么？
2. 展览活动的类型有哪些？
3. 展览活动策划和组织流程是什么？
4. 新闻发布会的工作流程是什么？
5. 新闻发布会的注意事项是什么？
6. 社会公益赞助活动的组织方法是什么？

参 考 文 献

［1］蒋楠.公共关系原理和实务［M］.北京:中国人民大学出版社,2006,

［2］周朝霞.公共关系实务［M］.北京:北京邮电大学出版社,2008.

［3］张亚,战晓华.新编公共关系学［M］.北京:首都师范大学出版社,2009.

［4］蔺洪杰.公共关系原理与实务［M］.北京:中国人民大学出版社,2009.

［5］李占才.公共关系学概论［M］.上海:上海交通大学出版社,2009.

［6］魏翠芬,王连廷.公共关系理论与实务［M］.北京:清华大学大学出版社,北方交通大学出版社,2007.

［7］沈国玲,武霞.公共关系学导引［M］.上海:同济大学出版社,2004.

［8］何伟祥.公共关系原理与实务(第三版)［M］.长春:东北财经大学出版社,2009.

［9］张岩松,包红君.新型现代公共关系实用教程［M］.北京:清华大学出版社,2008.

［10］刘晖,刘丽君,郭宾雁.公共关系理论与实务［M］.北京:机械工业出版社,2012.

［11］谭昆智,娄拥军,林炜双.公共关系理论与实务［M］.北京:机械工业出版社,2010.

［12］陈先红,何舟.新媒体与公共关系研究［M］.武汉:武汉大学出版社,2009.

［13］Mark Weiner.公关的威力——新传媒时代高回报率营销传播指南［M］.毛圆媛,李奕霏,丁彦之,译.北京:企业管理出版社,2008.

［14］薛可,余明阳.公共关系学——战略、管理与传播［M］.北京:科学出版社,2010.

［15］白巍.公关论［M］.北京:中国经济出版社,2009.

［16］桑德拉·奥利弗.战略化公共关系［M］.李志宏,译.北京:中国市场出版社,2008.

［17］孟建.中国公共关系发展报告(2007~2008)［M］.上海:复旦大学出版社,2008.

［18］孙迎光,韩秀景.组织形象塑造——现代公共关系理论与实践［M］.上海:上海三联书店,2009.

［19］余明阳.公共关系策划学［M］.北京:首都经济贸易大学出版社,2006.

［20］黄禧祯,刘树谦.公共关系学通用教程案例集［M］.北京:北京理工大学出版社,2012.

［21］齐小华,殷娟娟.公共关系案例研究［M］.武汉:武汉大学出版社,2009.

［22］朗群秀.公共关系学(第二版)［M］.北京:科学出版社,2012.

［23］唐雁凌,姜国刚.公共关系学(第二版)［M］.北京:清华大学出版社,2011.

［24］杨再春,林瑜彬.公共关系理论与实务［M］.北京:机械工业出版社,2012.

［25］陈先红.公共关系学原理［M］.武汉:武汉大学出版社,2008.

［26］艾伦·森特,等.森特公共关系实务(第七版)［M］.谢新洲,袁泉,刘畅,田丽,译.北京:中国人民大学出版社,2006.

［27］大卫·菲利普斯.网络公关［M］.陈刚,袁泉,译.北京:北京大学出版社,2005.

［28］格里·麦卡斯克.公关败局［M］.肖堇,译.上海:上海远东出版社,2007.

[29] 迈克·比尔德. 公关部门运作[M]. 谢新洲,刘畅,译. 北京:北京大学出版社,2005.

[30] 周安华,苗晋平. 公共关系理论、实务与技巧[M]. 北京:中国人民大学出版社,2007.

[31] 杜占生. 零距离公关[M]. 北京:中国经济出版社,2006.

[32] 国英. 公共关系与现代礼仪案例[M]. 北京:机械工业出版社,2004.

[33] 游昌乔. 危机公关——中国危机公关典型案例回放及点评[M]. 北京:北京大学出版社,2006.

[34] 弗兰·R. 迈特拉,雷·J. 阿尔提格. 公关造势与技巧[M]. 欧阳旭东,译. 北京:中国人民大学出版社,2005.

[35] 杰里·A. 亨德里克斯. 公共关系案例[M]. 董险峰,牛宇闳,成迅歌,译. 北京:机械工业出版社,2003.

[36] 桑德拉·奥利弗. 企业传播原则、方法与战略[M]. 谢新洲,王金媛,译. 北京:北京大学出版社,2005.

[37] 李平亚,仝德稷. 公关实战精要[M]. 北京:中国经济出版社. 2005.

[38] 赵永乐,沈宗军,刘宇瑛. 人员招聘面试技术[M]. 上海:上海交通大学出版社,2001.

[39] 何修猛. 现代公共关系学[M]. 上海:复旦出版社,2007.

[40] 中国国际公共关系协会. 最佳公共关系案例[M]. 北京:中国市场出版社,2009.